U0733148

张永泉　张　森　张振坤 ◎ 著

# 黄河三角洲文化教育

中国石油大学出版社
CHINA UNIVERSITY OF PETROLEUM PRESS

山东·青岛

**图书在版编目（CIP）数据**

黄河三角洲文化教育／张永泉,张森,张振坤著
. -- 青岛：中国石油大学出版社，2024.5
ISBN 978-7-5636-4340-0

Ⅰ.①黄… Ⅱ.①张… ②张… ③张… Ⅲ.①黄河－
三角洲－文化教育 Ⅳ.① K928.42

中国国家版本馆 CIP 数据核字（2024）第 110507 号

书　　　名：黄河三角洲文化教育
　　　　　　HUANGHE SANJIAOZHOU WENHUA JIAOYU
著　　　者：张永泉　张　森　张振坤
责任编辑：吕华华　董　然（电话　0532－86981536）
责任校对：付晓云（电话　0532－86981980）
封面设计：孙晓娟（电话　0532－86981529）
出 版 者：中国石油大学出版社
　　　　　（地址：山东省青岛市黄岛区长江西路 66 号　邮编：266580）
网　　　址：http://cbs.upc.edu.cn
电子邮箱：2859595225@qq.com
排 版 者：胡俊祥
印 刷 者：沂南县汇丰印刷有限公司
发 行 者：中国石油大学出版社（电话　0532－86983437）
开　　　本：787 mm×1 092 mm　1/16
印　　　张：12.25
字　　　数：296 千字
版 印 次：2024 年 5 月第 1 版　2024 年 5 月第 1 次印刷
书　　　号：ISBN 978-7-5636-4340-0
定　　　价：68.00 元

# 序

Preface

　　有人说,欣赏画卷,最美的地方不在画端,也不在画中,只有在画尾出现时,画才能真正称为画。

　　黄河之水自天边而来,带着"一碗水半碗泥",带着中华民族的精神,不屈不挠,一路披荆斩棘,终于来到了入海口。黄河就是一幅巨幅的画卷。因黄河而产生的三角洲,是我国最年轻的土地。黄河带来的精华,使这里变得人杰地灵,让这里成为黄河巨幅画卷最美丽的地方。母亲河延绵五千里,奔腾不息,一路唤起无限生机,恩泽两岸千里沃土。

　　黄河,始自青藏高原的奔流巨河,盘曲蜿蜒地从西向东穿过我国北部地区,宛如一条黄色的长带。在这条长带终结于渤海之前,她利用她巨大如椽子的笔触,于河海交汇处挥洒墨汁,勾勒出一处绿色熙攘之地,这就是我们引以为豪的黄河三角洲。

　　黄河,梦始于巴颜喀拉山之畔,愿遂于渤海之滨,并在这里她舒缓了脚步,洗尽了铅华,掸落了风尘,微波荡澜,于渤海湾畔河海交汇,安然地拥入了海洋的怀抱。她在河海交汇处孕育出一片新生地,那就是神奇的黄河三角洲!黄河三角洲河水静流、曲水环绕、飞鸟结对、鱼虾嬉戏、树木成荫、野花摇曳,处处生机盎然。

　　是撼天震地的河海拥抱,浸润了这块璀璨的明珠,经过一百多年的海迁陆沉,在人们的精心呵护与修缮下,这颗明珠美得如一幅山水画,更像一首抒情诗。放眼望去,绿得单纯、蓝得透彻、红得闪烁、白得翩翩起舞。

　　木欣欣以向荣,泉涓涓而始流。黄河三角洲区域内生长着近400种植物,属国家重点保护植物的野生大豆广泛分布其中。天然芦苇随风摇曳,柳林遮天蔽日,灌木团团簇拥。

　　俯首厚土心无愧,仰面长天物有情。这里有具有自我牺牲精神的先锋植物翅碱蓬的生命奇观。它以燃烧自己为代价,肥沃新生的土地,为万物奠定了生的基础。红毯染秋的景观,就是翅碱蓬在走向生命尽头前演绎出的绝唱。翱翔于天地间的鸟儿以动人心魄的长啸,不时地为这片红色土地歌唱着生命的礼赞。

这个地方仿佛是充满幻想和期待的乐园,充满了近乎自然本质的宁静和安逸。在河与海的双重关照下,成千上万的鸟儿将自己的栖息地与繁殖地选在了这里,构成了黄河三角洲一道变幻无穷的风景线。

黄河三角洲地区是我国独一无二地不断壮大的土地,它拥有我国温带最新、最全面和最具代表性的湿地生态环境,是国家级自然保护区,拥有国家级地质公园和国家级森林公园。这里被评定为全国最美丽的六大湿地之一,也被列为山东省最吸引人的十大景点之一。它是黄河和渤海交汇的地方,是稀有鸟类飞翔的天堂,有像雪一样的苇草和像红毯般的湿地创造出的壮观景致,展现了原始的自然风貌,具有丰富的旅游开发价值。

在春天的初始,大约18万亩的人工刺槐花齐齐盛放,汇成了一片银色的海洋。花香浓郁,蜜蜂和蝴蝶在花间翩翩起舞,吸引了各地的养蜂者纷纷前来。这里处处都有茂盛的柽柳,形成了一片苍茫的绿色景致。在自然草场的深处,有一片像地毯般红艳的黄须菜。在秋天来临之前,黄须菜与天然草场融为一体,呈现出一片绿色。然而,进入秋季后,黄须菜便会由绿转紫红,像是镶嵌在绿色草原上的紫红色丝带或宝石,点燃了整个草原,给黄河三角洲的雄浑、壮丽增添了浓烈的色彩。

黄河三角洲包含了无数的奇迹。黄河,这条被称为中华之源的河流,五千年来不断哺育和滋润着华夏文明,最后在跋涉了数千里之后汇入渤海。黄河也是全球沉积泥沙最为丰富的河流,大量的碎石在河口地带堆积,每年平均新增土地面积约三万亩,在这里,"沧海桑田"的自然规律得到了淋漓尽致的展现。当你坐上游船,在黄河三角洲巡游时,你会看到无数新崛起的土地,好似一幅宏大的水墨画作,在海河交汇处,黄色的河水与蓝色的海水清晰可见,景色壮观惊人。

观瞻历史,脚踏实地,黄河三角洲兼具深厚的历史文化和崭新的现代文明;既继承了黄河大流域文化的悠远历史和古齐文化的广博深邃,又呈现出亮眼的流域属性和独树一帜的自我特性;既有古老黄河三角洲人们的辛勤耕耘,又有现代黄河三角洲人们的大胆创新。正是凭借数代黄河三角洲人们的积累发展与前瞻进取,才铸就了现如今绚丽多彩的黄河三角洲文化。

自中华人民共和国成立之日起,黄河三角洲便浸淫在广阔的军事应用与农业开采中,而后伴随着石油探索开发逐渐崭露头角,全国各地的石油精英们纷纷涌向黄河三角洲。在过去几十年的岁月里,黄河三角洲的发展与构建始终聚焦于油田、地方、军事、教育这四大方向,人们齐心合力,百折不挠,共同营造出富有时代韵味的、全新的黄河三角洲文化。

这种文化经历了一个世纪的演变和提炼,已然作为黄河三角洲文化的核心要义,象征着黄河三角洲前卫文化的发展趋势,形成了激励人心、激发勇气、增强油地军校团结,以及推进黄河三角洲社会经济发展的强有力的精神动力和智能倚仗。

黄河入海口就是黄河巨幅画卷的画尾。这里的拓荒文化、创业文化、移民文化、农场文化是黄河三角洲文化绚丽的瑰宝。

黄河三角洲虽然涌溢着丰厚的文化沉积,但尚未被系统化地梳理整合,宛如一颗颗散落的珍珠,缺乏一条纽带把它们贯穿联系起来。文物遗迹、乡村以及地名背后隐藏的文化含义,都需要采用各种方式去恢复和重新展现。

伴随着生活品质的升级和压力的增大,都市居民日益向往回归大自然,期待一个真实的自然环境,其中有"众鸟高飞尽,孤云独去闲"的景象。基于这样的环境趋势,黄河三角洲文化的开发和挖掘拥有极为广阔的前景。

近年来,笔者一直致力于中华优秀传统文化教育,而黄河三角洲文化教育是中华传统文化教育的重要组成部分,因此,作为教育工作者,我们有责任让青少年继承和弘扬我们家乡的传统文化。

(1)挖掘和传承黄河三角洲的传统文化。黄河三角洲有着丰富的传统文化资源,包括崇尚礼仪、勤劳质朴、诚实守信等,传统文化的精髓应该被深入挖掘和传承。通过课堂教学、校园文化活动、社会实践等形式,让青少年了解和认识这些传统文化,并传承下去。

(2)将优秀传统文化融入课程设置。在课程设置中,应该增加与黄河三角洲文化相关的课程内容,如历史、文化、艺术等,让青少年在学习中了解和掌握这些传统文化。同时,还可以邀请专家学者或者民间艺人到学校进行授课或者举办讲座,让青少年更加深入地了解和学习这些传统文化。

(3)开展实践活动,让青少年亲身感受传统文化。可以组织他们到当地的博物馆、文化遗址、传统村落等地进行参观学习,让大家亲身体验和感受传统文化的魅力。同时,还可以开展一些传统文化的体验活动,如剪纸、书法、绘画等,让青少年在学习传统文化的同时,也能增强对传统文化的热爱和认同。

(4)加强对传统文化的宣传和教育。可以通过校园广播、校园网站、宣传栏等渠道,加强对传统文化的宣传和教育,提高青少年对传统文化的认识和了解。同时,还可以通过开展传统文化周、文化月等活动,营造浓厚的传统文化氛围,让青少年更好地了解和学习传统文化。

黄河三角洲文化的教育是一个长期而系统的工程,需要各方共同努力,通过多种形式和途径,让优秀传统文化在黄河三角洲得到更好的传承和发展。

本书是东营市2024年度社会科学规划研究课题"东营保护传承弘扬黄河三角洲文化

研究"[课题立项号:DYSK(2024)第 85 号]的研究成果之一。

在本书写作过程中,我们参考了网络上公开的文献资料,并对资料做了修改,在此,对文献资料原作者表示感谢!著者水平有限,敬请各位同人斧正。

著　者<br>2024 年 3 月

# 目录
Contents

# 第一章

## 黄河三角洲文化

### 第一节　关于黄河三角洲文化

#### 一、黄河三角洲文化的形成

黄河三角洲,是我国重要的地理区域之一,历经古代、近代和现代三个阶段的发展。一般所称"黄河三角洲",多指近代黄河三角洲,即以垦利宁海为顶点,北起套尔河口,南至支脉沟口的扇形地带,面积约为5 400平方千米,其中5 200平方千米在东营市境内。

黄河三角洲的发展和演变对于本地区的经济和社会发展起到了巨大的推动作用。中华人民共和国成立后,随着黄河尾闾摆动点的下移,这里形成了一个新的陆地区域。这片土地为人们提供了一种依托,河海交汇的壮丽景象彰显了大自然的伟大创造力,同时也推动了传统文化与现代文化的交融。

黄河三角洲文化底蕴深厚,是一种以传统文化为主体,兼具现代特征的文化。从傅家遗址的发掘情况来看,这一地区的先期文化早于大汶口文化,具有重要的历史地位。同时,从传统文化的脉络来看,黄河三角洲临近春秋齐都,属于齐鲁文化的区域范围。以广饶(古乐安)为代表的区域,齐鲁文化积淀丰厚,涌现出一批有影响力的文化名人,使这里的文化结构具有完整性和整体性。

面对新的机遇和挑战,我们需要对黄河三角洲文化进行优化,形成更具活力和代表性的文化体系。这一过程将有助于黄河三角洲地区的经济、社会和文化繁荣,推动该地区的发展使其在新时代背景下焕发出新的活力。

#### 二、黄河三角洲文化的特征

黄河三角洲文化,以一种独特的文化形态融合了传统和现代的特点。近年来,这一区域的发展经历了从以农业为主向以高科技矿区石油工业为主的转型,使得传统文化受到了冲击,形成了介于传统文化与现代文化之间的过渡形态。

在这个过程中,地区间的经济交流使得黄河三角洲的文化结构变得多元化,原有文化受到了新文化的影响和渗透。尽管如此,黄河三角洲文化在观念上仍然属于传统文化的范畴。然而,一旦将其与黄河紧密联系起来,必然会引发与黄河紧密相关的文化定义。在此背景下,所有不属于黄河这一特定文化内涵的文化形式都处于从属地位。

在新的历史条件下,口岸的概念具有了现代、发展和开放的内涵。在这个时代背景下,黄河三角洲文化将继续传承并发展,为地区经济和社会繁荣做出贡献。

黄河三角洲文化作为一种独特的文化形态,在传统与现代之间找到了平衡。在新的历史时期,我们有理由相信,黄河三角洲文化将继续发挥其活力,为地区的发展和繁荣注入新的动力。

具体而言,黄河三角洲文化具有以下五大方面的特色。

## (一)以黄河文化为起点

黄河三角洲文化,是一种与地理特征紧密相连的地域文化,展现了独特的魅力。地理特征对地域文化的形成起着至关重要的作用,地理条件、人文特质和经济社会发展程度等因素共同塑造了地域文化的特色。

例如,内陆地区远离海洋,与外界交往不便,这导致了人民思想相对保守,竞争意识较弱。他们更注重对传统价值观念和守旧观念的传承,对外来文化的接纳程度较低。相反,黄河三角洲靠近海边,其文化特点更多地体现了一种以法治为基础的城邦文化。这是因为这个地区的地理特征为其文化提供了根基与起点,使得黄河三角洲文化独具特色。黄河三角洲文化体现了地域文化的多样性和丰富性。

地理特征是地域文化的起点,不同地区的地理特征会影响人们的思想观念和竞争意识。了解地理特征对地域文化的影响,有助于我们更好地理解和尊重不同地区的文化差异,促进文化交流与融合。

黄河三角洲文化,作为一种大河文化,以黄河为代表,展现了母亲河浩浩荡荡、奔流入海的壮观景象。在"黄河三角洲之恋"征歌大赛获奖作品《黄河入海流》中,这种气势得到了传神的描绘:"喊一声大黄河你浩荡天下走……黄河入海流啊黄河入海流,流向大海竞风流,世界就在我家门口。"这首歌曲赞美了黄河的壮美,也展示了黄河三角洲文化的精神内涵。

黄河三角洲文化以其独特的魅力吸引着人们的关注。入海口地区拥有壮丽的陆地景观和湿地景观,形成了河海交汇的环境,这不仅给人们带来了美丽的自然风光,还塑造了人民宽容、和谐、开放的气质。正如德国一位经济学家所称赞的那样,黄河三角洲的人文地理特质让这里的人们宽容开放,像黄河一样拥抱世界各地的来者。

这种宽容、海涵的人文气质吸引了大批加工制造业的巨头来此投资兴业。黄河入海口地区的人们以开放的心态和包容的态度迎接外来投资者,为他们提供了良好的投资环境。这种开放的氛围为该地区带来了繁荣和发展,也促进了文化的交流和融合。

黄河三角洲文化的独特魅力正是由这种宽容、海涵的人文特质和地理环境共同构成的。壮丽的陆地景观和湿地景观为黄河入海口地区注入了独特的自然气息,而人们的开放和包容则为这片土地增添了温暖和活力。

## （二）以移民文化为补充

黄河三角洲位于我国黄河的入海口处，独特的地理环境使其拥有大量肥沃的土地，这些土地不但富饶，而且有着强大的自我恢复能力。这种丰富的土地资源，吸引了我国各地的人们前来定居，使这里成了典型的移民区域。这些移民的到来，不仅带来了各种文化，还使这里形成了独特的移民文化，使得入海口地区的文化具有多元性。

在我国历史上，由于各种原因，如战争、自然灾害等，人们不断迁徙，形成了众多的移民区域。例如，两晋之际的长江下游沿岸地区，由于战乱，大量人口迁移至此；明清时期的四川，由于自然灾害，也有大量人口迁入；近现代的东北，由于开发的推进，吸引了大量移民；而当代的深圳、上海等城市，由于经济发展的需要，也成了移民的热门目的地。

黄河三角洲的移民，与其他地区的移民相比，有着自身独有的特征。这不仅体现在他们的文化习惯上，还体现在他们的生活方式上。这些独有的特征，使得黄河三角洲的移民文化更加丰富多彩。

## （三）以红色文化为底蕴

位于黄河三角洲的东营市广饶县拥有一处名为"刘集支部旧址"的历史遗迹，同时还设立了一座以"共产党宣言"为主题的纪念馆。该馆收藏了一部 1920 年 8 月的《共产党宣言》（中文版本），它是由我国早期的革命家陈望道翻译的，具有极高的历史与文化价值。广饶、垦利、利津等地曾是山东省重要的抗日根据地，被称为"渤海垦区抗日根据地"。这些地方位于鲁北平原上，因为在抗日战争期间发挥了重要作用而享有"小延安"的美誉。为了纪念那段光辉历史，渤海垦区革命纪念馆在这个地方设立，成为此地红色文化的象征。

红色文化的早期传播影响了黄河入海口地区的人民，这种影响是深远而持久的。在抗日战争期间，黄河入海口地区的人们受到红色文化的熏陶，形成了敢于奋战、积极生产的革命精神。他们热爱党，投身于革命，参军支援，无私奉献，这些都成了他们的文化烙印。

红色文化在入海口地区的传播带来了巨大的变革。当地人民在红色文化的熏陶下，从被动的抵抗转变为积极地抗击敌人。他们团结起来，建立起抗日武装力量，与日本侵略者进行了顽强的斗争。同时，他们也不忘发展生产，积极参与农业和工业建设，为抗战提供了坚实的物质基础。

红色文化的传播对黄河入海口地区的社会风气产生了积极的影响。人们的思想觉悟得到了提高，他们对国家和民族的责任感也更加强烈。他们将国家和民族利益置于个人利益之上，为了抗战胜利不惜付出一切。这种奉献精神激励了更多人加入抗日斗争中，形成了强大的抗战力量。

## （四）以胜利油田文化为支撑

自 20 世纪 50 年代起，随着我国大规模石油开采运动的兴起，黄河三角洲的石油勘探工作也逐渐展开。1964 年，经过中央政府的正式授权，黄河三角洲地区的大规模石油开采战役正式启动,这是该区域发展的历史转折点。

在石油开发之前,黄河入海口地区是鲁北地区的经济欠发达地区,整体经济发展水平较低。然而,随着全国第二大油田——胜利油田的开发,该地区经济得到了显著的提升。胜利油田为黄河三角洲的经济社会发展奠定了坚实基础。

胜利油田的开发建设对地方经济的发展起到了积极的推动作用。它为黄河三角洲带来了新的生机与活力,使得东营市的经济实力得到了显著提升。

石油在黄河入海口地区成为经济社会发展的关键驱动力,孕育了独具特色的胜利油田文化。胜利油田的石油工人形成了"从创业走向创新,从胜利走向胜利"的精神,以及"创业、创新、竞争、发展"的新时期胜利油田文化。这种文化精神使得胜利油田文化在黄河入海口地区成为人们宝贵的精神财富,激励着他们追求卓越,创造新的业绩。

胜利油田的成功经验也为其他地区的油田开发提供了借鉴与启示。通过胜利油田的发展,我们可以看到石油产业对于地方经济的发展具有重要意义,以及我国在能源领域的强大实力。在未来的发展中,胜利油田将继续发挥重要作用,为我国的能源安全和经济发展贡献力量。

### (五)以包容性为精华

黄河三角洲的新生土地孕育出了一种具有包容性的新型文化。在这片土地上,有着不同文化背景的人们会聚在一起,和谐共处。这得益于地区的开阔性和移民文化的宽泛性,多种文化在此地聚集、交流、融合、相互促进,经过近千年的演变,形成了黄河三角洲宽容、和谐、开放的文化特质。

尤其值得一提的是东营市,这里的文化氛围宽松,文化心理轻松,文化视野开阔,文化性质多样。黄河入海口地区成为一片富有创新活力的沃土,使得这里的城市精神逐渐形成了特色。在东营市,多种文化要素相互吸收和相互作用,不断产生具有无限生命力的新文化形态。

东营市历届党政人员的构成,体现了该地具有人文包容性。这里的干部来自不同的地域,他们能够融入其中,相互交流、协调。他们将带来的地域文化特色与黄河三角洲本土文化相融合,实现取长补短。交流协商机制为东营市的政治文化营造了和谐的氛围,推动了黄河入海口地区经济社会的整体发展。

黄河三角洲的新生土地和东营市的文化氛围共同孕育了一种具有包容性、创新性和和谐性的文化。这种文化不仅能够促进不同文化的交流与融合,还能够为经济社会的发展提供坚实的支撑。作为一个多元文化的典范,黄河三角洲的新型文化将继续吸引更多人的关注和探索。在这种文化氛围的熏陶下,黄河三角洲地区的人民继续携手共进,共创美好未来。

# 第二节  黄河三角洲文化的因素

黄河三角洲文化源远流长,博大精深。它涵盖了古齐文化、儒家文化、凤凰城文化、移民文化、农耕文化、盐文化、红色文化、胜利油田文化、知青文化、民间艺术、手工艺等多个方面,独具特色,熠熠生辉。

古齐文化,源于齐国故地,具有开放、包容、创新的特点。这里的人们以智慧和勤劳著称,创造了灿烂的齐国文明。

儒家文化,是黄河三角洲文化的重要组成部分,强调仁爱、礼义、诚信等价值观,深深影响了这里的民众。

凤凰城文化,源于利津凤凰城,寓意是吉祥、繁荣。这里的民众以祥和、乐观的态度面对生活,形成了独特的凤凰城精神。

移民文化,是黄河三角洲文化的一大特色。黄河三角洲曾是历史上重要的移民目的地,来自四面八方的移民带来了不同的文化和习俗,丰富了黄河三角洲的文化内涵。

农耕文化,是黄河三角洲人民世代相传的一种精神文化。他们以勤勉、务实的态度精耕细作,创造了丰富的物质财富。

盐文化,源于黄河三角洲的盐业生产。这里曾是重要的盐业生产基地,盐商们以智慧和勇气开拓市场,形成了独特的盐文化。

红色文化,是黄河三角洲人民在革命战争年代所形成的革命精神文化。这里曾是革命根据地,无数英勇的先烈为了民族独立和人民幸福,英勇奋斗,留下了宝贵的红色遗产。

胜利油田文化是指在黄河三角洲形成的与石油有关的文化现象。黄河三角洲是我国重要的石油产区之一,拥有丰富的石油资源。胜利油田文化在黄河三角洲有着深远的影响。石油的开发和利用促进了我国经济的发展,改变了人们的生活方式。同时,胜利油田文化也为黄河三角洲带来了新的文化元素,丰富了当地的文化生活。

知青文化:黄河三角洲是我国重要的农业生产区域之一,20世纪60年代至20世纪70年代,先后有6万多个知识青年来到这里,这里便形成了黄河三角洲知青文化。

民间艺术和手工艺则是黄河三角洲文化的另一大亮点。这里的民众擅长歌舞、戏曲等民间艺术,其手工艺品如柳编、草编、剪纸、黑陶、老粗布、黄酒酿造等也备受青睐。这些民间艺术和手工艺品不仅体现了黄河三角洲人民的智慧和创造力,还是传承民族文化的重要载体。

黄河三角洲的民间传统饮食文化独具特色,这里的人们习惯用大锅烧火做饭,如熬稀饭、蒸窝窝头、煮地瓜、炒菜等,这种饮食方式与当地注重大家族观念的风俗密切相关。习俗文化包括节日习俗文化和礼仪习俗文化,使这里形成了独特的生活方式和传统礼仪。

黄河三角洲文化以其丰富多样的内涵和独特的魅力,构成了中华优秀传统文化的重要组成部分。它既是黄河文化的延续和发展,也是中华民族多元文化的重要组成部分。

# 一、古齐文化

周武王战胜商朝,建立了周王朝,这一重大事件对中国历史产生了深远影响。在周武王的统治下,姜太公被赐予了土地,从而奠定了齐国的基石。齐桓公是齐国的一位杰出的统治者,他任命管仲为丞相,并发展了渔盐产业,为齐国的繁荣奠定了基础。

孙武,被誉为"兵圣",是齐国乐安人。他的著作《孙子兵法》汇集了齐文化的精华,成为山东历史文化的重要组成部分。《孙子兵法》不仅在当时产生了深远影响,还成为后世军事思想的重要参考。

古齐文化的核心理念是"强兵尚武,富民兴邦",这一理念在黄河三角洲这一古代齐国重要地区得到了传承和发展。这片土地的历史上涌现了众多军事家和儒学家,他们使得齐国在军事和文化领域取得了显著成就。

古齐文化在政治、经济等方面发挥了重要作用。东夷文化与齐文化紧密相连,对齐文化影响深远。黄河三角洲的齐文化遗迹多与"富国强兵"的理念有关,见证了古齐文化在该地区的深厚影响力和历史地位。

东营市作为古齐文化的重要发源地之一,其境内保存着大量与齐文化有关的遗迹。位于东营市南部的这片土地,在春秋战国时期属于齐国领土,被誉为"齐国北部粮仓"。这里土壤肥沃,水资源丰富,适宜农业耕作,曾为齐国的繁荣做出了重要贡献。

这里的丰富资源不仅支撑了古齐国的农业发展,还为其渔盐业、手工业和商业的繁荣提供了条件。齐国在春秋战国时期是一个经济繁荣、军事强大的诸侯国,这与古齐文化的发展和传承息息相关。

古齐文化作为齐文化的重要源头,对后世地域文化的发展产生了深远影响。古齐文化的特色和传统被传承并发展为齐文化的一部分,为后来地域文化的繁荣和多样性做出了重要贡献。

东夷文化与齐文化紧密相连,共同构成了齐文化的丰富内涵。东夷文化的特点和传统在齐文化中得到了传承和发展,使得齐文化更具多元化和丰富化。黄河三角洲的齐文化遗迹见证了古齐文化的发展历程,它们多与富国强兵的理念有关,反映了古齐文化在当地具有深厚的影响力和重要的历史地位。

如今,齐文化的研究和传承仍在继续,对于推动地域文化繁荣、提升民族自豪感以及弘扬民族精神具有重要意义。齐文化的发展历程和丰富内涵为我们提供了宝贵的历史遗产,让我们从中汲取智慧,为祖国的繁荣富强和民族振兴贡献力量。

## (一)《孙子兵法》与齐文化

《孙子兵法》是一部由齐国乐安的孙武所作的兵书,全书共 13 篇,书中全面阐述了孙武的兵学思想。在孙武看来，用兵的正确与否关乎国家的生死存亡，他在首篇《计》中明确表示："兵者，国之大事，死生之地，存亡之道，不可不察也。"这一观点受到了历代政治家、军事家的赞誉，在我国乃至世界军事史、兵学思想史上都具有重要地位。

《孙子兵法》是齐文化孕育出的兵学奇迹，展现了齐文化"尚武强兵"的精神。自太公封齐以来，齐国一直继承着浓厚的兵学文化传统，认为"兵强则国盛，国盛则业成"，这已成为齐国历代有为君主与军事家的共识和信念。《孙子兵法》继承了齐文化的传统，与齐文化有着紧密的联系。1972年，临沂银雀山出土的"汉简"中记述了《孙子兵法》五千言而"言之于齐"。此外，《孙子兵法》借鉴了同族人、古齐著名兵学家司马穰苴的兵法思想，如"上谋不斗""兵者诡道，故能而示之不能""善守者藏于九地之下，善攻者动于九地之上""始如初女""围其三面，阙其一面""穷寇勿追""新气胜旧气""火攻有五""将在军，君命有所不受"等观念在《孙子兵法》中都有所体现和发展。

《孙子兵法》蕴含了原始的物质主义与辩证思维理念，被古代及现代世界各地的军事领导者和政治领袖高度重视。其战略思想不但应用于军事方面，而且应用于政治、经济、管理等许多领域。《孙子兵法》现已被翻译成日语、法语、英语、德语、俄语、捷克语和朝鲜语等多种语言，并在全球范围内广泛传播。《孙子兵法》不仅是一部兵书，更是具有深远影响的文化遗产。它在我国乃至世界范围内产生了广泛的影响。许多军事领导者和政治领袖都从这部著作中获得了启示和灵感。如今，《孙子兵法》已成为世界范围内研究军事战略和兵学思想的重要参考资料。

孙武，字长卿，又称孙武子、孙子，是我国春秋末期乐安的一位著名军事家、军事理论家和思想家。他的家族背景显赫且富有影响力，他的祖父田书曾是齐国名将，因攻打莒国有功，被齐景公赐姓孙氏，改称孙书，食采乐安。而他的父亲孙凭，则是齐国的卿士。

尽管孙武在年轻时因为政治动荡而离开了自己的家乡，前往南方寻求庇护，但这并没有影响他对军事艺术的研究兴趣。经过多年辛勤的工作，他最终完成了具有深远影响力的著作《孙子兵法》，为其后来的军事生涯奠定了基础。

公元前512年，孙武在伍子胥的推荐下，向吴王阖闾展示了自己的《孙子兵法》。吴王阖闾对孙武的才能非常敬佩，并观看了孙武按照《孙子兵法》训练宫女布阵的演示。不久，孙武被任命为将军，领导吴军。在接下来的几年里，孙武采取了"扰楚、疲楚"的战略，通过多次战争削弱了楚国的实力。

周敬王十四年（公元前506年）冬天，吴国向楚国发动了一场大规模进攻。吴王阖闾亲自带领军队，并任命孙武为将军，统帅3万兵力。吴军从水陆两个方向出发，经过陆路转移，行程千里，迂回到达楚国的东北部。楚军主帅囊瓦率领20万兵力迎战吴军。然而，孙武巧妙地利用侧面攻击楚军的弱点，与楚军激战了5次。在这场战役中，吴军最终取得了巨大胜利，楚军主帅囊瓦只得逃亡，而大将史皇在战乱中丧生。

最终，孙武率领吴军成功攻入楚国的国都郢都。这场战役的胜利对于吴国来说是一个重大的胜利，彰显了吴国的军事实力和孙武的指挥才能。吴国成功地击败了楚国，向其宣示了自己的军事优势和领土野心。这场战役的结果对于吴国来说具有重要的战略意义,使吴国扩大了自己的领土,受到楚国的威胁少了,同时也向其他国家展示了自己的军事实力,增强了自身在地区内的影响力。吴国对楚国的进攻是一次具有重大意义的军事行动。

吴国在这场斗争中声名鹊起,成为诸侯国中的佼佼者。孙武的军事才能和《孙子兵法》的兵学思想得到了世人的认可。

### (二)尚武精神代代相传,名将辈出

黄河三角洲,作为齐文化的重要发源地和传承地,承载了齐文化的精髓,包括尊贤尚功、积极进取、因礼简俗、重视工商、崇尚勇武和兼容并包等特点。在这片土地上,齐文化的尚武精神影响深远,孕育出了众多著名将领。

战国时期,孙武的后裔孙膑继承并发扬了孙武的军事思想,使齐国声名远扬。秦汉之际,乐安谋略家李左车在齐地展现出了非凡的才能。魏晋时期,广饶的孙氏家族涌现出了6位将军,分别是孙历、孙旃、孙弼、孙氂、孙辅和孙琰。到了宋代,乐安朱现成为武节将军。

元朝初期,广饶县綦许村綦公直官至都元帅,为元朝的统一立下了赫赫战功。明清时期,广饶县出现了大量武职人员和军事家,其中既有山东海关总戎都督府后军都督孙仰钦和兵部右侍郎成其范等著名将领,也有李金鳌、王苟等威震朝廷的农民起义领袖。

辛亥革命时期,邓天一成为著名的革命斗士。在中华人民共和国成立前,广饶县涌现出了27位授衔将军、38名黄浦军校生及57位中共高级将领和师以上干部,使得广饶县享有"将军县"的美誉。这些人物都是黄河三角洲尚武精神的杰出代表,他们的英勇事迹传承至今,激励着后人继续发扬齐文化的尚武精神,为国家的繁荣富强贡献力量。

## 二、儒家文化

黄河三角洲,作为一个重要的文化交汇地,承载着齐文化、鲁文化和儒家文化的精髓。在这里,古代先贤为儒家文化的发展和传承做出了重要贡献,特别是儒家经典《尚书》,在这里得到了深入的研究和传承。

值得一提的是,黄河三角洲出现了一个著名的"欧阳八博士"学派。这个学派以研究《尚书》为主,获得了汉武帝的赏识,成为当时儒家文化的代表。此外,黄河三角洲的儒生们在科举考试中取得了令人瞩目的成绩,进一步彰显了黄河三角洲在儒家文化传承中的重要地位。

在黄河三角洲,著名的武将和文官都展现了儒家的精神风范。他们不仅在战场上英勇无畏,还在日常生活中体现了儒家价值观,如尊敬上级、恭敬长辈等。这些行为和品质,无疑成为黄河三角洲儒家文化的重要组成部分。

儒家文化对黄河三角洲平民百姓的生活也产生了深远影响。在这里温良恭俭让等传统美德得到了广泛传承和实践。这种精神风范不仅在家庭中得到传承,还在社会中得到广泛的认同和推崇。

黄河三角洲不仅是齐文化和鲁文化的交会地,还让儒家文化在这里得到了发展和传

承。古代先贤的贡献、儒生科举考试中的优异表现、著名武将和文官的儒家精神风范，以及儒家文化对平民百姓生活的深远影响，都使得黄河三角洲在儒家文化传承中占据重要地位。

这种文化的融合和延续，不仅丰富了黄河三角洲的文化底蕴，还为黄河三角洲的社会发展和进步注入了强大的力量。在未来的发展中，黄河三角洲将继续弘扬儒家文化，为社会和谐、人民幸福和文明进步贡献力量。

## 三、凤凰城文化

利津城位于黄河三角洲，因其河运发达而被称为"小济南"。在清代，利津永阜盐场的产量在全省位居首位，这得益于其通过大清河水运将盐品外调。同时，利津还成为山东省17个州县的漕米和货物出口的通道，东津渡口成为众多盐船和货船停泊的地方。

利津县拥有500多只木帆船和120多家商号货栈，经营大豆、棉花、花生、土布、海产品等农渔副产品，还销售来自外国的货物及各地的特色产品。这些商号为了确保最新货品能当天出现在利津市场上，便在济南派驻了购销人员。这样，利津市场能够及时提供各类商品给消费者。利津县的繁荣经济和发达贸易使其成为山东省的重要商业中心之一。

利津城因其独特的地理优势和丰富的设施而赢得了美誉。城内店铺林立，店铺内商品琳琅满目，留声机等新奇商品吸引着众多顾客。夜晚时分，璀璨的汽灯照亮了整个城市，繁华的交易景象持续不断。因此，人们赋予了利津城"凤凰城"的美称，这一名称蕴含了丰富的文化内涵。

利津古城呈现出凤凰的形状，特别是西门的官道一分为三，如同凤凰尾巴上的三根长翎。这个独特的设计让利津城充满了独特的艺术气息和历史韵味。利津城的地理优势和繁荣景象被形容为"头枕天河水，脚踏进京路，两翼有高官，尾后有王侯"，显示了利津城的繁荣和重要地位。

作为"凤凰城"，利津城吸引了众多的外地游客和商人，为城市的全面发展做出了巨大的贡献。能取得这个称号不仅是因为城市的地理位置优越、城内设施完善且形状像凤凰，更是因为利津城在经济、政治和文化等方面都呈现出繁荣和重要性。

## 四、移民文化

在黄河三角洲，有一群特殊的移民，他们的故事生动地体现了黄河三角洲移民文化。

黄河三角洲地区长期以来一直是移民的聚集地。这些移民来自全国各地，带来了丰富的移民文化，使得黄河三角洲区域深受移民文化的影响。这种文化多样性为地区的发展提供了独特的优势，也让黄河三角洲变成了移民最向往的目的地。

得益于移民的努力，黄河三角洲这片广阔的土地资源逐渐丰富。此外，这个区域具有强大的复原能力，不仅吸引了历史上的移民，还在当今社会为人们提供了发展的机遇。

如今，黄河三角洲的移民文化仍在不断地传承和发展。在新的历史时期，移民将继续为这片土地的发展贡献力量,谱写出更多精彩的篇章。他们的奋斗历程和独特文化,将成为黄河三角洲地区一笔宝贵的财富。

## (一)黄河三角洲移民的主要特点

### 1. 来自四面八方

黄河三角洲,作为一个农业发展的重要地区,明朝时就吸引了来自洪洞山西地区的大批移民。这些移民主要来自晋中、晋南和吕梁地区,涵盖了 2 个府、17 个州和 66 个县。其中,枣强移民是洪洞移民的一个分支,如今已经定居在河北地区。

20 世纪以来,鲁西南地区的移民对黄河三角洲产生了显著影响。来自菏泽、济宁、泰安、聊城等城市和县区的大量移民涌入该地。另外,还有来自无棣、沾化、惠民、寿光、博兴等附近城市及江淮地区等全国各地的移民。以垦利区为例,这里的移民来自全国 11 个省 108 个县市(区),展示了黄河三角洲移民来源的广泛性。可以说,黄河三角洲的移民如涓涓细流,来自四面八方。

洪洞山西移民对黄河三角洲具有深远的影响和历史意义。这种移民潮对于黄河三角洲的经济、文化和社会发展产生了巨大影响。首先,这些移民为黄河三角洲带来了新的劳动力,促进了当地农业和工业的发展。

其次,这些移民还带来了新的文化和传统。他们在习俗、语言、服饰和饮食等方面丰富了当地的文化。这种文化交流和融合不仅丰富了黄河三角洲的文化底蕴,还促进了不同地区之间的交流和合作。

最后,黄河三角洲的移民对于推动我国的城市化进程起到了重要作用。他们带来了新的观念和技术,推动了城市建设和现代化进程。这些移民在黄河三角洲建立起了新的家园,为当地的城市发展和经济增长做出了巨大贡献。

黄河三角洲将继续吸引来自全国各地的移民,共同创造更加美好的未来。在这个充满机遇和挑战的时代,黄河三角洲的移民将继续为地区的发展贡献力量,谱写出辉煌的新篇章。

### 2. 源远流长,经久不息

黄河三角洲的迁移过程悠久,可以追溯到春秋战国时期。随着时间的推移,迁徙现象逐渐增多,村庄规模也逐渐扩大。在宋金时期,沙洲扩大,迁移人口也随之增加,人口密集度相应提高。

进入元朝时期,更多的人从内陆迁移到沿海地区,如垦利、利津等地。明清时期,黄河三角洲的迁徙规模达到了高峰,大部分移民都属于这一时期。然而,这一过程并非是一蹴而就的,而是经历了多年、多批次的迁徙。

在中华人民共和国成立前,鲁西南移民有所增长。1912 年,移民主动迁徙至现在的垦利和利津;1930 年和 1935 年,韩复榘移民带动鲁西南再次迁移并建立了"八大组"。受日寇占领区的影响,一些穷人慕名而来,选择在垦利区居住。

1949 年至 1968 年,发生了多轮移民潮,其中以东平湖蓄洪区扩建移民影响力最大。

在 20 世纪 60 年代至 20 世纪 70 年代,国有农场和国有林场、胜利油田的开发移民也经历了一个漫长的过程。

黄河三角洲的迁移历史见证了不同时期、不同规模的移民现象。这些移民为垦利、利津等地的开发和繁荣做出了巨大贡献。在不断迁徙的过程中,黄河三角洲地区逐渐形成了丰富的人口结构和文化底蕴。

### 3. 人数众多,规模庞大

黄河三角洲,作为重要的移民聚居地,拥有 1 838 个移民村庄。其中,来自洪洞县和枣强县的移民占据了 675 个村庄,这表明洪洞县和枣强县是该地区主要的移民来源之一。

在垦利区的郝家镇,共有 28 个村庄,其中有 24 个村庄的移民来自河北省枣强县,这表明来自枣强县的移民在该地区的聚集程度较高。中华人民共和国成立前后,来自鲁西南的移民在垦利区的永安镇和黄河三角洲镇占有一定比例。特别是在永安镇的 49 个村庄中,就有 24 个是鲁西南移民的聚居地,这说明来自鲁西南的移民在该地区的分布较为密集。

此外,黄河三角洲周边市县也吸引了大量移民。尤其是垦利城区周围,吸引了大量来自潍坊的移民。这不仅对黄河三角洲有重要影响,还反映了该地区具有经济发展潜力和吸引力。

胜利油田的开发对黄河三角洲产生了深远影响,吸引了全国各地的专业人才前来。值得注意的是,黄河三角洲自春秋战国时期以来原住民较少,这与该地区的地理环境密切相关。

这些移民,主要来自洪洞县、枣强县及鲁西南等地,为黄河三角洲的开发和繁荣做出了巨大贡献。他们的到来丰富了黄河三角洲的人口结构,也为该地区的经济发展和文化多样性创造了条件。

### 4. 职业五花八门

黄河三角洲的移民以其生活职责和产业方向的多样性在历史上发挥着重要作用。移民的首要任务是开发荒地,这不仅可以为当地的畜牧业提供良好的条件,还能使农牧民的生活条件得到改善。

盐业是黄河三角洲移民的主要产业。在春秋战国时期,齐国以渔盐产业为重点的致富策略进一步推动了盐业的发展。在元朝时期,大规模盐场的创建使得周边陆地居民向海滨地带迁移。这些移民在盐业生产中扮演着关键角色,他们通过采集海水、晒盐和提取盐等工艺,生产出优质的盐产品。

在黄河三角洲,移民不仅在盐业生产方面贡献了力量,还承担着荒地开垦、军事开垦等重要任务。他们为当地的建设发展提供了有力支持。在中华人民共和国成立前,韩复榘领导下的兵员开垦及济南军区军马场的建设是军事开垦的重要组成部分。

此外,匠人们在黄河三角洲也占有一席之地。他们包括窑工、酿酒工、园丁、泥瓦工、木匠、铁匠、银匠等。这些匠人的到来为黄河三角洲的社会生产注入了新的活力。

黄河三角洲的移民在荒地开垦、军事开垦、农业经济结构等方面发挥了重要作用,为当地的发展繁荣做出了巨大贡献。这些移民尽管具有不同的背景,来自不同的行业,但都为黄河三角洲的建设书写了丰富多彩的历史。

### 5. 移民方式既有政府主导,又有百姓自发

政府导向的规划迁移和自我驱动的迁徙在黄河三角洲移民历史中频繁发生,而政府主导的迁移尤为关键。这种主导地位很大程度上是由于政策的影响。

在金朝时期,政府开始全方位地介入移民的发展,使其不再被动应变,这标志着我国古代移民政策的变革。元朝采取了"请住户"策略,推动了人口迁移。明朝则运用了"招垦"和"移民就宽乡"策略,以平衡人口状况,恢复和推动经济发展。

清朝顺治年间实施了"劝垦"计划,在广饶县设立了三个垦务局,旨在鼓励人们开垦荒地,增加农田面积,提高粮食产量。中华人民共和国成立前,军事屯垦方式被用于为灾民提供居住地,不仅解决了灾民的住房问题,还为他们提供了生计和发展的机会。

抗日战争时期,垦区政府执行了"丰衣足食"和"安垦"策略,以吸引人民参与开垦荒地的行动。实施这些策略的目的是确保人民有足够的粮食和衣物,并为他们提供良好的生活条件,从而建立起坚固的红色革命根据地。

中华人民共和国成立初期,由于国有农场和国有林场的建设,以及胜利油田的开发,这里发生了五次大规模人口迁移。其中,工业迁移是规模最大、覆盖区域最广的。

在黄河三角洲的移民历史中,政府主导的规划迁移发挥了关键性的作用。大规模的人口迁移往往由战乱、自然灾害、洪水等触发。政策因素在迁移过程中发挥了指导和引导的作用,促成了大规模、有计划、有组织的迁移。

在迁移过程中,许多迁徙者未能抵达目的地就不幸倒下了,但剩下的迁徙者并没有被困难吓倒,而是继续前行。这段艰难的历程是黄河三角洲移民历史的重要组成部分。为了生存,迁徙者不得不带着家人离开故土,经历长途跋涉,忍受舟车劳顿、饥饿折磨。当他们抵达新地时,只能白手起家,相互支持,重建家园。

在迁移过程中,政策因素发挥了指引作用,成就了黄河三角洲移民历史中的壮丽篇章。这段历史见证了迁徙者的坚忍和勇敢,也让我们更加珍惜如今的美好生活。

## (二)影响黄河三角洲移民文化形成的主要因素

移民文化的形成与迁入地的文化密切相关。就像化学反应一样,每个迁入地的文化都是移民文化的核心部分。换句话说,移民的规模会直接影响迁出地文化在移民文化中的影响力。黄河三角洲作为一个移民背景丰富的地区,正是由于其独特的地理环境和历史背景,使得来自不同地区的移民在这里会聚,形成了丰富多元的移民文化。

黄河三角洲的移民背景丰富多样,其中包括历史上多次战乱导致的难民迁徙、自然灾害引发的移民潮,以及政府主导的移民政策等。这些移民在迁入黄河三角洲的过程中,不仅带来了各自独特的地域文化,还使其与当地的原住民文化相互融合,共同塑造了黄河三角洲独特的移民文化。

移民在黄河三角洲聚居的过程中,不断进行文化交流与融合,使得这里的移民文化具

有鲜明的地域性和多元化的特点。例如,来自洪洞和枣强的移民在黄河三角洲地区占据了相当大的比例,形成了以这两个地区移民为主导的移民文化;而在垦利区,来自河北枣强县的移民占据了 24 个村庄,这进一步彰显了移民在黄河三角洲地区的聚集程度之高。

黄河三角洲的移民文化源于迁入地的多元文化,这些文化在黄河三角洲地区相互融合、交流,形成了独特的地域特色。移民的规模和背景对迁出地文化在移民文化中的影响力产生了重要作用,使得黄河三角洲的移民文化具有多元丰富的特点。

### 1. 晋商文化

晋商,历史上三大商帮之一,与潮商和徽商齐名。晋商在发展过程中,形成了富有内涵和厚重的晋商文化。这种文化在黄河三角洲地区得到了传承和发扬,特别是来自山西洪洞县的移民,他们将晋商文化自然而然地融入黄河三角洲移民文化中,使其成为这个地区文化的重要组成部分。

利津人,无论在过去还是在现在,都表现出强烈的商业意识。他们机智聪慧,善于经商,各行各业的小商贩层出不穷。利津民间流传的"三六九,进去出来不空手"这句话,意味着这里的人每次出门都会抓住机会做一些买卖,赚取利润,充分利用出行的机会,这充分展示了他们的商业智慧和对商机的敏感把握。

垦利西部黄河边的人深受利津人商业气质的影响,大多从事卖菜、卖布、卖杂货等生意,这表明他们具有极高的商业敏感度。这种商业氛围与晋商文化的传承和发展息息相关。

晋商文化在黄河三角洲的传承与发展,使得这个地区的移民文化被赋予了独特的内涵。利津人的商业智慧和对商机把握的敏感性,使他们成为黄河三角洲地区商业活动的主力军。而垦利西部黄河边的人,则在利津人商业气质的熏陶下,积极参与各种商业活动,为黄河三角洲地区的经济社会发展做出了贡献。这一切共同构成了黄河三角洲丰富多元的移民文化。

### 2. 儒家文化

山东省,作为孔子和孟子的故乡,承载着礼仪之道的精髓,历经历史长河的洗礼,始终保持着浓厚的儒家文化的氛围。黄河三角洲地区,孕育了众多儒家文化的传承者,特别是鲁西南地区,这里孔孟文化气息弥漫,被尊奉为儒家文化的发源地。

在移民浪潮中,无论是明朝时期的洪洞人,还是中华人民共和国成立前后的鲁西南移民,都坚守着儒家精神。受到儒家文化教化的黄河三角洲人民,在思想观念和行为准则上体现出忠诚、尊重孝道、坚持中庸、胸怀宽广和实事求是的积极特质。

这些优良品质不仅彰显了儒家文化的魅力,更为黄河三角洲地区的繁荣与进步提供了精神支柱。移民在传承儒家文化的同时,也将这一文化传统与当地文化相融合,为黄河三角洲地区的文化多样性做出了贡献。儒家文化在黄河三角洲的传播与影响,凸显了这一地区移民文化的深远内涵,也为后世留下了宝贵的精神财富。

### 3. 好汉文化

鲁西南的迁徙者将梁山好汉文化带到了黄河三角洲。这种文化以忠诚、勇敢和正义为核心,赢得了积极的评价并留下了深远的影响。与此同时,燕赵地区的侠义精神也随着河北地区的移民传播至黄河三角洲。

黄河三角洲地区,曾是齐国的一部分,作为伟大战略家孙武的出生地,拥有丰富的军事文化遗产。历经历史的沉淀,这些文化因素共同塑造了黄河三角洲居民英勇斗争的精神。在革命时期,黄河三角洲涌现出许多敢于对抗权威、勇敢斗争的英雄人物,如著名的"周家连""商家连"等,他们在军中展现出了非凡的勇气,并在全国革命中发挥了关键作用。这些英勇事迹彰显了黄河三角洲人民勇敢斗争的精神,也为中国的革命历史增添了浓墨重彩的一笔。黄河三角洲地区独特的文化背景和英勇传统,成为中华民族英勇精神的典范之一。这种精神力量不仅在革命时期发挥了重要作用,同时还为当今社会的和谐稳定发展提供了有力的精神支撑。

### 4. 黄河文化

黄河,作为我国历史悠久的文化河流之一,吸引了大量移民沿其流域定居。他们选择在黄河两侧建立家园,将黄河文化融入日常生活。在漫长的岁月里,黄河在黄河三角洲汇入大海,使得这里的原住民深受黄河文化的影响。

黄河文化具有鲜明的区域特质,而且有着无法复制的魅力和独特性。每个地方都有自己独特的传统习俗、艺术表达和建筑特色,使得黄河文化成为一个多样且丰富的文化体系。

移民与黄河三角洲原住民共同生活,这推动了黄河文化的繁荣发展,并为黄河文化赋予了新的内涵。移民带来了新的思想和观念,与原住民进行交流和融合,使得黄河文化不断创新和发展。

黄河文化丰富多彩,充满活力。它涵盖音乐、舞蹈、戏剧、文学、绘画等领域。这些艺术形式都展现出了黄河文化独特的魅力和生命力。同时,黄河文化也体现了人们对自然的敬畏和对生活的热爱。

作为中国传统文化的重要组成部分,黄河文化具有独特性和多样性,吸引了越来越多的人前来探索和了解。黄河流域的移民和原住民共同造就了这个文化的繁荣和独特性,使得黄河文化成为一个充满活力的文化体系。无论是在音乐、舞蹈还是在其他艺术形式上,黄河文化都在不断地创新和发展,为人们带来了无尽的惊喜和感动。

## （三）黄河三角洲移民文化的基本特征

移民的过渡象征着文化的转移与传承。移民文化,作为迁离地与新接纳地文化碰撞、交流和再塑造的产物,一直在不断地发展和演变。在这个过程中,文化的记忆和再生起着至关重要的作用。

移民文化并非简单地对迁离地文化进行复制,对新接纳地文化进行完全吸收,而是在融合本地文化和移民文化记忆的基础上形成的。这种文化的形成离不开移民的文化传承与再次塑造,它是时间和经验累积的产物,逐渐在异地文化和本土文化的交流中演变。

移民文化的发展主要遵循"文化记忆—文化移植—文化重新塑形"的规律。首先,移民带着对原有文化的记忆来到新的土地,这是一种文化传承。其次,在新的环境中,移民文化与当地文化发生碰撞和交流,形成了一种文化融合。最后,在新的文化基础上,移民文化不断成长、演变,形成了独具特色的新文化。

### 1. 多样性

移民文化的演变和创新在于塑造新的生活方式,这是移民文化发展的核心。在黄河三角洲,移民文化的多元化特点在风俗习惯和方言方面尤为突出。

地理环境的差异使得黄河三角洲的习俗展现出显著的地域性特点。即使是相邻的乡村,也拥有各自独特的风俗。在年节庆典、婚礼和葬礼等习俗中,不同地区间存在着明显的差异。例如,贴春联的时间和祭拜祖先的方式在不同地方有独特的传统。为了防止因传统差异导致误解和尴尬,有些地方甚至需要通过媒介进行多次协调。

黄河三角洲地区的方言丰富多样,冀鲁官话是这里的主要方言。根据人口的来源和地域分布,冀鲁官话可分为五大派别,包括广饶话、利津话、寿光话、鲁西话和沾化话。这些方言各具特色,但又相互联系。在部分乡镇和村庄,甚至可以听到各种方言相互交融的情况。此外,在石油开采建设的历程中,这里还形成了具有特色的"油田普通话",进一步丰富了黄河三角洲的语言形态。

### 2. 创新性

黄河三角洲的移民文化,具有强烈的适应性和创新性,对当地文化的发展产生了深远的影响。在这片土地上,移民文化交融汇聚形成了一种独特而创新的文化。

黄河三角洲拥有丰富的移民历史和多元的文化背景,吸引了大量移民群体前来定居。这些移民带来了各种不同的文化传统、习俗和价值观念,与当地文化发生了深刻的融合和碰撞。这种文化交融使得黄河三角洲的文化变得更加多元化,形成了一种独特的文化氛围。

创新文化的发展成为黄河三角洲经济社会进步的重要推动力。在改革开放的背景下,该地区实施了一系列创新性的政策和举措,如国有企业改制、推动地方经济转型发展、实行大开放、大招商策略等。这些创新性举措为该地区的经济社会发展提供了良好的环境和条件。

黄河三角洲的文化交融也成为其经济社会发展的核心竞争力。这种文化交融使得该地区具有了独特的文化优势和特色,吸引了更多的投资和资源。同时,这种文化交融也促进了不同行业和领域的创新与发展,推动了经济社会的进步和繁荣。

### 3. 包容性

移民文化,具有独特的包容性和开放性。这两种特性在黄河三角洲地区表现得尤为明显,原因是这里丰富的土地资源为移民文化的蓬勃发展提供了良好的环境条件。

(1)包容性:黄河三角洲移民文化的核心。

移民文化的包容性体现在对异质文化的吸收与融合上,以及对当地文化的改革与创新上。这种特质使得移民文化不仅具有广泛的兼容性,还能够不断地自我更新和发展。

(2)移民流动性:多元文化的推动力。

移民文化的多元性源于移民的流动性。他们为了寻找更好的生活条件,从而开始了不同方向的迁徙。这种流动性不仅强化了移民文化的兼容性和包容性,还促进了不同移民文化之间相互学习和影响。

（3）开放性：促进文化融合的有力保障。

黄河三角洲的居民以开放、友好、合作的态度闻名,这种开放性为各种移民文化的融合和共存提供了有力保障。在这里,不同的移民文化相互交流,相互吸收,最终形成了一种和谐共生、独特一体的多元文化。

（4）创新精神：移民文化的灵魂。

移民文化的多样性展示了移民对新环境的适应能力和创新精神。他们接纳并尊重不同文化的存在,并通过与其他文化的交流和融合,创造出新的文化形式。这种创新精神使得移民文化始终充满活力和生机。

### 4. 守成性

广阔的黄河三角洲土地接纳了众多的移民,他们为黄河三角洲带来了丰富的文化传统和习俗。然而,在这片土地上,开放性的特质在一定程度上制约了人们的言行和思维方式,主要体现在文化的创新与保守之间的矛盾上。

（1）农业主导。黄河三角洲的居民长期以农业为主导,坚持广泛种植、薄收的农业观念。他们完全依赖于天气,具有强烈的小农经济意识,对商品观念淡薄,创新和进取精神不足。

（2）民间智慧。关于土地和农业的民间俗语和谚语无处不在,揭示了这一地区居民对农业的重视。如"七十二行,庄稼为王""宁愿有土,不求龙虎"等,这些俗语充分体现了土地在人们心目中的地位。

（3）创新与保守的矛盾。在土地开放性的影响下,移民的言行和思考受到限制。尽管他们带来了丰富的文化传统和习俗,但在农业方面,这种文化特性表现出的创新与保守之间的矛盾不可避免。

（4）土地的影响。土地对人类社会和文化产生了深远的影响。在黄河三角洲,这种影响体现在居民对农业的执着和对土地的依赖上。土地不仅制约了人们的言行和思维方式,还在一定程度上影响了当地文化的发展。

黄河三角洲的土地开放性使得移民文化在这里存在创新与保守之间的矛盾。这种矛盾反映了当地居民在农业观念、商品观念及创新和进取精神等方面具有局限性。然而,正是由于这一矛盾的存在,才使得黄河三角洲的文化更具特色和包容性,从而为这片土地注入了源源不断的活力。

### （四）黄河三角洲移民文化的时代价值

黄河三角洲移民文化有着开放、包容、创新、和谐等特质,在其漫长的发展历程中,不断塑造和演变。这种文化特性使黄河三角洲成了一个独具魅力的地区,吸引了来自五湖四海的人在此定居。

（1）开放包容。黄河三角洲的移民文化以其开放包容的特性而闻名。这种特性使得该地区能够容纳各种不同的文化,让来自不同地域的人们在这里和谐共处。正是这种广阔的胸怀,为移民文化的繁荣奠定了基础。

(2)创新和谐。移民文化在黄河三角洲的演变过程中,不断展现出创新、和谐的特点。在面对艰苦的生活环境时,移民意识到只有团结一致、迅速适应新环境、不断探索创新,才能在这片土地上开垦荒地,增加粮食产量,进而安家立业。这种精神是移民文化的核心。

(3)团结奋进。黄河三角洲移民文化的精髓在于团结一致,迅速适应新环境,不断探索创新。这种精神使得移民能够在困难面前勇敢面对、共同努力,为地区的繁荣发展奠定了基础。

(4)新时代使命。随着黄河三角洲步入新时代,深入研究移民文化及传承和发扬移民文化逐渐成为时代和民族的重要任务。因此,我们需要广泛吸纳各方人才,积极行动,勇往直前。

黄河三角洲移民文化以其开放包容、创新和谐的特质,在历史长河中不断演变和发展。在新时代的背景下,我们应继续传承和发扬这种文化精神,以全球的视野,广泛吸纳人才,勇往直前,为黄河三角洲的繁荣发展贡献力量。

### 1. 归属与认同

东营市,是一座年仅 41 岁的年轻城市,坐落在充满活力和希望的黄河三角洲上。这里会聚了来自五湖四海的人们,他们的祖先或许生活在山西、河北、鲁西南等地区。在历史的长河中,黄河三角洲地区经历了多次大规模的人口迁移,使得这里的居民对这片共同的家园产生了强烈的认同感和归属感。

在新时代的伟大征程中,我们应深入挖掘黄河三角洲丰富的移民历史,传承并发扬多元化的移民文化。这将有助于来自五湖四海的黄河三角洲居民进一步团结起来,共同维系与这片土地之间的情感纽带。

为了从文化的高度和视角上加强对黄河三角洲上这座年轻城市的认同感和归属感,我们要将其视为自己的家园,并为之自豪。让"我是黄河三角洲人""我们的黄河三角洲"的意识深入人心,融入血肉,加速塑造共享的价值观。

在这个快速发展的时代,我们应积极发扬黄河三角洲地区所具有的"和谐、诚实、创新、卓越"的精神。坚持和谐共生,促进各民族之间的和谐共处;保持诚实守信,树立良好的社会形象;勇于创新,推动科技创新和社会进步;追求卓越,提高自身素质和水平。让黄河三角洲地区所具有的"和谐、诚实、创新、卓越"的精神与时代同行,闪耀出璀璨的光芒。

### 2. 视野与格局

在民族移居的洪流中,包容与开放思维的无限魅力得以展现。黄河三角洲,有着大自然赋予的、独特的地理环境,还拥有壮丽的景观、全方位的视野、深度的意识体验和宽标度的影响力。

站在这片土地上,不仅看到了黄河的奔腾和海洋的广袤,还见证了时代的变迁和人类的坚忍。几代人为了这片土地,坚守着他们的信念,用汗水和努力书写着发展的新篇章。如今,黄河三角洲地区的人均国内生产总值(GDP)在全国名列前茅,这无疑是对他们辛勤努力的肯定。

新时代的真正价值，不仅仅在于经济的繁荣，更在于能否以全球视野、广阔的胸怀推动黄河三角洲的全面发展。黄河三角洲需要开放包容的胸怀，吸引来自世界各地的人才，让他们在这片土地上发挥他们的才华。

为了实现这一目标，需要真诚地投入资金，尽全力留住这些人才，让他们在这里能够实现自我价值。在新时代，要挖掘每个人最大的潜力，让大家都能在黄河三角洲的土地上找到属于自己的价值和目标。

在新时代的浪潮中，要迎风翱翔，书写辉煌的新篇章。黄河三角洲不仅仅是一个地理标志，更是一种精神象征。它告诉我们，只有包容和开放，才能在时代的洪流中站稳脚跟；只有不断追求进步，才能在未来的道路上走得更远。

### 3. 改革与创新

移民文化，是一种充满活力、随时代潮流不断演变的文化，以其适应环境变化、推陈出新的特点，成为推动社会发展的重要力量。

在这个日新月异的时代，移民文化所代表的创新精神在各个领域都展现出了强大的生命力。在政治领导层面，移民文化推动政府不断探索新的政策，以适应时代的发展和变化；在企业创新层面，移民文化鼓励企业家勇于尝试新的商业模式，创造出更多商业价值。

作为我国的重要区域，黄河三角洲正处于转型与发展的重要阶段。在这个关键时刻，弘扬移民文化中的创新精神具有一定的历史意义。无论是政治领导者还是企业创新者，都应该以前瞻的视角来观察黄河三角洲的发展现状和未来趋势，充分理解过去的成就和现在的问题，审视未来的目标和发展路径。

在这个充满挑战和机遇的时代，弘扬移民文化中的创新精神需要我们保持谦逊和自信的态度，勇于面对困难和挑战。我们需要有改革的决心和创新的勇气，充满信心和士气，大步向前。在这个过程中，我们要敢于尝试别人从未尝试过的，敢于探索法律允许的，敢于"摸着石头过河"。只要我们大胆尝试，就能创新、创业。

在这个价值不断演变的时代，移民文化的创新精神是我们不可或缺的力量。让我们以前瞻的视角来看待黄河三角洲的发展，弘扬移民文化中的创新精神，共同创造一个更加美好的未来！

### 4. 融合与和谐

在新时代的背景下，和谐与发展已经成为社会的两大主题。推动建设和谐社会不仅有助于社会的繁荣发展，还能提高人民的生活质量。反之，会使得社会矛盾加剧、人心不古，从而阻碍发展。

黄河三角洲的移民文化，作为一种独特、和谐的文化，经历了漫长的移民时代。在这个时代，来自不同地方的人们相互扶持，共渡难关，团结前行。移民文化中的和谐成分正是在这样的过程中逐渐塑造和成长起来的。

如今，我们身处伟大的新时代，仍需团结一心、肩并肩地勇往直前。在这个时代，区域间不应设定界限，应加强团结合作。三区两县、油地军校应合力推进，以人为本，弃争议于脑后，秉持友邻之道，在多元一体的文化体系中深化合作。

黄河三角洲地区的人民犹如一个大家族的人,在这个大家族中,每一个成员都应倡导和谐,包容差异,吸取长处,齐心合力,让"家和万事兴"的伟大歌声响彻云霄。

让我们一起继承和发扬这种移民文化,让和谐的精神在我们的生活中得到体现。我们一起努力,让黄河三角洲这个大家族更加团结、繁荣、和谐。因为只有和谐,才能促进发展;只有发展,我们的生活才能更加美好。

我们一起向着新的时代前进,让我们的生活更加美好;我们一起努力,让黄河三角洲的移民文化得到更广泛的传承和发扬。因为这不仅是我们的文化血脉,更是我们共同的记忆。只有尊重和发扬这种文化,我们才能真正实现"家和万事兴"的美好愿景。

## 五、农耕文化

黄河三角洲的农耕文化是一种充满智慧和勇气的文化,它是在黄河三角洲独特的环境条件下形成的。黄河三角洲的农耕文化不仅受到黄河的影响,还受到气候、历史、人文等多种因素的影响。

### (一)黄河对农耕的影响

黄河,被誉为"中华母亲河",是中华文明的发源地之一,也是中国最重要的河流之一。它从青藏高原奔腾而下,横贯九个省份,滋养着广袤的土地,承载着华夏文明的希望和梦想。黄河孕育了五千年的华夏文明,创造了璀璨的农耕文化。

黄河三角洲的农耕文化,是黄河与中华民族共同创造的一幅壮丽的画卷。然而,黄河也是一条多灾多难的河流。频繁的水患给沿岸的人民带来了巨大的灾难。为了治理黄河,中华民族人民历经千辛万苦,探索出许多有效的技术手段,如打坝、修堤、疏通河道等。这些治理措施不仅有效地防止了洪水对农田和村庄的破坏,更是黄河农耕文化的重要组成部分。

在长期的实践中,人们逐渐掌握了治理黄河的技巧和方法。打坝是一种重要的防洪手段,能够阻挡河水的冲击力,保护农田和村庄的安全。修堤是另一种有效的防洪手段,能够防止河水的侵蚀和渗透,为农田和村庄提供保护。疏通河道可以增加河道的容量,降低洪水发生的可能性。这些技术手段的应用,不仅体现了中华民族人民的智慧和勇气,还展示了农耕文化的重要性和价值。

中华人民共和国成立后,大规模的农垦、军垦在黄河入海口拉开了序幕,济南军区生产基地、黄河农场、渤海农场、广北农场、五一农场、孤岛林场、同兴农场、联合农场、一千二林场、支脉沟牧场、青坨农场先后在这里诞生。在这片散发着泥土芳香的地带,在那激情燃烧的岁月里,一支支队伍开荒拓土、建功立业,向新淤土地要粮食,向茫茫荒原要效益,创造了一个又一个奇迹,谱写了可歌可泣的动人篇章。农垦、军垦,凝聚成黄河三角洲上一种百折不挠的创业精神,成为黄河三角洲文化的重要元素。

黄河三角洲的农耕文化是中华文化的重要组成部分。它见证了黄河与中华民族共同创造的历史和文明,承载着华夏文明的希望和梦想。

## （二）地理和气候对农耕的影响

黄河三角洲位于我国华北平原东部，是一片地势平坦、土壤肥沃的宝地，自古以来就是适宜农耕的风水宝地。然而，大自然赋予了黄河三角洲丰富的资源，也设置了许多挑战。由于这里的季节变化明显，冬季寒冷干燥，夏季炎热多雨，干旱和洪涝灾害时有发生，给农耕生产带来了不小的影响。

面对这些挑战，黄河三角洲的居民并未退缩，而是以他们的智慧和勤劳，积累并传承了一代又一代的农耕经验和技术。在干旱季节，他们通过修建水渠和灌溉系统，将水源引入农田，滋润了干燥的土壤；在洪涝季节，他们采取措施防止洪水对农田的破坏，修建堤坝和排水系统，确保了农田的安全。这些经验和技术，历经千年的沉淀和升华，形成了黄河三角洲独特的农耕文化。

这种农耕文化不仅仅是对自然规律的适应，更是对生活的热爱和尊重。它体现在农民的辛勤劳作中，更体现在他们不断探索、不断进步的精神中。他们敬畏自然，感恩土地，珍惜每一粒粮食，也珍视每一次收获。这种对生活的热爱和尊重，也感染着每一个生活在这片土地上的人。

今天的黄河三角洲，虽然气候条件仍然复杂多变，但农耕文化已经深入人心。这片土地上的人们，用他们的智慧和勤劳，书写着新时代的农耕故事，传承着古老的农耕文化。这是一种永不消逝的力量，也是一种永恒的魅力。在黄河三角洲上，我们看到了农耕文化的力量和魅力。

## （三）历史对农耕的影响

黄河三角洲是一片充满传奇的土地，其农耕文化犹如一部鲜活的历史长卷，描绘出了古人辛勤耕耘、祈求丰收的动人画面。追溯黄河三角洲的历史，不难发现这里是中华文明的发源地之一。在黄河流域的肥沃土地上，勤劳的先民开创了独特的农耕文明。他们用简陋的农具，辛勤耕耘，播种希望，收获幸福。在长期的农耕实践中，黄河三角洲的先民积累了丰富的农耕经验和技术，形成了独特的农耕文化。

农耕文化是黄河三角洲人民的骄傲，也是中华传统文化的重要组成部分。在古代，人们会在春耕时节举行盛大的祭祀仪式，祈求神灵保佑农耕生产的安全和丰收。这些仪式逐渐演变成了具有地方特色的祭祀文化，也逐渐成为黄河农耕文化的重要组成部分。祭祀仪式神秘、庄重，其间人们会献上丰盛的祭品，祈求神灵的庇护。在祭祀活动中，人们还会伴随着音乐表演各种民间舞蹈，以表达对神灵的敬仰和感激之情。舞蹈的表演形式丰富多彩，既有粗犷豪放的气势，又有细腻婉约的柔情，充分展现了黄河三角洲人民独特的艺术风格和地方文化。

除了祭祀活动外，黄河三角洲的农耕文化还涵盖了各种农业习俗和民间信仰。例如，人们会在田间劳作时遵循一定的规矩和仪式，以确保农事活动的顺利进行。此外，黄河三角洲的民间信仰也具有浓厚的地方特色。如今，随着时代的变迁和社会的发展，黄河三角洲的农耕文化正在逐渐消失。然而，我们仍然可以通过传承和发扬这些宝贵的文化遗产，让更多的人了解和热爱黄河三角洲的农耕文化。

### （四）人文对农耕的影响

黄河三角洲，以其独特的自然条件、历史背景和人文环境，展现出一幅别具一格的画卷。这片土地既具有自然之美，又弥漫着人文气息。在这里，农耕文化源远流长，别有一番风味。

黄河三角洲位于黄河入海口处，地势平坦，土壤肥沃，为农业生产提供了得天独厚的条件。长期的农耕实践使这里的人民积累了丰富的农业知识，形成了独特的农耕文化。每年三四月份，走进黄河三角洲的田野里，你可以看到一片片绿油油的麦田，如同绿色的海洋一般。这里的麦田不仅是粮食的生产基地，更是人民生活的精神寄托。

在丰收的季节，人们会制作各种传统食品来庆祝，如黄河三角洲的特色食品"粘花"和糖果等。这些食品不仅是美食本身，更代表着当地人民的信仰和文化传统。"粘花"通常选用优质小麦粉制作，其图案寓意着吉祥如意、丰收富足，寄托着人们对美好生活的向往。糖果则制作精细、色彩缤纷，既可自己食用，也可作为节日礼品赠送给亲朋好友。

此外，黄河三角洲还有地瓜酒、蜂蜜、莲藕等特色传统食品和农副产品。这些美食和地方特产充分体现了当地人民的智慧和创造力。

在黄河三角洲这片富饶的土地上，农耕文化历经千年的沉淀与打磨，形成了今天我们所看到的独特景象。这里有丰富的农业资源、独特的传统食品、深厚的文化底蕴，以及勤劳智慧的人民。这一切都为黄河三角洲的农耕文化增添了无尽的魅力。

在这片土地上，传统食品的制作不仅是对祖先智慧的传承，更是对未来生活的期许和祝愿。黄河三角洲的农耕文化，凭借其丰富的农业资源、独特的传统食品和深厚的人文底蕴，成为这片土地上一道独特的风景线。

## 六、盐文化

在黄河三角洲这片富饶的土地上，盐文化以其独特的魅力，见证了这里的沧桑变迁。作为一种重要的生活必需品，盐自古以来就在黄河三角洲的生产和消费中占据了重要地位。盐文化在这里孕育而生，与黄河的泥沙、海水的潮汐、农耕文明的发展紧密相连。

黄河三角洲的盐文化历史悠久，可以追溯到古代的煮海为盐。在这里，盐田、盐矿、盐池等生产工具和设施历历在目，见证了古代劳动人民的智慧和勤劳。同时，盐文化也与黄河的多次改道密切相关，黄河的每一次改道都给黄河三角洲带来了新的生产力和资源，也带来了新的盐产品和技术。

盐文化在黄河三角洲的民俗中也有着重要的体现。盐作为重要的调味品，与人们的饮食文化息息相关。在婚礼、节日等重要场合，人们也会用盐来祈求幸福、平安。此外，盐还与民间信仰密切相关，例如，在一些特殊的场合，如新屋入伙、新生儿诞生等，会撒盐以示祝福等。

黄河三角洲的盐文化也是艺术的重要源泉。盐作为一种具有独特光泽和质感的物质，被广泛应用于绘画、雕塑、陶瓷等艺术形式中。当地的盐雕艺术家,将盐的晶莹剔透与艺术的灵感完美结合,创作出了一件件精美绝伦的艺术品。

然而,随着社会的发展和科技的进步,传统的盐业生产方式已经逐渐被现代化的工业生产取代。黄河三角洲的盐文化也在这种变革中不断更新和发展。在现代社会,盐文化依然具有丰富的内涵和价值,值得我们继续探索和研究。我们应当珍视和传承这一独特的文化,让它在新的时代背景下焕发出新的生机和活力。

## 七、红色文化

黄河三角洲的军民不仅创造了彪炳史册的辉煌战绩,还孕育了丰厚的精神财富,形成了弥足珍贵的革命精神。这些革命精神至少可以概括为以下六个方面。

### (一)以爱国主义为核心,同仇敌忾、自尊自立、自强不息的伟大民族精神

在面对侵略者的铁蹄时,这里的人民从未屈服,更未低头。在党的领导下,黄河三角洲人民举行了抗日武装起义,组建了游击队,发展了抗日武装。他们坚定地捍卫国家民族利益,誓死不当亡国奴,共同抵抗侵略者。爱国主义是他们的核心精神,激励着他们以坚定的信念和无畏的勇气抗击日本侵略者。

在黄河三角洲这片红色土地上,伟大的民族精神得以传承和发扬。它如黄河之水,奔腾不息,激荡在渤海之滨。这种精神鼓舞着每一个生活在这片土地上的人,为了民族的尊严和国家的独立,不断奋斗,永不言败。

黄河三角洲的红色革命精神,是中华民族的骄傲。它见证了黄河三角洲人民的英勇与坚定,也见证了中华民族的伟大复兴。这片土地孕育了一代又一代英勇无畏的中华儿女,他们为了国家的繁荣富强和民族的尊严,毫不犹豫地投身于抗击侵略者的战斗中。

黄河三角洲人民的抗战精神,如同一座不朽的丰碑,永远激励着子孙后代。他们的奋斗和牺牲精神将永远被人们崇敬和怀念。在实现中华民族伟大复兴的中国梦的道路上,中华儿女将继续传承和发扬这种抗战精神,坚定地捍卫国家的利益,守护祖国的领土。

正是秉持着这种不屈不挠的精神,黄河三角洲人民才在党的领导下,赢得了抗日战争的胜利。他们的英勇事迹将永远铭记在历史的篇章中,成为中华民族精神的重要组成部分。在新时代的背景下,我们要继续传承和发扬这种伟大精神,为实现中华民族伟大复兴的中国梦而努力奋斗。

### (二)坚定的政治信念和崇高的革命理想

中国共产党曾经在黄河三角洲这片土地上建立了垦区抗日根据地,后来扩展为渤海抗日根据地。渤海军民在抗日战争时期所展现出的红色革命精神,成为我们国家民族团结奋斗的典范。他们以坚定的理想信念为支撑,为民族独立、人民幸福而不懈奋斗,铸就了一段不朽的红色传奇。

在这片充满红色革命气息的土地上,渤海军民历经磨难,尽管做出了巨大的牺牲,但

也始终坚守着对理想信念的信仰。他们深知,只有坚定信仰,才能战胜一切艰难险阻,实现民族独立、人民幸福的伟大梦想。正是这种坚定的理想信念,让他们在抗日战争时期,始终保持着高昂的斗志和革命热情。

在抗日战争时期,渤海军民在极其险恶的环境和异常困难的情况下,不畏强敌,不惧艰险,开辟、坚守、建设和不断发展抗日根据地。他们以顽强的意志和英勇的斗志,与敌人展开殊死搏斗,为抗日战争的胜利立下了汗马功劳。

如今,我们回顾那段历史,能够更加深刻地认识到理想信念对于一个国家、民族和政党的重要性。只有坚定信仰,才能够凝聚力量,振奋精神,为国家和民族的繁荣富强而不懈奋斗。渤海军民的红色革命精神将永载史册,激励着我们不断前行。在新时代背景下,让我们继续传承和发扬这种伟大精神,为实现中华民族伟大复兴的中国梦而努力奋斗!

### (三)大无畏英雄气概和革命英雄主义精神

在黄河三角洲,渤海军民在面对强大的日本侵略者和国民党军的压力时,展现出了不畏强敌、浴血奋战、勇于牺牲的大无畏英雄气概和革命精神。他们在物质和精神上都经历了巨大的损失和严峻的考验,但他们始终坚信只要还有一口气,就要与敌人抗争到底。

渤海军民表现出的革命英雄主义精神成为中华民族的强大精神支柱。他们的奋斗和牺牲精神激励着整个民族,成为中华民族的骄傲和力量来源。回顾渤海军民的抗战历程,我们应该倍加珍惜和铭记他们的英雄事迹。他们面对强大的敌人,没有退缩,没有畏惧,始终坚守信念,为祖国的独立和民族的尊严而奋斗。

即使在祖国正走在伟大复兴道路上的今天,渤海军民的精神力量依然能够引领我们前进。我们要学习他们不畏艰难、勇往直前的精神,勇于面对挑战,勇于承担责任。只有这样,我们才能够实现中华民族的伟大复兴。

渤海军民的英勇事迹是我们的宝贵财富,是我们前进的力量源泉。我们应该怀着对他们的敬意,怀着对祖国的热爱,怀着对民族的责任,继续努力奋斗,为实现中华民族的伟大复兴贡献自己的力量。只有每一个人都发扬渤海军民的英雄精神,才能够共同创造出一个更加繁荣富强、充满希望和梦想的国家。

我们应该从渤海军民的英雄事迹中汲取力量,学习他们那种不畏强敌、勇于牺牲、自立于世界民族之林的革命精神。将这些精神融入自己的生活中,让其成为我们前进的动力和支撑。在新时代背景下,我们应该继续传承和发扬这一伟大的精神,为实现中华民族伟大复兴的中国梦而努力奋斗。

### (四)实事求是,勇于创新的革命精神

黄河三角洲红色革命精神早已深入人心,成为这里人民的精神支柱。这种精神体现在渤海军民在革命年代的鲜明特点和基本经验上,其中包括实事求是和勇于创新的精神。

在抗日战争时期,渤海军民敢于面对现实,坚持实事求是,大胆创新,采取灵活机动的游击战术。他们灵活运用平原游击战、大挖"抗日沟"、夜战、运动战、化整为零、分散隐蔽、敌进我进等战术,成功地打击了敌人,保卫了家园。

在解放战争时期，华东野战军的战略战术和作战方针也是基于实事求是的原则，随机应变，抓住战机，集中优势兵力，逐个歼灭敌人。他们进行了内外线统一作战，同时渤海军民充分发挥了华东战场后方保障基地的作用，为全国解放事业做出了巨大贡献。

这些战略战术和作战方针都是基于实际出发的。它们是伟人的军事思想和党的方针政策与渤海战场实际相结合的产物，具有渤海军民的鲜明特点和基本经验。

今天，在新的历史条件下，我们要继续弘扬实事求是精神和勇于创新精神，不断探索适合新时代的战略战术和作战方针。我们应以渤海军民为榜样，继承和发扬红色革命精神，为实现中华民族伟大复兴的中国梦而努力奋斗。

### （五）忠诚于党，服务人民，始终与人民群众保持血肉联系的崇高品德

广大党员和人民子弟兵指战员通过实际行动展现了忠诚和无私的品质。他们在平时严格执行纪律，自觉维护群众利益；而在战时，不惜用鲜血和生命保护人民群众的生命财产。这种忠诚和无私的品质赢得了广大人民群众的爱戴和支援。

特别是在黄河三角洲地区，他们践行了党的宗旨和群众路线，把群众利益放在心中最高的位置。他们用实际行动践行了"全心全意为人民服务"的宗旨，让人民感受到了党的温暖和关怀。他们建立了生死与共的党群关系和军民关系，成为党及其领导下的人民军队立于不败之地的保证。他们用自己的行动证明了党的正确领导，以及人民群众与党的血肉联系。他们用鲜血和生命捍卫了人民的利益，赢得了人民的尊敬和支持。

广大党员和人民子弟兵指战员的表现不仅展现了他们的个人品质，更体现了中国共产党和人民军队的优良传统。他们以身作则，为全体党员和人民子弟兵树立了榜样。他们的忠诚和无私奉献精神，激励着广大党员和人民子弟兵指战员，为党和人民的事业奋斗到底。

正是这种大爱无私的崇高品德，让广大共产党员和人民子弟兵指战员赢得了人民群众的衷心爱戴和无私支援。他们是我们的英雄，他们是我们的榜样。在新时代背景下，我们应继续传承和发扬这种伟大精神，为实现中华民族伟大复兴的中国梦而努力奋斗。

### （六）顾全大局，爱党拥军，无私奉献的革命精神

在中国革命年代，黄河三角洲人民与中国共产党及其领导下的人民军队形成了一股强大的力量，推动着中华民族的独立、人民解放和中华人民共和国的成立。黄河三角洲人民深知共产党和人民军队是他们的救星，没有他们的奋斗和牺牲，就没有民族的尊严和人民的幸福。

为了表达对中国共产党和人民军队的感激之情，黄河三角洲人民用实际行动表现出对这两者的坚定支持和拥护。在抗日战争时期，他们万众一心、团结协作，倾其所有、踊跃支前，展现出了崇高的顾全大局、爱党拥军、无私奉献的革命精神。他们的行动，不仅支撑了革命的胜利，还为中华人民共和国的成立奠定了坚实的基础。

黄河三角洲人民的民族觉醒、民族团结和坚强的民族意志在红色革命精神中得以体现。他们以实际行动，证明了人民群众的觉醒和无私支援，是中国革命胜利和中华人民共

和国成立的关键。

如今,黄河三角洲人民的伟大精神已成为中国革命历史中不可或缺的一部分。他们的付出和牺牲,不仅赢得了民族独立和人民解放,还塑造了人民军队与人民群众之间的深厚感情。

在今天的中国,我们仍然需要黄河三角洲人民的那种革命精神。无论是在经济建设、社会发展方面,还是在国家安全方面,我们都面临着各种挑战。只有像黄河三角洲人民那样,坚定信仰,团结一心,无私奉献,我们才能战胜一切困难,实现中华民族伟大复兴的中国梦。

黄河三角洲红色文化精神的核心内容就是"不屈不挠、艰苦奋斗,顾全大局、无私奉献,忠诚于党、服务人民"。我们应继续传承和发扬这种伟大精神,为实现中华民族伟大复兴的中国梦而努力奋斗。

## 八、胜利油田文化

黄河三角洲胜利油田文化,作为一种富含历史和文化底蕴的、独特的文化形态,既展现了人类对自然的征服和利用,又融合了地域特色和民族风情。这种特殊的工业文化起源于 20 世纪 50 年代,当时我国政府为了满足国内石油需求,开始在黄河三角洲进行石油勘探和开发。随着石油资源的不断发现和开采,黄河三角洲逐渐形成了一个以石油为主导的工业体系,吸引了大量人口涌入,进而孕育出了独特的胜利油田文化。

黄河三角洲胜利油田文化的核心在于其独特的价值观和文化特征。石油工人作为这一文化的主要代表,以勤劳、坚忍、创新、进取的精神,不断发现和开拓石油资源。在这个过程中,他们形成了一种以工作为中心的生活方式,追求效率和质量,强调团队合作和自我约束,赋予了胜利油田文化独特的内涵。

黄河三角洲胜利油田文化的传承是一个长期的过程。在这个过程中,黄河三角洲的居民和石油工人不断用自己的智慧和汗水为这一文化注入新的内涵。如今,黄河三角洲胜利油田文化已成为一种具有地域特色和文化内涵的品牌,代表着中国石油工业的发展历程和成就,为中华文化的发展做出了重要贡献。这种独特的文化精神,将继续激励着我们为实现中华民族伟大复兴的中国梦而努力奋斗。

黄河三角洲胜利油田文化的传承和发展,不仅体现了我国石油工业的辉煌历程,更是对民族精神的传承和弘扬。在这种文化的熏陶下,一代又一代石油工人前赴后继,为我国石油事业的发展贡献了自己的力量。

在新的历史时期,黄河三角洲胜利油田文化将继续发挥其独特的作用,激励广大石油工人积极投身于石油事业。随着全球能源格局的变化和国内石油资源的日益紧张,石油工人将以勤劳、创新、勇攀高峰的精神,努力实现我国石油工业的可持续发展。

黄河三角洲胜利油田文化还将进一步拓展其内涵,将地域特色与时代精神相结合,为构建社会主义现代化国家注入强大的精神动力。在这个过程中,黄河三角洲胜利油田文化将不断丰富和完善,成为新时代中国特色社会主义文化的重要组成部分。

## 九、知青文化

黄河三角洲知青文化是指在 20 世纪 60 年代至 20 世纪 70 年代,广大知识青年响应国家号召,来到黄河三角洲进行农业生产、建设开发的一种文化现象。这一时期的知识青年,通常被称为"知青",他们为黄河三角洲的经济发展、文化繁荣和社会进步做出了巨大贡献。

### (一)知青下乡

在 20 世纪六七十年代,我国开展了知识青年上山下乡运动。那是一场波澜壮阔的历史洪流,大量城市知识青年离开城市,去到农村、边疆和生产建设兵团,参与农业生产和社会建设。那场运动不仅为国家输送了大量的农业和建设人才,还锻炼了知青的意志品质,推动了农村经济和社会的发展。

知青下乡运动不仅为国家培养了大批具有实践经验的人才,还对农村经济和社会的发展产生了深远的影响。在这一过程中,知青锻炼了自己的意志和品质,培养了团队合作精神,为今后的职业生涯打下了坚实的基础。同时,他们也为农村文化的传承和发展做出了重要贡献,体现了知识青年上山下乡运动的深远意义。

### (二)知青文化与当地文化的融合

20 世纪 60 年代前后,众多城市知识青年积极响应国家号召,纷纷前往黄河三角洲投身于农业生产和社会建设中。他们告别城市的繁华,将城市的知识、文化和技术带到这片土地,与当地农民携手开展农业生产,共同推动地区经济发展。

在这个过程中,知青为黄河三角洲带去了先进的农业技术,如改良土壤、选用优良品种、合理施肥、防治病虫害等,从而提高了农业产量,促进了当地农业生产的发展。他们还积极推广农业机械化,引入拖拉机、收割机等现代农机,减轻了农民的劳动强度,提高了劳动生产率。

与此同时,知青逐渐融入当地文化,学习方言、习俗、民间艺术等,与当地人民建立了深厚的友谊。他们学会了当地的剪纸、刺绣等手工艺,将这些传统技艺融入日常生活,使城市与农村的文化交流更加密切。此外,知青还将自己的文艺才能与当地文化相结合,编排了许多反映农村生活的文艺节目,丰富了当地人民的文化生活。

通过与当地文化的融合,知青促进了当地文化的发展和创新。在他们的帮助下,当地农民不仅传承了丰富的民间文化,还在此基础上进行了创新,使当地文化变得更具活力。例如,在知青的指导下,当地农民创作了许多以农业生产为主题的民间歌曲、舞蹈等,充分展现了黄河三角洲独特的文化魅力。

### (三)知青文化的特点

(1)无私奉献。在知识青年上山下乡运动中,广大知青积极响应国家的号召,远离城市,投身于农村建设。他们将城市的知识、文化和技术传播到农村,提高了农业产量,推动了农村经济的发展。此外,知青还积极参与农村的社会建设,努力改善农村基础设施,提高农民的生活水平。在这个过程中,他们充分展示了无私奉献的精神。

(2)自强不息。面对艰苦的环境,知青没有退缩,而是在逆境中不断学习、进步,克服困难,为地区发展做出了积极贡献。他们在农村不仅要适应简陋的生活条件,还要面对各种生产和技术方面的挑战。尽管如此,他们仍然勇敢地面对挑战,向农民学习农业技术,提高自己的实践能力,为农村发展贡献了自己的力量。

(3)乐观向上。尽管生活条件艰苦,但知青始终保持着积极乐观的心态。他们将文化、知识和娱乐活动带到了农村,丰富了当地人民的精神生活。他们在劳动之余,组织各种文艺演出、讲座和讨论会,传播先进的文化和知识,为农村带来了新的思想和观念。在这个过程中,他们不仅自己保持了乐观向上的心态,还把这种心态传递给了当地的农民,为农村的生活增添了不少色彩。

知青身上所体现的奉献、自强不息和乐观向上的精神,成为他们独特的品质。这些品质不仅在他们自己身上闪耀,还为农村的发展和农民的生活带来了深刻的影响。他们的付出和努力,成为黄河三角洲农村发展史上不可忽视的一部分,也成为我们今天仍然值得学习和传承的精神财富。

## (四)知青文化的影响

大量知青涌入黄河三角洲,为当地发展注入了新的活力。他们不仅推动了经济的发展,还促进了文化、教育、卫生等方面的进步。知青离开农村后,大部分人成了各行各业的精英,他们对黄河三角洲的深厚情感和关注,成为推动地区发展的重要力量。这些精英通过各种途径,继续支持黄河三角洲的发展,为当地的经济、文化、教育、卫生等事业贡献自己的力量。

知青为黄河三角洲的经济发展注入了新的活力。在知青的努力下,黄河三角洲的农业产量得到提高,农村经济得到发展。同时,他们积极参与农村的社会建设,帮助改善农村基础设施,提高农民生活水平。

在文化、教育方面,知青的作用不容忽视。他们在劳动之余,组织各种文艺演出、讲座和讨论会,传播先进的文化和知识,为当地人民的精神生活带来了丰富的色彩。知青还积极参与农村教育事业,帮助农村提高教育水平,为当地培养了一批有文化、有知识的人才。

知青在卫生方面也为黄河三角洲做出了贡献。他们普及卫生知识,提高当地人民的卫生意识,帮助农村改善卫生条件。在知青的努力下,黄河三角洲的卫生状况得到了一定程度的改善,人们的健康水平得到了提高。

知青在黄河三角洲的发展历程中发挥了重要作用。他们的付出和贡献,不仅推动了当地经济、文化、教育、卫生等方面的进步,还为黄河三角洲留下了宝贵的财富。如今,这些曾经的知青依然关注着这片土地,为地区的繁荣发展贡献着自己的智慧和力量。这种精神将永远激励着黄河三角洲的人民,为实现地区发展和中华民族伟大复兴的中国梦而努力奋斗。

## 十、民间艺术

民间艺术,作为一种被大众广泛接受和欣赏的艺术形式,涵盖了音乐、舞曲、视觉艺术和手工艺品等多种类型。它主要用于自我娱乐、教育和愉悦公众,旨在满足人们的心理需求和生活体验。由于对人们内心情感的深刻影响,民间艺术在广大人群中具有牢固的基础地位。

民间艺术作为一种源远流长的文化传承,如同一条永恒之河,贯穿了整个中华民族的历史进程。这种艺术起源于古代人民的生活之中,并在历朝历代的人们手上不断演变出新样式,变得愈发丰满且富有生命力。深厚的历史底蕴、广泛的内容涵盖及多样化的表现手法,让民间艺术变成了各种艺术形态的重要支撑力量,同时也成为各类主题创作的主要灵感来源之一。

民间艺术不仅为我们留下了无尽的艺术瑰宝,还对世界各地的艺术家产生了积极影响。这种艺术形式的多样性和丰富性,使其成为一种充满魅力和活力的文化表现形式,彰显了中华民族独特的审美情趣和智慧。在现代社会,民间艺术依然具有重要的价值和意义,将继续为丰富人们的精神文化生活、弘扬传统文化和推动艺术创新发挥重要作用。

民间艺术作为中华民族传统文化的重要组成部分,承载着丰富的历史和文化内涵。它既是人们生活中不可或缺的精神支柱,也是世界各地艺术家汲取灵感的源泉。我们应该共同传承和发扬这一独特的艺术形式,将其瑰宝般的光彩传承给子孙后代,为繁荣发展中华民族文化贡献力量。

### (一)黄河三角洲民间艺术的种类

#### 1. 吕剧

作为山东省的主要地方戏剧形式,吕剧在中华戏曲领域中具有举足轻重的地位。它起源于1900年的黄河三角洲地区的时家村,最初被称为"化妆扬琴",也被当地居民称为"驴子戏""捋戏"或"小戏"。吕剧在早期主要在农村市场传播,后来逐步扩展到济南等城市。然而,自七七事变以来,日本军队入侵了济南,导致许多吕剧演员生活贫困,大多数吕剧团瓦解了。1949年以后,在新中国的支持与援助之下,吕剧才得以复苏并且快速成长,覆盖了山东省的大部分地区,并在江苏省、黑龙江省、吉林省、辽宁省等地产生了深远的影响。

吕剧是山东省最具代表性的地方剧种,被列为国家级非物质文化遗产。吕剧的音乐风格兼具板腔体和曲牌,常用的伴奏乐器有坠琴、扬琴、三弦和琵琶。吕剧起源于山东以北的黄河三角洲,是从山东琴书演变而来的,其唱腔优美且通俗易懂。

吕剧中坠琴的音色和韵味独具特色,被称为"拴老婆橛子",深受群众喜爱。1951年,济南市吕剧团成为第一个吕剧专业院团;1953年,山东省吕剧团成立,成为首个省级院团。

吕剧中涌现出了许多著名艺术家,如郎咸芬、林建华、李岱江等。同时,吕剧也创作出了许多著名的剧目,如《姊妹易嫁》《借年》《李二嫂改嫁》等。

吕剧对于研究和发展齐鲁民间音乐具有重要的作用和价值,为民间音乐研究提供了丰富的素材。吕剧的传承与发展不仅丰富了山东省的地方文化,还为我国传统戏曲艺术的保护与传承做出了积极贡献。通过吕剧,人们可以更好地了解和欣赏山东的地方戏曲文化,同时也为传统戏曲的发展提供了借鉴和启示。

吕剧有以下三个艺术特点。

(1)优美朴实。

吕剧是起源于山东黄河三角洲民间俗曲的独特艺术形式,逐渐发展演变为具有深厚文化底蕴的戏曲。它的音乐简单朴实、优美动听,诉说着生活中的喜怒哀乐。其唱腔以板腔体为主,曲调灵活顺口、易学易唱,深受人们的喜爱。

吕剧的表演形式既具有戏曲的特点,又兼具曲艺的魅力。它的基本板式有"四平""二板"(包括"垛子板"和"流水")和"娃娃腔"三种,这些板式如同音乐中的节奏和旋律,赋予了吕剧独特的韵律和节奏感。

吕剧的伴奏乐器同样独具特色。文场的主要乐器是坠琴、扬琴,二胡、三弦、琵琶、笛子、唢呐等乐器作为辅助,这些乐器间的和谐共鸣,将吕剧的音乐演绎得更为丰富多彩。中华人民共和国成立后,一些西洋管弦乐器也加入吕剧的伴奏中,为吕剧注入了新的活力。

武场伴奏乐器主要有皮鼓、板、大锣、小锣、大铙钹、堂鼓、打鼓等。这些锣鼓的运用,使得吕剧的表演更具张力和节奏感。吕剧的文场和武场相互配合,形成了生动活泼的舞台画卷。吕剧艺术不但在国内享有盛誉,而且在国际上得到了广泛的认可和赞誉。这一传统艺术的魅力穿越时空,让人们在欣赏中领略到了中华民族深厚的历史文化底蕴。

(2)自然流畅。

吕剧艺术的演唱方法、唱腔设计、润腔技巧及真假声的处理,都体现了这门艺术的独特性和丰富性。它是中华戏曲艺术的重要组成部分,也是中华民族的瑰宝。

吕剧,这门古老的艺术形式,以其独特的演唱方法和丰富的文化内涵,深受人们的喜爱。在吕剧的演唱中,男女腔均以真声为主,给人以浓浓的沉浸感。而在处理高音时,吕剧艺术家则会采用真假声结合的方法,既保证了声音的高度,又保持了其自然流畅的特点。

吕剧的唱腔设计,始终以文字为先,以情感带出声音。每一个字,每一个音节,都清晰明了,仿佛是在自然口语中流淌出的旋律。这种清晰吐字的方式,使得吕剧的演唱不仅具有音乐的优美,还具有语言的生动和具体。

在润腔方面,吕剧常用滑音、颤音、装饰音等技巧,这些技巧的使用与主要伴奏乐器坠琴的柔音、颤音、打音、泛音等相结合,形成了一种独特的艺术风格。这种风格使得整个唱腔更加优美顺畅,给人以美的享受。

吕剧的男女声部,真声与假声的自由转换,使整个表演艺术浑然一体。无论是抒情的慢板,还是热情的快板,都能在吕剧艺术家的演绎下,展现出独特的韵味和魅力。

(3)贴近群众。

吕剧是一种北方语系的戏曲,其语言属于济南官话,这使得吕剧具有浓厚的地方特色。在吕剧中,济南官话扮演着重要的角色,既赋予了表演以地方特色,又保持了其普遍性。

济南官话在吕剧中以精心设计的舞台艺术形式得以展现。在传统剧目中,演员会使用上韵来表达对白,这种方式使得济南官话能够更好地传达出吕剧的韵味。而在现代戏中,演员则直接使用济南官话,这更加突出了吕剧的地方特色。

吕剧运用通俗易懂、形象生动的群众语言作为剧词,使得表演更贴近生活、更真实。这种语言的运用让观众更容易理解剧情,能够身临其境地感受到吕剧所叙述的故事和表达的情感。

吕剧还通过运用群众语言塑造生动的人物形象,让观众能够更好地感受地方文化的独特魅力。吕剧中的角色形象多样且鲜明,在演出时,使用的是地道的济南官话,展现出济南地区的风土人情和特色。

吕剧艺术是一种富有地方特色的艺术形式,它以济南官话为载体,展现出山东地区的文化风貌和人民生活的真实面貌。通过吕剧的表演,我们不仅能够欣赏到地方文化的魅力,还能够感受到地方人民的生活情感和思想追求。

在今天的舞台上,吕剧仍然保持着其独特的艺术魅力。无论是在传统剧目的表演中,还是在现代戏的演绎中,都充分展现了济南官话的韵味和特色。这种独特的艺术形式,无疑是中国戏曲文化中的一颗璀璨的明珠,值得我们深入研究和欣赏。

### 2. 陈官短穗花鼓

陈官短穗花鼓的历史可以追溯到明清时期,尤其在清代道光年间开始广泛传播。这种名为短穗花鼓的表演形式最初是流浪艺术家用来获取生存资源的方式,尤其是在粮食稀缺或者遭遇灾害的时候,他们会带着花鼓走遍各地寻找食物,通常是师徒、亲戚或家人一起行动。这种方式反映在他们的歌舞中:"花鼓长,花鼓圆,背着花鼓离家园,家中要有二亩地,谁愿逃荒下潍县。"长期的漂泊生涯使得这些艺术家掌握了高超的技能。他们利用空闲时间相互学习和较量鼓技,不断提升自己的技巧,最终形成了这独具特色的民间舞蹈。除了为了求生而表演之外,在节日庆典时及集市等繁华场所也常常能看到短穗花鼓的身影。早期的陈官短穗花鼓艺术充满了对民间艺术家苦难生活的深刻理解。

陈官短穗花鼓的独特之处在于使用的敲击工具并非传统的鼓槌,而是在鼓槌的一端绑着长约 60 厘米的鼓穗。两根长度为 3 厘米的细棒子分别挂上了 24 个小铃铛作为装饰,这些铃铛随着演员的舞动发出清脆的声音,使整个舞蹈更具吸引力和观赏价值。此外,花鼓的位置可以根据需要随时调整,这要求演员必须具备精湛的技术。

短穗花鼓,也被称为"打花鼓"或者"秧歌",是我国一种传统的民俗舞蹈。这种舞蹈最早出现在明代,与农业活动中的歌曲和鼓乐、兴歌、节歌、送歌的风俗有关。短穗花鼓的起源可以追溯到明清时期广泛流行的"花鼓",而创始人则是当地艺术家张延水。如今,陈官短穗花鼓已成为山东地区一种具有代表性的传统民族艺术,传承着中华民族的优秀文化,为人们带来了欢乐与感动。

张延水在童年时靠行乞生活,通过长期的游历,他学会并完善了短穗花鼓这个独特的艺术表现方式。他将花鼓带到了京城,并拜访了商河地区的艺术家,不仅提升了技能,还使演出内容有所创新。渐渐地,张延水成了那个时代著名的民间艺术家,享誉鲁北及胶东地区。

短穗花鼓的演出形式多种多样,常见的有独角戏、脚踩高跷、抬花轿等。演员们通过鼓乐、舞蹈和歌曲的配合,展示出活力四射的景象。在演出中,演员们手持花鼓,伴随着欢快的节奏,表达出对丰收、幸福和美好生活的向往。

短穗花鼓不仅在农村地区广受欢迎,还逐渐在城市中流行起来。如今,它已经成了我国民间文化的重要组成部分,并且在各种文化活动和庆典中得到广泛应用。短穗花鼓不仅能够传承和弘扬中华优秀传统文化,还能够为观众带来欢娱。

经过漫长的岁月洗礼,短穗花鼓从过去乞讨的工具转变为如今用来欢庆的工具,以击鼓和歌唱的形式赞美生活的甜美与未来的希望。如今,短穗花鼓已经成为一种富有活力和吸引力的民间艺术形式,传承着中华民族的优秀文化,为人们带来欢乐与感动。

陈官短穗花鼓的艺术特征有以下几方面:

短穗花鼓以其狂野、活泼且充满热情的舞蹈动作和氛围,展现了其质朴的一面。这种类型的鼓与普通腰鼓类似,但具有独特的艺术风格和击打方式。

短穗花鼓的鼓槌由两根长度为 22 厘米的圆形木棍组成,每根木棍都配有一条约 50 厘米长的、柔软的绳子。绳子的三分之二处绑着两个形状各异的小结:一个呈大白菜根状,被称为"青菜疙瘩";另一个呈核桃状,被称为"核桃皮"。

短穗花鼓采用了一种非固定式的挎鼓方式,鼓位于舞者的腰部左侧。这样的设计使得舞蹈演员能够更加灵活,并能够轻松地调整鼓的位置以适应不同的打击点。传闻,这种设计可以用来防止被狗攻击,因为在遇到危险时,演员们可以迅速取出鼓来保护自己。这种非固定式的击打方式也带来了一定的挑战。由于鼓挂在了身体的一侧并且会随动作不停地摇摆,演员们很难准确地用鼓槌去击打鼓面。因此,相较于传统的固定式背鼓,短穗花鼓的操作过程存在着显著的不同。

短穗花鼓的敲击技巧独具特色,左手握住鼓棒于身体左侧做旋转和拍打,与此同时,右手将穗带抛向背部或胸口,通过跨越双脚、环绕腰身及跃起等方式,用鼓棒的前、后、左、右、上、下精准打击鼓面的中央位置。这种独特的击鼓方式使得舞蹈演员能够创造出各种花样,鼓的声音清晰且富有活力。

短穗花鼓的表演风格自由且开放,强调的是"步伐稳健,双膝弯曲成弓形,头部稍有摆动,跑步过程中鼓声如同仙女敲击一般有力而宽广"。在舞蹈最精彩的部分,脚步会变得更加细腻,伴随着清晰的鼓音和镣铐撞击的节奏,形成了富有韵律感且响亮的声音,以此激发观众的热情。与此同时,两条彩带在空中飘荡,当表演者身体快速向左或向右移动的时候,无论是在站立还是在下蹲的状态中,都能看到它们以优美的姿态围绕着身体的运动轨迹,展现了表演者们令人叹为观止的技艺。这种独具特色的表演形式,既有丰富的舞蹈动作,又有独特的敲击技巧,使得短穗花鼓在民间艺术中独树一帜。

在短穗花鼓的表演中,演员们展示了"绕腕击鼓""挥穗后击鼓""抖腕击鼓"等多种技巧,以精湛的技艺和独特的表演风格,赢得了观众的喜爱。如今的短穗花鼓,既传承了古老的传统,又不断创新,给人们带来了富有活力的视听盛宴。

短穗花鼓艺术家巧妙地将戏剧元素与舞蹈动作相结合,呈现出一场精彩纷呈的舞蹈表演。一场表演分为开场仪式、表演和停顿等部分,每个部分都展现出独特的魅力和艺术特点。

舞蹈表演中最引人注目的是两位艺术家相互配合演唱歌曲的部分。他们的声音和动作完美地结合在一起,给观众带来了震撼的视听享受。歌词生动且富有深度,反映了日常生活场景中的情感和经历,使观众能够从中感受到生活的喜怒哀乐,思考自己的人生和情感。

此外,艺术家穿着富有乡土气息的服饰,在舞台上展现出浓郁的民俗风情。他们的舞蹈动作与淳朴的民间小调相得益彰,营造出一种独特的艺术氛围。

短穗花鼓舞蹈表演不仅仅是一场艺术的盛宴,更是一次文化的传承和交流。艺术家们通过融合戏剧元素,展现了舞蹈的多样性和魅力。这场表演将乡土文化与现代舞蹈相结合,既传承了传统,又展现了创新,为观众带来了一次独特的艺术体验。

在如今多元化的艺术环境中,短穗花鼓表演凭借其独特的艺术风格和丰富的文化内涵,成了民间艺术中一颗璀璨的明珠。这种表演不仅展示了艺术家的精湛技艺,还传递了他们对生活的热爱和对传统文化的尊崇。相信在未来的舞台上,短穗花鼓将继续绽放光彩,为观众带来更多美好的艺术体验。

短穗花鼓作为黄河文化的延续,包含了来自青海、甘肃、陕西、山西、河南等地的民族文化元素,如藏鼓、腰鼓、太平鼓、斗鼓、威风锣鼓、盘鼓等,体现了黄河文化的传承脉络。在齐鲁文化的宏大氛围中,短穗花鼓逐渐成形并固定下来,成为齐鲁全境文化的微观体现。短穗花鼓表演中所唱的小曲,如《串九州》《报喜歌》《劝人歌》《十二月》等,反映了爱情亲情、孝道礼仪、行侠仗义的主题内容,从中可以看到其文化内涵。

短穗花鼓表演中所展现的尚武精神,源于山东省东营市广饶县丰富的军旅文化和历史沉淀下的勇猛之气。短穗花鼓表演中包含了一系列精湛的高难度技巧,如"单劈叉""双劈叉""张飞骗马""苏秦背剑""鲤鱼打挺""喜鹊登枝""神仙绊脚""就地十八滚""老虎大撅尾"等,一场短穗花鼓表演堪称一部精彩绝伦的中国功夫秀,展现了当地人勇敢无畏的精神追求。

短穗花鼓具有坚忍顽强的人文性和接受外来文化的包容性。黄河三角洲区域历史上存在频繁的水患问题,如河道的变迁、堤坝的破裂等,还面临海洋侵蚀的影响,生活条件极为艰难。然而,正是在这样的严苛条件下,短穗花鼓表演者形成了不怕困难、敢于斗争的精神品质,并展示了一种积极向上、勤奋务实的态度,应对各种挑战。短穗花鼓的发展轨迹验证了"艺术源自苦难"这一不变的真理,成为黄河三角洲人文性的真实写照。

### 3. 虎斗牛

虎斗牛是一种在山东省有着深厚历史底蕴的汉族民间舞蹈,据说其存在已经超过了170年。它的起源可以追溯到清朝末期,而其创始人王继先为此付出了巨大的努力。

相传王继先所在村庄的村民因无法负担购买舞龙所需物资而感到困扰。于是,他利用竹片与纸质物品制造了两个道具:一只老虎和一头牛。这两种"生物"会以各式姿势相互竞争,营造热闹氛围,吸引观众观赏,增强节日的喜庆和欢乐。单一的"老虎"和"牛"互相角逐显得有些乏味,且演出时间过短,因此王继先积极探索新的表演形式。在多代人的共同努力下,虎斗牛逐步确立了角色设定及故事线。如今,虎斗牛成了少数存于世的汉族传统表演之一,这得益于民间艺术家的坚持。他们不仅传承了这一独特的舞蹈形式,还不断将其发扬创新,使其更具观赏性和艺术价值。

地方政府对虎斗牛这一珍贵的文化遗产给予了高度重视。在2010年,地方政府建立了传承体系,进一步推动虎斗牛的繁荣发展。如今的虎斗牛表演,不仅在国内享有盛誉,还逐渐走向世界舞台,成为传播汉族文化的使者。

虎斗牛舞蹈的表演形式丰富多样,包括单虎斗牛、双虎斗牛、群虎斗牛等。表演者通过精湛的技艺,展现了"老虎"和"牛"之间激烈的角逐,以及各种寓意深刻的情感。虎斗牛舞蹈中的动作设计独具特色,如老虎的扑、跃、撕、咬,以及牛的抵、撞、拉、扯等,都展示了动物勇猛、坚忍的性格。

作为一种具有深厚历史底蕴的民间舞蹈,虎斗牛不仅传承了中华民族优秀的传统文化,还为现代舞蹈艺术的发展提供了宝贵的借鉴。

### 4. 盐垛斗虎

盐垛斗虎,这一具有深厚历史底蕴的民间舞蹈,源自黄河三角洲区的龙居镇盐垛村,其历史已有100多年。这项表演被称为"打老虎"或"斗虎",通过模仿老虎的捕捉、攻击和撕咬等方式设计出一套完整的舞蹈动作。盐垛斗虎的出现最初是为了满足贫困民众的生活需求,后来逐步发展为象征着年景富饶与吉祥如意的符号,深受大众喜爱。

盐垛斗虎的历史起源与19世纪末的干旱灾害密切相关。当时,位于黄河三角洲区的龙居地区遭遇了严重的水资源短缺问题,导致农作物几乎全部歉收,许多盐垛村的居民被迫离开家乡去寻找食物来源。其中一位名叫张凌云的年轻人,凭借深厚的武术基础和正直的品格,在一个新年伊始的日子里,与几位朋友一同参观了一个正在表演"老虎"的村庄。他们决定效仿这个活动,并加入表演行列中。当张凌云向这些表演者表示自己想要学习时,他的请求并未得到回应。于是,他开始每天跟随这些人偷偷练习,最终能够熟练掌握部分技巧,并将其发扬光大。

盐垛斗虎在当地百姓的生活中扮演了重要角色,它支撑着人们走过了一年又一年的艰苦岁月。盐垛斗虎不仅是一种民间舞蹈,更是当地人的生活缩影,它舞出了当地人乐观的生活态度。

### 5. 枣木杠子乱弹

枣木杠子乱弹,这一独特的民间小调,源自广饶县大王镇,已有五百年的历史。它凭借丰富的曲调、独特的演奏方式和传递的正能量,成为广饶县民间音乐的代表。

枣木杠子乱弹的音乐风格多样,拥有70余种曲调。在演奏过程中,伴奏乐器丰富多样,以扬琴、挫琴为主,二胡、三弦为辅,同时还加入了笛子、坠琴、月琴等。演员在演奏时手持枣木杠子、碟子、盘子,边敲边引吭高歌,伴随着枣木杠子发出的脆响,营造出独特的音乐氛围。

枣木杠子乱弹不仅是一种音乐表演形式,更是一种传承开拓进取精神的文化符号。500多年来的传承,使这种小调在广饶大地上具有了浓郁的乡土气息。每当人们演奏这种小调时,他们不仅仅是在享受美妙的音乐,更是在传递一种乐观向上的精神态度,激励着自己勇往直前,不断追求进步与发展。

枣木杠子乱弹的流传也反映了广饶县大王镇丰富的文化底蕴和人们对音乐的热爱。这个小镇自古以来就是一个文化繁荣的地方,人们对音乐的热爱从未减少。通过枣木杠子乱弹这种特殊的表演形式,我们可以感受到广饶大地上浓厚的乡土气息。此外,这种音乐已成为大王镇人民生活的一部分,成为这个地方的文化符号。

枣木杠子乱弹在未来的岁月里将继续传承,代表广饶县民间音乐的发展。它将继续激励广饶县人民追求美好生活,传递积极向上的精神力量,成为传播广饶县文化的重要载体。

### 6. 黄河入海口说书

黄河入海口说书艺术在 20 世纪 30 年代开始兴起,涵盖了山东大鼓书、鲁北大鼓书和山东琴书三大流派,被誉为"东路琴书"。这一独特的艺术形式见证了多个流派的交融与发展。

山东大鼓书,起源于鲁西北的农村,至今已拥有 350 多年的历史。它以独特的唱腔、过门和演唱风格闻名,与其他山东琴书派别有着显著的区别。山东大鼓书因其曲调优美、语言风趣、通俗易懂、板式灵活多变而获得了清、脆、美的美誉。

鲁北大鼓书则起源于中华人民共和国成立前,由谢宝华创作。它传承了山东大鼓书的特点,但在表演形式上更加注重戏剧性。通过演唱、打击乐器和舞蹈等元素的结合,使得其表演更加生动有趣。

东路琴书是由山东大鼓书和鲁北大鼓书两大流派相结合形成的,后又融合山东琴书,集三大流派于一身。其起源可追溯到商秀岭与翁乐明的合作。他们编写了多个曲目,探索了新的表演方式,从而开创了东路琴书的先河。

黄河入海口说书艺人张圣先将山东大鼓书、鲁北大鼓书和山东琴书三大流派相融合,并融入了山东省地方戏剧代表的吕剧,形成了独特的"黄河入海口说书"。他通过对各个流派的深入研究和理解,创造出了独具特色的艺术形式。黄河入海口说书在艺术上达到了高峰,成为山东省的一大文化瑰宝。这一独特的艺术形式不仅体现了丰富的文化底蕴,还为观众带来了愉悦的精神享受。

山东琴书,起源于古代大鼓书,是一种以折扇、醒木和手帕为道具的演唱形式。在这种形式中,演唱者通过简单的道具,如扇子、木板和手帕等,讲述各种历史故事、民间传奇,同时夹带着对时事的评论和议论,给人带来趣味盎然的表演。这种评书形式在山东流行已久,至今仍有很多人喜欢、欣赏和表演。

在黄河入海口地区,除吕剧成为一种剧种外,其他艺术形式受地域特点和地方语言的影响,尚未达到"众所周知"的程度。直到 20 世纪 70 年代,垦利县的张圣先因病退伍回到家乡,才创作出了适合绝大多数人口味的"黄河入海口说书"。

张圣先,1938 年出生,1957 年加入中国人民解放军,曾为文艺骨干,热衷于阅读。然而,1960 年,他在部队时得知母亲去世的消息,悲痛欲绝,导致眼睛失明。1961 年,张圣先退伍回到家乡垦利县永安公社十七村。

失明后的张圣先陷入了极度的痛苦之中,但他并未自暴自弃。他想到了自己在部队时学习的文艺技能,决定尝试说书。凭借着记忆,他改编了在部队时看过的《平原枪声》和《烈火金刚》,使之成为易于传唱的唱段。同时,他摸索着弹奏扬琴,将山东大鼓书、鲁北大鼓书、山东琴书的"东路琴书"、豫剧、吕剧融合在一起,创造出一种新颖的说书形式。

经过一年多的努力,张圣先在自己村里进行了几场表演,赢得了村民的广泛好评。周边的村庄得知这一消息后,纷纷邀请张圣先去表演。为了方便出行,村里特意安排了 13 岁的李成富和张圣先 6 岁的侄子张永安陪伴,他俩一个背着扬琴,一个领着路。在陪伴张圣先的过程中,李成富和张永安也学会了不少唱段,可以在张圣先疲劳时替补演出。

黄河入海口地区的居民来自 11 个省的 108 个市县,多元化的方言土语正是这一地区特色的体现。张圣先巧妙地将多种说书艺术相结合,深受当地居民的喜爱,使得他的名声在方圆百里内广为传播。为了邀请张圣先说书,其他村子的大队党支部会与张圣先所在的十七村保持良好的关系,并给予完整的工分记录。1982 年,当地文化部门正式将张圣先的说书艺术命名为"黄河入海口说书"。

从失明军人到黄河入海口说书创始人,张圣先的人生充满了坎坷与奋斗。他的说书艺术不仅在垦利县广为流传,还为黄河三角洲地区的居民带来了愉悦的精神享受。

在未来的日子里,希望黄河入口说书等民间艺术能够在传承与发展中继续繁荣,为世人展现黄河三角洲区独特的文化魅力。同时,也希望更多的人关注和支持这些非物质文化遗产,共同保护和传承这些宝贵的文化瑰宝。

## (二)黄河三角洲民间艺术的特征

黄河三角洲的民间艺术内容丰富多样,形式各异,它反映了人民群众在物质生产和生活之外的精神文化娱乐生活。如果我们深入挖掘它们的起源和发展历程,会发现它们具有以下五个基本特性。

### 1. 普及性

民间艺术的核心群体是广大民众,它代表着一种广泛且社会化的文化行为。其表现方式简洁明了,风格质朴无华,传达出了人们内心的想法和感受,被公众接受并迅速传播开来。因此,普及性是民间艺术的基本特性。

### 2. 传承性

民众不仅是民间艺术的创作者与实践者,还是它的继承者。历经了历史的沉沦,民间艺术始终位于社会的基层位置,并被视为一种通俗的社会文化。起初,它鲜少受到书面记录的影响,因此其内容的构成及表现手法主要是通过民间艺术家世代传递,以亲授或口头教学的形式来延续下去。例如,广为流行的黄河三角洲的吕剧,其中仍然存在着大量未曾用文本记录下来的剧本。同样的情况还包括其他表演艺术,比如曲艺和舞蹈,它们都遵循着这种世代传承的发展模式得以保存。尽管政府机构已经开始积极地发掘、收集和整理这些民间艺术,然而在很长时间内,它们传播的主导方式依然会是以世代传承为主。因此,传承性成了民间艺术的一个显著特点。

### 3. 地域性

民间艺术具有独特的地域风格,这得益于地理位置和文化背景等因素的影响。比如广饶县大王镇的军队驻扎地的霸王鞭舞蹈、垦利的打花棍表演、利津的花莲落唱法等,都有各自的特点。此外,广饶特有的短穗花鼓舞,利津的虎斗牛及金币灯笼表演,都是别具一格的存在。

### 4. 程式性

大多数民俗艺术具有显著的程式性,它们通常被大众熟知且普遍接受。例如,传统吕剧的主要旋律是四平调,其演唱和表演方式也保持着稳定的状态。许多民俗舞动的阵型与步伐变换等方面,往往在一定程度上体现出其程式性特质。

### 5. 演变性

随着社会的发展进步,民俗文化也在人们的思想观念和生活方式的转变中持续更新其表现形式。那些被认为过时的内容会被抛弃,而优秀的部分会继续得到改进并变得更加丰富多样。例如,从早期的坐唱扬琴到如今的吕剧,这种发展的过程展现出了民俗文化的灵活性和创新力。

## (三)黄河三角洲民间艺术发展中的问题

在新时代背景下,黄河三角洲的民间艺术受到了前所未有的关注,得到前所未有的发展。各类民间文艺活动日趋活跃,政府和文化主管部门加大了对民间艺术的挖掘、搜集、整理工作的力度。吕剧、枣木杠子乱弹、东路琴书、虎斗牛、短穗花鼓舞等民间艺术形式在全省乃至全国的演出中崭露头角,荣获诸多奖项。

然而,尽管在国家非物质文化遗产保护政策的推动下,民间艺术得到了显著的发展,但其生存现状依然严峻。随着社会工业化、商品化的快速发展,民间艺术在一定程度上受到了冷落。这一现象引发人们深思,民间艺术如何在现代社会中传承与发展也成为一个耐人寻味的课题。

### 1. 缺乏深度

民间艺术不仅为其他艺术形式提供了丰富的素材和灵感来源,还展现了民族的智慧,展示了民族精神,是民族审美理想的体现。然而,我们对民间艺术的演变过程了解不足,对民间艺术的传承和发展过于注重形式上的模仿,这导致许多民间艺术失去了原有的文化特征和韵味。这种现象虽然使得许多民间艺术形式变得越来越精致,却失去了吸引观众的艺术魅力,显得过于简单和单调。

### 2. 缺乏时代感

任何艺术形式都不能脱离时代背景,也不能与传统割裂,民间艺术也不例外。在挖掘、搜集、整理民间艺术的过程中,我们应该尊重并保留它们独特的风格和乡土气息,同时剔除其中庸俗的元素。在推动民间艺术发展的过程中,应努力实现传统与时代的有机结合,使之达到和谐统一的状态。

### 3.格调不高

民间艺术作为一种源远流长的文化现象,主要在民间流传,其传承者主要是民间艺人。然而,由于诸多原因,如受教育程度和素质等方面的限制,许多民间艺人的创作或表演呈现出一种浅显、直接和平凡化的趋势。这使得部分民间艺术作品的格调不高,呈现出媚俗和造作的倾向,甚至有些作品过于追求技巧,只是流于表面的展示。

民间艺术的传承与发展需要正视这一现实问题,应努力提高民间艺人的综合素质,引导他们在创作和表演时兼顾艺术性和思想性,以便让民间艺术焕发出更加璀璨的光彩。

### 4.后劲不足

当前,民间艺术在某种程度上忽视了其与现代社会的关联,导致题材范围逐渐缩小,表现内容过于单一和重复,过于追求趣味性而忽视了现实性,难以引起现代社会的共鸣。这些问题不仅限制了民间艺术的持久发展,还制约了其未来的发展潜力。因此,需要对民间艺术进行深入的挖掘和现代化的改造,使其能够更好地适应现代社会的需求,重新焕发其独特的艺术魅力。

### 5.后继无人

在民间艺术的发展方向上,人们的认识尚不充分。除了少数具有较大影响力的艺术门类能够得到一定程度的扶持外,大多数民间艺术形式处于自然淘汰的状态,未能形成具有较大影响力的产业。由于缺乏引导和支持,许多优秀的民间艺术无法得到传承和发展,出现了生存环境严峻、人才短缺的局面,甚至面临失传的危险。

为了解决这一问题,我们应当加强对民间艺术发展的关注和指导,积极扶持各类民间艺术,尤其是那些富有特色、具有发展潜力的艺术形式。同时,我们还要加强对民间艺人的培养和扶持,提高其创作和表演水平,为民间艺术的繁荣和发展奠定坚实的基础。

## 十一、手工艺文化

富有黄河三角洲特色的手工制作主要有草编、木雕、黑陶、齐笔制作和黄河三角洲老粗布纺织、黄河三角洲印花布制作、黄河三角洲剪纸、黄河三角洲黄酒制作等。

### (一)草编

具有黄河三角洲特色的草编分为四大类:芦苇麦秸编织、蒲草编织、秸秆叶编织和枝条编织。

#### 1.芦苇麦秸编织

芦苇麦秸编织,这一传统工艺以芦苇、麦秸及麻绳或尼龙绳为主要材料,其制品根据艺术强度可分为粗糙简单编织品和工艺品两类。

粗糙简单的芦苇麦秸编织品,如草苫,制作过程是将芦苇麦秸梳理整齐,使其长短一致,再用麻绳交叉编扎。这类编织品技术含量不高,但实用性强,非常适用于劳动教育课程的实践。单根芦苇麦秸编扎的成品可用作门窗帘子等;两到三根编扎的成品可用作床席等；一小把编扎的成品则可用于制作苇板，应用于房屋建筑等领域。

工艺品类芦苇麦秸编织品则为粗糙简单芦苇麦秸编织品的深加工。这类编织品有的不需要麻绳或尼龙绳，而是根据花草虫鸟的形状，运用芦苇麦秸编织而成。工艺品类芦苇麦秸编织品的制作不仅是一种劳动教育，同时还是一种艺术教育，强调细心和美感。

黄河古道、新淤地丰富的芦苇资源为芦苇编织劳动教育课程资源开发提供了天然原料。这些资源是黄河三角洲亮丽的风景线，开发利用芦苇编织资源具有深远意义。通过学习芦苇编织，青少年可以了解并传承这一富有特色的传统工艺，同时培养自己的审美能力和动手能力。芦苇麦秸编织这一传统工艺应该在充满活力和创新的时现代社会焕发出新的光彩，成为连接过去与未来的纽带。

### 2. 蒲草编织

蒲草编织工艺，这一在我国拥有悠久历史的传统技艺，凭借其细腻、精巧、朴实、典雅的特点，深受人们的喜爱。蒲草制品种类繁多，包括鞋、扇、垫、篮等实用工艺品，且蒲草编织品成本低廉，简单易学。为了积极贯彻劳动教育课程资源开发总体规划，充分培养青少年的劳动素养，学校以劳动课为校本课程的主要载体，开设蒲草编织课程，以培养青少年的动手能力和劳动素养，使他们掌握基本的劳动技能。

蒲草编织的准备工作包括采集蒲草、浸泡、晾晒、劈茎和轧篾。在编制过程中，可利用剪刀、钳子、锥子和带木棍的钩子进行操作。多股辫是蒲草编织的一种基本形式，通过几根蒲草按照一定规律相互缠绕，一环扣一环地交织在一起，象征着相伴相随、和谐幸福。常见的多股辫有"三股辫"和"五股辫"，编成蒲草辫后，可制作成蒲草垫、蒲草筐、蒲草扇、蒲草鞋等实用工艺品。

蒲草编织以实用性为主，蒲草本身具有韧性，柔软却不易断裂，使得这些工艺品更加耐用。通过学习蒲草编织，青少年不仅能够培养动手能力，还能够了解并传承这一项富有特色的传统工艺。在现代社会中，我们应该重视传统工艺的保护与传承，让青少年在实践中感受传统工艺的魅力，激发他们对传统文化的热爱与自豪感。

### 3. 秸秆叶编织

秸秆叶编织，这一独特的绿色环保工艺，源于我国民间艺术的传统智慧。它选用纯天然、无污染的植物材料，经过 20 多道精细工序，巧妙运用传统"烤制"技艺，打造出栩栩如生、牢固不变形的精美作品。

秸秆叶编织品洋溢着自然的美丽，融入了艺术家的创新与智慧，兼具实用性与观赏性，为人们带来视觉享受和心灵满足。这种手工艺制作技艺由山东省民间手工艺制作大师张奎善经 40 年的研究与实践发掘。他将秸秆叶编织成生活用品和精美工艺品，使这项民间艺术焕发出新的生机。张奎善的技艺精湛，作品不仅在国内广受好评，还远销海外。

秸秆叶编织品的制作过程颇为讲究，原材料需经过严格筛选、处理，再进行烤制、染色等工序。艺术家在这一过程中充分展示了自己的经验和技巧，将秸秆叶编织成各种形状和图案，使其呈现出自然的质感和细腻的纹理，这些纹理能够让人感受到大自然的亲切。

秸秆叶编织品的价值不仅在于其美观和工艺性，更在于其环保理念。它是采用植物材料进行制作的,既减少了对自然资源的消耗,又降低了环境污染。这种绿色环保的工艺品越来越受到人们的关注和喜爱。

秸秆叶编织不仅展现了民间艺术的魅力,还提醒我们要保护环境,珍惜自然资源。随着环保意识的不断提升,这一工艺品的兴起不仅带动了地方经济的发展,还促进了文化的传承与交流。让我们在欣赏秸秆叶编织品的同时,更加珍惜传统文化,为绿色发展贡献力量。

### 4.枝条编织

枝条编织,这一古老而传统的工艺,以红荆条和柳枝为主要原料。红荆条色彩鲜艳、韧性十足,柳枝去皮后光洁鲜艳、柔软而坚韧,这些特性确保了枝条编织品的品质和耐用性。

枝条编织技法丰富多样,根据产品及形制,编法各异。制品强调造型、款式和纹理美观,包括箩筐、提篮、簸箕、斗盆、箱包、椅凳、几架等实用器具,以及精致的陈设品。

制作枝条编织品的主要流程包括去皮、搭建支架、交叉编织及修整。这一系列流程确保了制品的质量和美观。

枝条编织品,需由经验丰富的工匠制作,他们须掌握编织技法和处理原材料的技巧。这种传统工艺品实用性与艺术价值兼具,展现了黄河三角洲工艺大师们的才华和创造力。

枝条编织品在现代社会应用广泛,可作家居装饰,也可作为礼品赠送给亲友。此外,这种工艺品有助于环保,红荆条和柳枝均为可再生资源,利用它们制作工艺品有助于减少对自然资源的消耗。

## (二)木雕

黄河三角洲的木雕艺术底蕴深厚,历经数百年的演变,逐步形成了独特的风格。木雕大师们选用梨木、核桃木等优质材料,以精湛的技艺雕刻出人物、动物、器物等造型,件件作品堪称艺术瑰宝。

(1)人物木雕。黄河三角洲的人物木雕栩栩如生,洋溢着生活气息。其作品涵盖历史人物、神话传说角色,以及当地农民、渔民等劳动人民的形象。这些人物木雕不仅展示了木雕大师高超的技艺,还折射出当地人民的生活习俗和文化传统。

(2)动物木雕。动物木雕是黄河三角洲木雕艺术的闪亮篇章。其作品包括龙、凤、麒麟等传说中的神兽,以及猫、狗、鸡、鸭等日常生活中的动物形象。这些动物木雕寓意吉祥如意,深受人们喜爱。

(3)器物木雕。黄河三角洲的器物木雕琳琅满目,既有实用家具、屏风、笔筒、首饰盒等日常用品,也有独具匠心的艺术品。这些器物木雕既展现了木雕大师的创意才华,也反映了当地人民的生活情趣和审美品位。

黄河三角洲木雕作品兼具实用性与艺术价值,堪称民间工艺的瑰宝。这些木雕艺术品为生活注入了浓厚的文化气息,传承了黄河三角洲丰富的民间文化,对于研究当地历史、文化、民俗等具有重要的参考价值。在当代社会,我们应更加珍视这些传统文化瑰宝,让更多人了解并传承这一独特的民间艺术。

## （三）黑陶

被誉为"齐鲁之花"的黄河三角洲黑陶，源于垦利区佛头寺，又称"佛头黑陶"。经过技术改良后，佛头黑陶以其古朴典雅的造型、精湛细腻的雕工及大方淳朴的气度，备受赞誉。这种传统工艺采用手工制坯，在胚体未干时进行雕刻绘画等装饰，再经过抛光、干燥、烧制等工序，方才完成。

佛头黑陶独具无釉无彩碳化窑变的古老工艺，使陶器表面呈现纯净的黑色，黑如漆、亮如镜。特殊的燃料和温度控制使得陶器表面产生碳化反应，形成独特的黑色，既富有质感，又给人一种古老而神秘的感觉。

佛头寺村的泥陶历史可追溯至600年前，然而在中华人民共和国成立后，逐渐被搪瓷、塑料制品替代。得益于有关部门的支持，佛头村开始建立工厂，引进新工艺、新技术，让古老的制陶业重焕生机。这一举措不仅保护了传统文化遗产，还为广大村民提供了就业机会，使他们提升了生活质量。

佛头黑陶的生产过程遵循传统工艺，工匠们手工制作陶器，将自己的心血和智慧融入其中。每一件作品都经过精心设计、雕刻，细节之处尽显工匠们的匠心。通过这种传统制作方式和精湛工艺，佛头黑陶成了一种独特的艺术品，深受消费者的喜爱。

佛头黑陶的复兴不仅是对手工艺的传承，更是对传统文化的保护和传播。这种具有独特风格和艺术价值的工艺品，引发了人们对传统文化的关注和热爱。这种传统工艺的传承和创新不仅为佛头村带来了经济效益，还使黄河三角洲地区的传统文化得以更好地传承和发展。佛头黑陶的成功经验也为其他地区传统工艺的保护和开发提供了有益的借鉴和启示。

## （四）齐笔制作

齐笔承载了2 000多年辉煌的文化底蕴。它蕴含了孔孟文明的深厚内涵，营造出淳朴厚重的文化氛围。山东省广饶县是齐笔的唯一产地，具有独特的历史印记。

在齐笔的制作过程中，精益求精的品质追求和严格遵循毛笔"四德"标准贯穿始终。制笔需经过150多道工序，全程都需手工制作，要求技术高超。这些工序包括选毛、剪毛、剁毛、调毛、修容、安钉、切尖等。每一道工序都考验着制笔艺人的细心与技艺，以确保笔尖质量及书写流畅性。

制笔艺人秉持严谨的态度和不断创新的精神，使齐笔在书法艺术中独树一帜，赢得了广泛赞誉。他们重视每一支齐笔笔尖的弹性和水墨储存能力的平衡，让每位书法家都能享受到最佳的书写体验。在制笔过程中，制笔艺人还不断尝试新的材料和工艺，提升齐笔的品质和功能。

齐笔不仅是文房四宝的重要组成部分，更是一种文化的传承。它承载了古代文人的情怀和智慧，传递了中国传统文化的价值观和审美情趣。齐笔的独特魅力和卓越品质使其成为书法家的首选，也成为我国文化的一张名片。在传承与创新的道路上，齐笔将继续散发着独特的韵味，传承千年文化，引领书法艺术的新风尚。

## （五）黄河三角洲老粗布纺织

黄河三角洲老粗布的制作工艺是一项独特而精细的手工艺术,彰显了黄河三角洲地区丰富的民间智慧和技艺。制作过程包含了多个关键步骤,如赶花、抽线、纺线、染线、浆线、经布和织布。

制作黄河三角洲老粗布的第一步是赶花。这个过程主要包括轧棉、弹棉和搓棉三个环节。轧棉是将棉花经过一系列机械的压榨和摩擦,使其变成扁平的条状。弹棉是将扁平的棉条进行拉伸和弹性处理,使其更加柔软。搓棉是将弹性的棉条进行卷曲处理,使其变得更加紧密和均匀。

接下来是抽线和纺线。在这个过程中,棉条经过纺纱机的加工,被抽成细线纱。然后是上白芨浆,再经过煮线和晒纱两道工序,使其变得更加柔软、光滑和坚固。

染线是制作黄河三角洲老粗布不可或缺的一步。在这个过程中,纺出来的纱线需要被染成各种颜色,以满足织布的不同需求。通过不同染料和染色方法,可以将纱线染成各种鲜艳的颜色。

制作过程的关键点是对浆线的处理。在这个过程中,使用粘口苔上浆,将纱线进行浆糊处理。这样可以使纱线更加牢固且光滑,以便后续的织布工艺。

紧接着的是经布环节,包括绕线果、布线、定格、梳理、绕轮和布经线等。最后则是织布环节,通过梭子放置纬线,用摆子撞实。

要制作黄河三角洲老粗布,需要使用两大工具:纺车和织布机。这种传统工艺经过世代传承,展现出了黄河三角洲丰富的民间智慧和技艺。在未来,黄河三角洲老粗布有望继续传承并发扬光大,为人们带来更多美好的生活体验。

## （六）黄河三角洲印花布制作

黄河三角洲印花布,一种深深植根于我国悠久历史和民间艺术土壤中的瑰宝,以其独特的艺术风格和地方特色受到了广泛的赞誉。这种印花布的主要代表是蓝印花布,起源于黄河三角洲,是当地人民世代传承的民间工艺品。

蓝印花布的制作工艺独具特色,采用天然的植物蓝靛为染料,在白色的棉布上进行印花。这种染料不但使印花布具有深沉的蓝色调,而且散发出一股淡雅的植物清香,让人闻之心情愉悦。

黄河三角洲印花布的图案设计丰富多彩,包括各种人物、动物、器物、花鸟等,构图巧妙,线条流畅,充满了浓郁的生活气息和艺术韵味。这些图案不仅反映了黄河三角洲独特的生活习俗和审美情趣,还展示了当地人民丰富的想象力和卓越的创造力。

黄河三角洲印花布不仅具有艺术价值,还具有实用性。它可以被用来制作衣物、被褥、窗帘等生活用品,从而为生活增添一抹亮丽的色彩。同时,它还可以作为艺术品进行欣赏和收藏,具有很高的收藏价值。

黄河三角洲印花布是一种富有地方特色和文化内涵的传统手工艺品。它以其独特的艺术风格和地方特色,深刻地反映了黄河三角洲人民的生活习俗、审美情趣和智慧才华,对于传承和弘扬黄河三角洲的文化具有重要意义。

## （七）黄河三角洲剪纸

黄河三角洲剪纸,作为一种独特的民间手工艺形式,承载了丰富的文化内涵和艺术价值。它是当地人民生活和情感的反映,也是中国文化的重要组成部分。

### 1. 剪纸风格

黄河三角洲剪纸以粗犷、豪放、朴实、自然、明快、夸张和多流动感的特色著称。其线条流畅,构图简洁,形象生动,富有浓郁的乡土气息和人文色彩。

### 2. 剪纸主题

黄河三角洲剪纸的题材广泛,内容丰富,包括花鸟鱼虫、人物故事、神话传说、生活场景等。剪纸作品反映了当地人民的生活、情感和信仰,具有很高的文化价值。

### 3. 剪纸工艺

黄河三角洲剪纸的工艺精湛,制作过程复杂。通常需要经过选材、设计、剪裁、粘贴等多个步骤。剪纸艺人需要具备熟练的技艺和丰富的想象力,才能创作出具有独特魅力的作品,使剪纸从一种手艺变成一种工艺。

### 4. 剪纸传承

随着现代社会的发展,黄河三角洲剪纸的传承面临着一些困难。然而,很多剪纸艺人和爱好者仍在努力传承和发扬这一传统艺术形式。他们通过举办展览、教授课程、开发新产品等方式,让更多的人了解和喜爱黄河三角洲剪纸。在面临挑战的同时,黄河三角洲剪纸的传承人也在积极探索创新,将传统技艺与现代审美相结合,为这一古老的艺术注入了新的生命力。

## （八）黄河三角洲黄酒制作

黄河三角洲黄酒,是一款独具风味的山东名酒,其独特的酿造工艺不仅传承了千年,更展现出黄河三角洲人对精致生活的追求。

### 1. 酿造工艺

选料是黄河三角洲黄酒酿造的第一步。精心挑选优质的糯米、小麦、玉米等原料,确保了酒质的纯净与口感的丰满。正如一首优美的乐章一样,其音符是精选的,所以能演奏出动人的旋律。

接下来是泡粮环节,将原料浸泡在水中,经过一段时间的等待,使原料充分吸收水分,变得松软。这一步骤为黄酒的生成做好了准备,就像一部精彩的话剧,只有经过精心的布景和构思,才能呈现出完美的演出效果。

蒸饭是将泡好的原料进行蒸煮,在这一过程中火候与时间的把握尤为重要。只有经过严格的控制,米饭才能熟透而不烂,为后续的发酵打下坚实的基础。

晾饭是将蒸好的米饭摊晾,使其温度降至适宜的范围内。这一步骤为下一步的发酵做好了准备，就像一幅细腻的画卷，经过精心的勾勒和描绘，展现出黄河三角洲黄酒的独特魅力。

发酵是黄酒酿造的核心环节，将晾好的米饭与酒曲混合，放入酒缸中进行发酵。在这个过程中，会产生大量的热量，因此需要进行适当的散热处理。

经过一段时间的发酵，酒液逐渐生成。此时，需要进行压榨、过滤等处理，将酒液与酒糟分离，便可得到纯净的黄酒。

### 2. 文化底蕴

黄河流域是一片孕育了丰富地域文化和历史的土地。在这片土地上，黄河三角洲黄酒以其独特的酿造工艺和深厚的文化底蕴，成为中国酒类中的瑰宝。

黄河三角洲黄酒的历史渊源可追溯至我国最早的酿酒历史。5 000多年的传统酿造工艺，使得黄酒见证了我国历史的演变与发展。酿酒师世代相传的技艺，使黄酒的口感醇厚，香气扑鼻。

在漫长的历史长河中，黄河三角洲黄酒不断地发展和完善。5 000多年的传统酿造工艺，使得黄酒成为一种独具特色的饮品。这一工艺见证了黄河流域酿酒技术的传承与创新，也为黄酒赋予了丰富的文化内涵。

产于黄河流域的黄河三角洲黄酒，具有浓厚的地域文化特色。黄河流域的气候和土壤条件为黄酒的酿造提供了得天独厚的优势，使得这里的黄酒品质上乘。黄河三角洲黄酒成为黄河文化的瑰宝。

黄河三角洲黄酒在黄河流域的许多传统节日和民俗活动中扮演着重要的角色。在春节、中秋节等传统节日中，黄酒成了必不可少的佳酿。人们用它来欢庆节日，表达敬意，传递情感。

黄河三角洲黄酒作为一种具有悠久历史和丰富文化内涵的传统饮品，承载着中华民族的优秀文化。在现代社会，我们应该继续传承和弘扬这一传统文化，让更多的人了解和欣赏黄河三角洲黄酒的独特魅力，将其优秀的文化传承下去。

# 十二、饮食文化

黄河三角洲的饮食以面食为主，如馒头、面条、煎饼等。同时，由于这里地处沿海，海鲜也是当地饮食的重要组成部分。

黄河三角洲的民间传统饮食文化独具特色，这里的人们习惯用大锅烧火做饭，熬稀饭、蒸窝窝头、煮地瓜、炒菜等，这种饮食方式与当地注重大家族观念的风俗密切相关。在这里，人们以"大户人家""大家老宅"为自豪，认为只有这样，才能体现出家庭的团结、和睦，人丁的兴旺，以及社区的凝聚力。

大锅烧饭产生的余热，催生了暖炕。在这里，老年人冬天睡暖炕，可以缓解腰痛，预防关节炎等疾病。

黄河三角洲的食俗也非常丰富，不同的节日都有与之相应的饮食习俗。比如，年夜饭吃饺子，元宵节吃"灯窝窝"，二月二吃蝎豆、爆米花、烤地瓜片，清明扫墓吃红皮鸡蛋，五月端午吃新麦,等等。这些习俗充分体现了"食随节变"的传统饮食习惯,不仅满足了人们的口腹之欲,还丰富了人们的生活,传承了当地的饮食文化。

黄河三角洲还有自己独特的糕点和小吃,如黄河三角洲花饽饽、北岭丸子、广饶肴驴肉、利津水煎包等。

## (一)黄河三角洲花饽饽

黄河三角洲花饽饽是东营市黄河三角洲的一种传统面点,以其悠久的历史和丰富的文化内涵而独树一帜。作为一种纯手工制作的面点,黄河三角洲花饽饽具有独特的风味和地域特色,深受当地人民和游客的喜爱。

制作黄河三角洲花饽饽的原料主要有小麦面粉、馅料和食用色素。选用的面粉要求筋度适中、吸水性好。根据不同的口味和需求,馅料有多种选择,如红枣、豆沙、花生、芝麻等。食用色素则用于给花饽饽上色,使其色泽鲜艳、更具观赏性。

制作黄河三角洲花饽饽需要经过多个步骤。首先,将面粉和水混合搅拌成面团,然后进行反复揉压和分割,形成花饽饽的基本造型。然后,将馅料包裹在面皮内,封口后进行造型处理,如用擀面杖擀成椭圆形、用刀划出花纹等。最后,根据需要加入食用色素上色,放入蒸笼中用大火蒸熟,花饽饽就做好了。

黄河三角洲花饽饽具有丰富的文化内涵。首先,它的制作工艺体现了当地人民的勤劳和智慧。其次,花饽饽的造型多样,寓意着人们对美好生活的向往和对幸福吉祥的祝愿。最后,花饽饽作为节庆、祭祀等重要场合的食品,承载着深厚的民俗文化。在当地,人们会在春节、端午节等传统节日和婚嫁、生子等喜庆场合制作花饽饽,以此表达对亲朋好友的祝福和对幸福生活的祈愿。

## (二)北岭丸子

北岭丸子是黄河三角洲利津县北岭乡的传统特色美食,制作历史悠久,具有浓郁的地方风味。其制作方法独特,选材讲究,味道鲜美,深受当地居民和游客喜爱。

制作北岭丸子有以下几个主要步骤。

选材:选用当地优质的猪肉,以此保证肉质鲜美,口感嫩滑。将猪肉切成小块儿,用刀剁成肉馅。

配料:将剁好的肉馅与新鲜蔬菜和调味料搅拌均匀。蔬菜可以根据个人口味选择,如白菜、萝卜、芹菜等。调味料主要包括食盐、生抽、料酒、姜末、蒜末等。

制丸:将拌好的肉馅氽成大小均匀的丸子,以便煮熟。

煮制:将氽好的丸子放入开水中煮熟。煮制过程中要注意控制火候,避免丸子煮烂。煮熟后,捞出丸子,用凉水冷却。

调味:将冷却后的丸子放入碗中,加入一些香料和调味料。香料可以根据个人口味选择,如花椒、八角、桂皮等。调味料主要包括食盐、生抽、料酒、香油等。

成品:将调味后的丸子搅拌均匀,即可食用。

北岭丸子味道鲜美,口感嫩滑,既可作为主食,也可作为下酒菜。

## （三）广饶肴驴肉

广饶肴驴肉是广饶县的特色美食之一，选用新鲜的驴肉为主要材料，经过独特的工艺制作而成。广饶肴驴肉以其酥烂的口感和浓郁的味道而受到食客们的喜爱。

肴驴肉的制作过程较为复杂，需要经过选料、清洗、炖煮、调味等多个环节。首先，选择新鲜的驴肉作为原材料，然后将驴肉切成大小适中的块状，放入清水中浸泡，以去除血水和杂质。接着，将驴肉捞出，放入大锅中，加入清水、调料和辅料，如姜片、葱段、料酒等，炖煮至驴肉酥烂。最后，捞出驴肉，沥干水分，加入适量的调料和辅料，如食盐、生抽、香油等拌匀，使其入味。这样正宗的广饶肴驴肉就做好了。

## （四）利津水煎包

利津水煎包是利津县的传统特色小吃，用面粉制成皮，可以包各种馅料。其口感和味道独特，外皮金黄酥脆，内馅鲜嫩多汁，层次感和丰富的味道交融，带给人们美妙的享受。

利津水煎包的制作过程分为和面、调馅、包制、煎制四个环节。首先，将面粉和水和成面团，揉至光滑，饧发一段时间。然后，将面团揉搓成长条，分割成小面团，擀成圆形的薄皮，即为水煎包的外皮。接下来，将准备好的馅料包入皮中，捏成月牙形状，注意留出收口。最后，将平底锅加热，倒入适量的油，将包好的水煎包依次放入锅中，加入适量的水，盖上锅盖，煎至外皮金黄酥脆，内馅熟透即可。

利津水煎包的馅料种类繁多，常见的有猪肉大葱馅、牛肉洋葱馅、韭菜鸡蛋馅等。不同的馅料搭配，使水煎包的口感更加丰富多样。

无论作为早餐、宵夜还是下午茶，利津水煎包都是不错的选择。在利津县，许多摊贩和餐馆都提供水煎包，游客随处都可以品尝到这一地道的美味。

## （五）石村麻辣鱼

石村麻辣鱼是广饶县的传统美食，以黑鱼为主料，香辣可口，备受食客喜爱。制作石村麻辣鱼需要一定的技巧和传统的调料，其独特的风味吸引了许多游客。

石村麻辣鱼的制作过程主要包括选料、炖煮、调味等环节。首先，选择新鲜的黑鱼作为原材料，然后将黑鱼处理干净，切成块状。接着，将鱼块放入大锅中，加入清水、姜片、葱段等调料，炖煮至鱼肉熟透。最后，捞出鱼块，沥干水分，加入适量的香辣调料，如花椒、干辣椒、生抽、料酒等，拌匀，使其入味。如此一道美味的石村麻辣鱼便做好了。

周末或节假日，广饶县的各大酒店和餐馆都会推出石村麻辣鱼这道菜，以吸引游客。因其美味，许多人对广饶的美食文化产生了浓厚的兴趣。

## （六）花官食用菌

花官食用菌是广饶县的特色菌菇，以其口感鲜美、营养丰富、具有保健作用等特点，受到了广大消费者的青睐。作为特色农产品，花官食用菌为当地农民增加了收入和就业机会，同时也为消费者提供了美味、营养、安全的食材。

花官食用菌的种类繁多,包括香菇、木耳、金针菇、平菇等多个品种。这些菌菇在生长过程中,对环境要求严格,需要适宜的温度、湿度和光照条件。广饶县具备得天独厚的自然条件,非常适宜食用菌的种植。

随着人们对健康饮食的重视和对食用菌营养价值的认识,花官食用菌的市场需求不断增大。未来,花官食用菌将越来越受到人们的喜爱。

### (七)史口烧鸡

史口烧鸡是黄河三角洲地区史口镇的特产,也被称为史口五香肴鸡。这道菜以当地的土鸡为主要原料,经过多道独特工艺烹制,最后辅以香料和秘制酱料,让鸡肉呈现出红亮的色泽,散发出诱人的香气。

史口烧鸡口感鲜美、肉质酥软、香气四溢,让人回味无穷。更令人称奇的是,这道菜即使凉了,也依然能够保持其独特的口感和香味。史口烧鸡的制作工艺独特,使其成为黄河三角洲区史口镇的标志性美食,受到了广大食客的喜爱。

### (八)黄河三角洲大闸蟹

黄河三角洲大闸蟹,又名中华绒螯蟹,俗称毛蟹、清水蟹等,产于黄河三角洲的中心地带。这里的地理和生态环境为黄河三角洲大闸蟹的生长提供了独特的条件。

在烹饪方面,黄河三角洲大闸蟹的烹饪方法非常讲究。当地的大厨们会根据蟹子的新鲜程度和个头大小来选择最适合的烹饪方法,如清蒸、红烧、炖煮等。每一种烹饪方式都能展现出蟹子的不同口感和独特风味。

而无论哪种做法,关键都在于保持蟹子的原汁原味,让食客们能够品尝到最纯正的黄河三角洲大闸蟹的味道。黄河三角洲大闸蟹因其鲜美的口感和独特的风味,备受食客喜爱。

### (九)梨丸

梨丸是一道传统的山东名菜,以山东特产梨为主料,猪板油丁、桔饼、核桃仁等为馅心。聪明勤劳的黄河三角洲人通过精心研制,使做出来的梨丸外酥里脆,口感层次丰富。

梨丸的特点在于梨的鲜美口感和独特风味。其外观金黄诱人,内馅儿鲜嫩多汁,让人垂涎欲滴。这道菜深受当地人的喜爱,也吸引了许多游客前来品尝。

### (十)蛋黄明虾

蛋黄明虾是黄河三角洲的特色美食,其名字就充满了诱惑力,让人联想到鲜嫩可口的明虾和醇厚的蛋黄,令人不禁好奇这道菜是如何将这两种食材完美地融合在一起的。

蛋黄明虾的制作过程独特,即选用新鲜的明虾和优质的蛋黄,经过精细的烹饪工艺,使得明虾的肉质细嫩鲜美。同时,蛋黄明虾营养丰富,明虾中富含蛋白质和微量元素;而蛋黄中则含有丰富的卵磷脂和维生素 A、维生素 D 等营养成分。

# 十三、习俗文化

## （一）节日习俗

### 1. 腊八节

在遥远的古代,黄河流域的生活环境颇为恶劣,狩猎成了先民们谋求生存的必要手段。尤其在寒冷的冬季,大河上下白雪皑皑,狩猎成为人们首要的生产活动。为了表达对神灵和祖先庇佑的感激之情,人们用各种禽兽进行祭祀,逐渐形成了具有固定形式的腊祭之礼。

黄河三角洲地区的腊八节,拥有丰富的饮食习俗。这些习俗包括喝腊八粥,腌腊八蒜,吃腊八豆腐和腊八面等。腊八粥是一种由多种谷物、豆类和干果熬制而成的美味。腊八蒜则是一种用醋腌制的大蒜,具有独特的口感和香气。腊八豆腐是当地特色的一种豆腐制品,口感鲜嫩、爽滑。而腊八面则是一道以面条为主料的面食,有着长寿和健康的寓意。

这些腊八节的饮食习俗,不仅展示了黄河三角洲独特的地域文化,还寄托着人们对美好生活的向往和对神灵的敬仰之情。时至今日,这些传统习俗依然在这片土地上得以传承,成了黄河三角洲人民生活中不可或缺的一部分。

在现代社会中,黄河三角洲腊八节的传统习俗继续发挥着凝聚民心、传承文化的重要作用。这些习俗不仅是黄河三角洲人民对祖先智慧和劳动成果的传承,还是他们对美好生活的向往与追求。我们应共同传承和弘扬这一优秀的文化遗产,让腊八节的独特魅力在新时代焕发出新的光彩。

### 2. 小年

腊月廿三是黄河三角洲地区民间过小年和送灶王爷的日子。据传,灶王爷是负责掌管百姓饮食的灶神,因此在这一天,人们会特别对他进行祭祀和表达敬意。

在这一天,许多人家会在神像两侧贴上写满心愿的对联,以表达对灶王爷虔诚的敬意和祈愿。这些对联往往有着家庭幸福、事业顺利和健康平安的寓意。

除了贴对联外,家家户户还会举行祭灶仪式,以向灶王爷致敬。在祭灶仪式中,人们会摆放上供品,如馍馍、白菜豆腐汤和糖瓜等。这些供品具有象征意义,反映了勤俭节约的原则,同时也寄托着人们对于灶王爷保守家事的期望。

通过祭灶仪式,人们希望能够得到灶王爷的保佑和庇护,使家庭生活幸福安康。同时,也希望能够借此机会表达对灶王爷的感激之情,因为他在一年的时间里默默地为人们管理着家事和饮食,为人们带来了平安和福祉。

腊月廿三的民间过小年和送灶王爷的习俗,在黄河三角洲地区流传已久,并成为当地人民重要的节日。这一天,人们不仅仅是为了向灶王爷祈福和祭祀,更是希望通过这些仪式,传承和弘扬中国民间文化,使传统节日在后人心中留下深刻的印象。

### 3. 腊月廿五

农历腊月廿五是一个重要的日子,黄河三角洲地区有着磨豆腐的习俗。在这一天,人们会特地准备豆腐渣,作为传统的食物。这个习俗源自古代的农耕社会,人们相信通过吃豆腐渣可以辟邪驱灾,带来好运。

与此同时,腊月廿五也是传说中灶王爷向玉帝汇报的日子。根据传说,灶王爷会在这一天向玉帝汇报人间的善恶事迹,玉帝则会下界视察,决定来年的福祸。因此,人们在这一天会特别虔诚地祭拜灶王爷,希望能够得到玉帝的眷顾和保佑。

赶乱岁是在送灶神上天后,直到除夕才迎回的一个时段。在这个时段内,人们可以自由安排各种活动,不受神灵的限制。这也是人们欢庆除夕的前奏,大家可以尽情地享受这段自由的时光,参加各种庆祝活动,与亲朋好友团聚,共同迎接新年的到来。

此外,在这个时期,民间的婚嫁活动也相对频繁。人们充分利用这个机会来完成自己人生重要的大事。他们相信,在这个时间结婚可以带来好运,并且能够收获美满的婚姻。因此,许多人会选择在腊月廿五到除夕期间举办婚礼,让婚姻在新的一年里得到祝福和保佑。

### 4. 腊月廿六

腊月廿六是一个在中国民间备受重视的日子,因为它标志着春节的临近。这一天,人们会开始准备过年所需的肉食。在一些地方乡村,腊月廿六更是被定为大集市日,意味着人们会纷纷赶集购买年货。年货包括烟、酒、鱼、肉、鞭炮和走亲访友所用的礼品等。

回顾过去,我们不难发现,普通老百姓的生活条件曾经相当困苦。时常是吃了一顿饭之后,不知道下一顿饭从何而来。因此,腊月廿六对于他们来说,是一个特别重要的日子。这一天,人们会亲自杀猪或者前往集市购买肉类回家。通过这样的方式,他们能够确保家庭在农历新年期间有足够的食物供应。

腊月廿六也是一个热闹非凡的日子。乡村的集市上人山人海,摩肩接踵。市场上的摊位摆满了各种各样的商品,琳琅满目。人们争相购买年货,以确保自己在新年期间能够享受美食和愉快的时光。尤其是烟、酒等走亲访友的礼品,更是热销商品。人们希望通过赠送这些礼品,表达对亲朋好友的祝福和关怀。

腊月廿六对于人们来说,不仅仅是一个准备过年食物和购买年货的日子,也是团聚的时刻。在这一天,家人常常聚在一起,共同筹划年夜饭。大家相互之间分享着快乐,共同期待着即将到来的新年。同时,也有人选择在这一天走亲访友,互相祝福并分享新年的喜悦。

总的来说,腊月廿六在黄河三角洲民间具有深厚的文化内涵。无论是过去还是现在,腊月廿六都承载着人们对美好生活的向往和期待。因此,这一天对每个人来说,都是一个重要的节点,标志着新年的临近。

### 5. 腊月廿七

腊月廿七和廿八是中国传统民俗中非常重要的时间点。在这两天,人们通常会进行洗澡和洗衣等活动,以清除一年来的晦气和不顺利。

在中国的俗语中,有两句与这个时间点相关的谚语。"腊月廿六洗福禄"意味着在这一天洗澡可以洗去晦气,带来好运和财富。而"廿七洗疚疾"则表示在腊月廿七洗澡可以洗去身体的疲惫和疾病。

## 6. 腊月廿八

在黄河三角洲,腊月廿八有一个独特的习俗,就是"打糕蒸馍贴花花"。这个活动是指人们在这一天制作糕点和馍馍,并在上面贴上各种花朵的图案。这个习俗是人们对家庭团圆和繁荣的祈愿。

民间有一个俗语"年廿八,洗污泥",意味着全家人要在腊月廿八这一天打扫卫生、贴年红,以迎接新年的到来。这个习俗是为了迎接新年的到来,同时也是表达对新年的期望和祝福。

## 7. 岁除(除夕)

岁除之日,这一天人们迎来了一年一度的除旧布新活动,是为了迎接新年的到来。在人们心中,除夕具有特殊的意义,因为它是年尾最重要的日子,家人团聚一起,辞旧迎新。

除夕祭祖是过年期间重要的习俗之一,人们通过祭祀祖先来表达对先人的怀念,并祈求祖先的庇佑。祭祀祖先是中国古老传统节日的主题,也是中国民俗节日永恒的主题。祭祖的形式各有不同,例如人们在祭祖时常常以鱼肉碗菜为供品,这有着丰盛和团圆的寓意。这些习俗和传统都是为了向祖先致敬,并表达对家庭团聚和幸福的愿望。

在这个特殊的日子里,人们不仅要辞别过去的一年,还要为新的一年祈福和祈求好运。

贴年红是我国传统过年的习俗之一,统称贴春联、门神、年画、福字、横批、窗花等。这些年红反映了人民大众的风俗和信仰,给节日增添了喜庆的气氛。在春节期间,家家户户都会在门上贴上春联。贴门神则是用来保护家人免受邪恶的侵害。年画是人们用来装饰房间的,上面绘有吉祥的图案,有着对美好生活的祈愿。福字、横批和窗花也都是用来增添节日气氛的装饰品。

年夜饭是中国人过年的重要习俗之一。在除夕之夜,全家人会聚在一起,共同享受一顿丰盛的晚餐。这个习俗源于古代的祭祀仪式,人们会在吃饭前拜神祭祖,祈求神灵保佑全家人平安顺利。年夜饭的菜品丰富多样,每一道菜都有着吉祥的寓意。比如,鱼代表着年年有余,饺子象征着团圆和家庭的和睦,糖果则有着对生活的期望。

压岁钱是春节期间另一个重要的习俗,长辈会给晚辈派发红包,红包里装的便是压岁钱。压岁钱最初的用意是驱邪镇恶,保护孩子们免受鬼祟的侵害。现如今,压岁钱则是长辈对晚辈的祝福。长辈们会把压岁钱装在红色的信封里给晚辈们,希望他们在新的一年里平平安安、健康快乐。收压岁钱也是孩子们最期待的部分,他们会把压岁钱攒起来,用来买自己喜欢的东西。

守岁,作为中国民间的年俗活动之一,有着多种叫法,例如照虚耗、守岁火等。在这一传统中,守岁的主要活动包括点岁火和守岁火,同时要求每个房间整夜灯火通明。

守岁的目的在于迎接新年的到来,并让全家团聚,让家中的财富充实。这一传统的起源可以追溯到古代,而南北地区的风俗也有所不同。有的地方主要是熬年夜,通宵守夜;而有的地方则是在除夕之夜,全家团聚,享用年夜饭,点起蜡烛或油灯。

守岁的主要活动之一是点岁火。岁火是指用红色纸张或红布包裹的竹竿,上面插有红纸做成的鸟,取"岁岁平安"之意。点岁火的方式有很多种,有的地方会点燃一个大火堆,而有的地方会点燃一根或多根岁火。点燃岁火后,家人围坐在岁火旁,欢度新年的到来。另一个重要的活动是守岁火。守岁火指的是整夜保持灯火通明。在中国优秀传统文化中,灯火代表着希望和祝福,守岁火意味着对新年的期许和祈福。这也象征着愿望能够照亮一整年,为全家人带来好运和福气。除了点岁火和守岁火外,守岁还有一些其他的习俗和活动。比如,家人们互相拜年,祝福对方在新的一年里万事如意、健康快乐。在某些地区,还会有舞龙、舞狮等表演,以庆祝新年的到来。

### 8. 正月初一（春节）

春节是中国最重要的传统节日之一,每年这一天全国人民都会一起狂欢和庆祝。而在这个节日的早晨,黄河三角洲地区也有一系列独特的习俗和禁忌。

以前,在新的一年到来之际,家家户户开门的第一件事就是燃放爆竹,这被称为"开门炮仗"。这一声声的爆竹声代表着辞旧迎新,不仅是为了迎接新的一年,还为了用响亮的爆竹声驱走旧年的霉运和不祥之气。爆竹声过后,地上满是红纸屑,这被称为"满堂红",有着吉祥如意、幸福美满的寓意。近年来,由于《烟花爆竹安全条例》的实施,只有在规定时间、规定范围内可以燃放。

该地区正月初一的早餐有着特殊的要求,必须吃斋。这包括粉丝、腐竹、发菜、冬菇等素食,有着清净、吉祥和健康的寓意。通过吃素,人们希望在新的一年里远离烦恼和病痛,迎接幸福和吉祥。

民间传说正月初一是扫帚的生日,因此,这一天内不能动用扫帚,否则会扫走运气、破财,还可能招来"扫帚星"的霉运。为了避免破财的可能,人们在大年夜进行彻底的扫除,将垃圾暂存于一个大桶中,直到正月初二再处理。

### 9. 正月初二

正月初二是解除斋戒的日子,也就是人们可以恢复正常饮食的日子。

开年的习俗之一就是要吃"开年饭"。开年饭的菜肴通常选择一些有寓意的食物,比如发菜、生菜和鱼等。发菜的发音与"发财"相近,象征着新一年的财运兴旺。而生菜则象征着新的开始和生机。鱼在中华传统文化中也有着很重要的象征意义,因为它的发音与"余"相似,代表着年年有余、富余。因此,通过吃这些有吉祥寓意的食物,人们希望在新的一年里能够生财兴旺,事事顺利。

正月初二是传统的"迎婿日"。在这一天,姑爷们会前往岳父母家拜年。他们会带上一些礼品,表达对岳父、岳母的敬意和祝福。这也是家庭聚会的重要时刻,全家人会团聚在一起,共同度过这个特殊的日子。

另外,对于回娘家的女儿来说,春节期间也有着特殊的习俗。女儿们会携带礼品和红包给娘家的小孩儿,以表达对家人的关爱和祝福。同时,她们还会在娘家享用一顿丰盛的午餐,与家人共度团圆时光。

除了以上的习俗外,春节期间人们还会走亲访友、互相拜年,表达祝福和美好祝愿。亲朋好友之间的互动和团聚,让人们感受到浓厚的节日氛围,共同庆祝新年的到来。

### 10. 正月初三

正月初三是中国传统节日春节的第三天,在黄河三角洲地区也有着独特的习俗和意义。在这里正月初三被认为是赤口日,意味着这一天容易与人发生口角争执。因此,许多人选择在家中度过,而不外出拜年。这是为了避免与他人产生不愉快的争执,保持家庭和睦。此外,正月初一至初三还有一个有趣的习俗,即不动刀具。人们相信,动刀、剪会割断财运,因此在这几天里,他们会尽量避免使用刀具,以保佑自己的财运不受损害。

### 11. 正月初四

正月初四也有着独特的意义和禁忌。在这一天里,人们不能杀羊。因为传说这一天是羊的生日,不杀羊是养羊的人家盼望有个好收成。因此,为了祈求当年有一个好的开端,人们会避免在正月初四杀羊。这体现了中华民族对自然的敬畏和对农业的重视。

### 12. 正月初五

正月初五是春节期间的一个重要日子。据民间传说,财神即五路神,五路指东西南北中,意为出门五路皆可得财。因此,初五被视为迎财神日。这一天人们会有一系列的习俗来迎接财神,希望能够得到财神的眷顾。在正月初五的零时零分,人们会打开大门和窗户,燃香、放爆竹、点烟花,向财神表示欢迎和敬意。此外,人们还会进行"抢路头""接财神""祭财神"等活动,以示对财神的尊敬和追求财富的愿望。

在接过财神后,人们会举行路头酒宴,吃着喝着,满怀希望地期待财神带来金银财宝,实现发家致富的愿望。这一天,人们充满希望和期待,相信只要能得到财神的眷顾,就有机会改变自己的命运,迎来财富和好运。

"接五路"是一种特殊的仪式,需要家主带着香烛分别到五个方向的财神堂去请接五路财神。每接来一路财神,门前都会燃放一串百子炮,以示庆祝。之后,家主和伙计会依次向财神礼拜,表示对财神的敬意和感谢。然后,他们将原供桌上的马幛火化,以示恭送财神。

在旧俗中,春节期间的大小店铺通常会从大年初一开始关门,而在正月初五才会重新开门。这是因为正月初五被视为"财神圣日",五福聚齐,选择这一天开门会给商户带来财富和好运。因此,很多商家都把开业的日子定在正月初五,希望能够在新的一年里获得更多的财富。

### 13. 正月初六

正月初六被认为是"六畜之日"。根据传说,女娲创造万物生灵时,先造了六畜。因此,这一天被视为六畜的庇佑日,人们会祈求畜牧业的繁荣和兴旺。

正月初六还被称为"挹肥",是一年中唯一可以清扫厕所的日子。这一习俗源于古代,人们认为清扫厕所可以祛除厄运和邪气,带来吉祥和幸福。因此,在这一天,人们会彻底地清扫厕所,以迎接新的一年。

正月初六也是商店酒楼正式开张营业的日子。商家们为了招揽生意,会在门前贴上"开市大吉,万事亨通"的大红对联,以示吉利。

### 14. 正月初七

"人日"是古代传说中人类的生日,被认为是在正月初七这一天。这一天,人们庆祝人类的诞生,并举行各种庆祝活动。其中,古代人日有一项特殊的习俗,即戴上名为"人胜"的头饰,象征着人类的胜利和繁荣。

### 15. 正月初八

在传统春节期间,正月初八是年初开工日。这一天,人们开始工作,并派发开工红包。对于经商者来说,这是过年后首要的事情,也预示着全年生意兴旺。开工日的到来标志着新的一年的开始,人们积极投入工作中,为新一年的计划和目标奋斗。

年例礼俗是春节期间重要的传统活动之一。它包括敬神、游神、摆宗台、祭礼等一系列仪式。这些活动的目的是酬谢天地神祖的恩德,祈祷风调雨顺、百业兴旺、国泰民安。在祭祀中,人们通常使用两张神码。一张神码印着星科、朱雀、玄武等吉祥图案,代表着吉祥和吉利。另一张神码印着"本命延年寿星君",焚化祀成,祈求长寿和幸福。

根据传说,初八也是"谷子的生日"。据说,天气阴沉暗淡的初八,预示着当年的收成将不尽人意;而天气晴朗的初八,则表示当年的稻谷丰收。因此,人们对初八的天气变化特别关注,希望能够得到一个好的兆头。

### 16. 正月初九

正月初九是"天日",相传也是玉皇大帝的生日,因而各地会有许多与祭祀玉皇大帝相关的习俗。为了祈求平安和好运,人们会去道观斋天。这一天也是家庭祭拜神明的好时机。在这一天,人们会把家里的神台整理得干净整齐,然后上香祭拜玉皇大帝,祈求神明保佑全家平安健康。

### 17. 正月初十

正月初十,家里有男孩儿的父亲会购买一些纸灯,然后挂在屋门上,以庆祝新年。这些纸灯可以是各种形状,比如花灯、动物灯等,色彩斑斓,非常漂亮。人们会喝酒、吃饭,一家人欢聚一堂,共同庆祝新年的到来。

### 18. 正月十一

正月十一被称为"子婿日",这一天是岳父们宴请子婿的日子。岳父会邀请子婿来家中,为他们准备一顿丰盛的酒席,以表达对子婿的祝福。这也是展示家庭团聚和亲情的时刻,子婿会感受到岳父对他们的关爱和支持。

### 19. 正月十二

正月十二则是一个热闹非凡的日子,这一天有许多有趣的习俗。人们会搭建灯棚,做醮,做斋头,还会放鞭炮等。搭建灯棚是一项传统的活动,人们会用竹子和彩色纸张搭建起一个美丽的灯棚,上面挂满各种各样的彩灯,营造了喜庆的氛围。做醮是祈福的一种仪式,人们会在庙宇中举行,祈求神明保佑自己和家人平安健康。做斋头则是一项复杂的仪式,也在庙宇中举行,人们认为通过做斋头可以得到神的厚爱。此外,人们还会放鞭炮,以驱走邪恶,迎接新年的到来。

除了以上习俗外,正月十二也是人们开始准备庆祝元宵佳节的活动的时候。人们会选购各种漂亮的灯笼用来装点家里和街道,以营造出浓厚的节日氛围。同时,人们还会搭盖灯棚,为元宵节的庆祝活动做准备。

### 20. 正月十三

正月十三是一个重要的节日,也被称为"灯头生日"。在这一天,人们会在厨灶下点灯,并从正月十三开始上灯,直到正月十八才落灯。此外,还有一些其他的习俗,比如舞狮、飘色、游神等。

### 21. 正月十四

正月十四也是一个有趣的日子,这一天人们会参与一系列的习俗活动。他们会试花灯、游神、送蛴蟆等。此外,还有一些特别的食物,比如"亮眼汤"、糟羹等。还会拜"水娘娘",祈求当年水灾不再发生。

### 22. 元宵节

元宵节即正月十五,是一个非常重要的节日。人们会吃元宵,元宵有"汤圆"之意,象征着团圆美满。元宵可以通过不同的方式烹饪,比如汤煮、油炸或蒸食。此外,还有一些其他习俗,比如挂灯、打灯、观灯等。因此,元宵节也被称为"灯节"。

猜谜活动也是元宵节的一个重要的活动。人们会把谜语贴在彩灯上供人猜。猜谜不仅是一种娱乐活动,还展现了人们的智慧和对美好生活的向往。

除了以上习俗外,每逢元宵佳节或庆典,民间还会进行舞狮子的表演。舞狮通常由三个人完成,文舞表现狮子的温驯,武舞则表现狮子的凶猛。这种表演不仅具有观赏价值,还有着美好的寓意。

### 23. 清明节

清明节是中国传统的节日,过去也被称为"植树节"。在这个节日里,人们有许多习俗。其中,放风筝是一项受到人们喜爱的户外活动。清明时节的风正好,适合放风筝。人们在空旷的地方放上五颜六色的风筝,会感到无比的欢乐。

晚上,人们还会挂上彩色小灯笼,这些灯笼被称为"神灯"。神灯是一种传统的装饰物,用来祭祀和表达对先人的敬意。人们挂上神灯,寄托对祖先的思念和祝福。灯笼的亮光在夜晚闪烁,给人们带来一种神秘而温馨的感觉。

清明节也是祭奠先人的重要节日。祭祀时,男女有着不同的分工:男性会焚烧纸钱和奠供品,以表达对逝去亲人的敬意和怀念之情;女性则会痛哭一场,这是一种传统的表达哀思的方式。这些仪式和习俗都是为了让人们能够与先人保持联系,传承家族的血脉和记忆。

在清明节期间,人们还有一个特别的习俗,就是留下用过的供品给婴幼儿食用。这是希望婴幼儿能够健康成长,长命百岁。这种习俗表达了人们对新生命的祝福和对家庭幸福的期盼。

人们还会在门楣上插上柳条或松枝,这是一种象征。柳条和松枝都是春天生机勃勃的象征,插在门楣上表示春天的到来,寓意五谷丰登,希望家庭幸福安康。

在饮食方面,也有一些特别的习俗。人们会吃春饼,这是一种传统的食品,象征着春天的到来和新的开始。此外,幼童还会戴上柳帽,吹着柳哨,这是一种有趣的儿童习俗,给人们带来快乐和欢笑。

"大寒食"和"小寒食"是对清明节前一天和当天的特殊称呼。这两个时间节点在民间有着特殊的意义和活动。

在"大寒食"这一天,少女们会聚集在一起,进行一场特殊的聚会。她们会在夜间制作一道叫作"巧巧饭"的美食。这道饭菜特别的地方在于,每碗饭中都会放入剪刀、纺车、笔砚、狗爪子等形状的小物品。这些小物品代表着不同的寓意,比如剪刀代表聪明才智,纺车代表家庭幸福,笔砚代表学业进步,狗爪子代表好运气。这是少女们希望自己能够在未来的生活中获得好运和幸福。而在黄河三角洲的一些地方,男孩子们在清明节也有一些风俗习惯,他们会用水饺代替米饭,将不同职业的纸条贴在碗底。这是男孩子们希望将来能够顺利地找到自己理想的工作,并有所作为。

随着清明节的来临,人们会一起去野外踏青,享受春天的美好。这是一个欢乐的时刻,大家可以尽情地玩耍和嬉笑。

除了以上的习俗和活动之外,自 20 世纪 70 年代以来,孩童们在清明节还喜欢玩碰熟鸡蛋的游戏。这个游戏的规则很简单,就是用自己手中的鸡蛋去碰别人手中的鸡蛋,看谁的鸡蛋能够保持完整。鸡蛋先破的一方,需要给胜利者分吃一口自己的鸡蛋。这个游戏不仅增加了节日的乐趣,还培养了孩子们的竞争意识和团队合作精神。

### 24. 端午节

据说,五月是五毒(蛇、蝎子、蜈蚣、蟾蜍、壁虎)出没的时期,人们需要采取预防措施来保护自己。在我国的民间传统中,有一些特殊的物品被用来驱除五毒的邪恶力量。

五毒图、红纸和针等物品被广泛用来驱除五毒。五毒图是一种象征性的图案,通常绘制五种毒蛇,人们相信它们能够帮助抵挡邪恶的力量。红纸和针则被用来制作护身符,制好的护身符被人们佩戴在身上,据说可以抵御五毒的侵害。

人们还会在衣饰和食物上绣制或缀上五毒图案,寓意为驱除邪恶。这种做法被认为能够保护人们免受五毒的伤害,同时也象征着对善良和美好事物的追求。

钟馗画也是一种常见的驱邪物品。钟馗是我国传统文化中的神灵,被认为有着驱邪、祛凶和引福的能力。人们会在五月初五这一天挂起钟馗画,以保佑自己和家人平安。

荷包也是一种与五毒有关的民间艺品。荷包最初是一种随身携带的袋囊,人们可以将各种物品放入其中。随着时间的推移,荷包经历了不同内容物的发展,最终成为香囊。香囊在端午节期间被广泛制作和使用,人们相信它们能够驱除邪恶,带来好运和福气。

### 25. 七夕节

在过去,女子的角色通常限于相夫教子。她们相信牛郎织女的传说,并以织女为榜样。这个传说展现了女性的心灵手巧和对美满姻缘的渴望。

七夕是女子祈求心灵手巧和美满姻缘的节日,也被称为"乞巧节"。在这天,妇女会结彩缕,使用七孔针和五色细线穿月迎风。这个仪式的寓意是她们希望能获得美满的姻缘。

随着时间的推移,七夕节逐渐发展为"女儿节"和"爱情节"。然而,"情人节"这个称呼并不适当,因为七夕节并不仅仅是情侣之间的节日。相反,它是庆祝爱情的节日,因此应该称为"爱情节"。

在七夕节,人们通常会食用巧果,这是一种应节食品,主要材料是油、面、糖、蜜。这种食物既美味又寓意着甜蜜的爱情。

### 26. 七月十五

七月十五被称为"鬼节"。古人认为,天对地,日对月,阳对阴,神对鬼,缺一不可。"鬼节"起源于道教,南北朝时期已经流行。

黄河三角洲的民间有"七月十五过十四"的说法。这是因为七月十四是"鬼节",四、死、祀同音。七月十四的下午,儿女们会到过世的父母坟上去上坟。这天中午,家家包饺子,一是出嫁的姑娘来娘家上坟,哥嫂包顿饺子给妹妹吃,在乡间民院也算敬意。再者,下午上坟的时候正好带两盘饺子当供品。庄户人家没有真元宝,用白白的元宝饺子当元宝,也算心意到了。

### 27. 中秋节

黄河三角洲的中秋节习俗丰富多样,充满了浓厚的地域特色。以下是一些典型的中秋节习俗。

赏月:中秋节正值月圆之时,人们会在晚上观赏满月,寓意为家庭团圆、幸福美满。

吃月饼:月饼是中秋节的代表性食品,象征着团圆和美满。家家户户都会购买或自制月饼,与家人分享。

团圆饭:中秋节是家庭团聚的日子,人们会准备丰盛的菜肴,全家人共度佳节。

放天灯:在中秋节的夜晚,人们会放飞孔明灯,寓意为放飞心愿,祈求幸福、平安。

猜灯谜:人们会在灯笼上贴上谜语,供大家猜解,增加节日趣味。

吃螃蟹:螃蟹肉质鲜美,营养丰富,被认为是中秋节的美食。

食芋头:芋头是中秋节的传统食物,寓意为团圆和美满。人们将芋头蒸熟,蘸白糖食用。

馈赠礼物:中秋节期间,人们会互赠礼物,如月饼、柚子、柿子等,以表达节日的祝福。

黄河三角洲的中秋节习俗融合了赏月、团聚、美食、娱乐等多种元素,既传承了传统文化,又富有地域特色。

### 28. 重阳节

重阳节,这个汉族传统节日,其习俗是由多种民俗杂糅而成的。庆祝重阳节的活动丰富多样,包括出游赏景、登高远眺、观赏菊花、遍插茱萸、吃重阳糕,以及饮菊花酒等。这些活动既体现了人们对生活的热爱,也彰显了他们对自然和神灵的敬仰。

"九九重阳",因为"九九"与"久久"同音,九在个位数中又是最大数,所以具有长久、长寿的寓意。在重阳节这个特殊的日子里,人们通过各种方式祈求健康、长寿,希望生命能够如同秋天一样,收获金黄的果实。此外,秋季也是一年里收获的黄金季节,重阳佳节也就因此有了深远的寓意。

人们对重阳节历来有着特殊的感情,因为这个节日不仅代表了人们对生命的敬畏,还寄托了他们对美好生活的向往。在重阳佳节里,人们通过各种方式表达着对生活的热爱,对未来充满信心和期待。时至今日,重阳节依然在人们的心中占据着重要的地位,现已成为传承中华民族优秀文化的重要载体。

### 29. 十月初一

农历十月初一,是黄河三角洲的一个重要节日,被称为"寒衣节"或"授衣节"。这个节日起源于古代,主要流行于黄河流域的汉族地区。

寒衣节的主要习俗是授衣,即制寒衣。这一天,人们会为自己和家人制作或购买寒衣,以应对即将到来的寒冷天气。过去,由于生活水平较低,人们在秋冬季节没有足够的保暖衣物,寒衣节就成了一个非常重要的节日。现在,人们的生活水平虽然提高了,但寒衣节仍然被保留了下来,并成为人们对过去生活的纪念。

寒衣节还有其他的习俗,如祭祖、扫墓等。在这一天,人们会祭奠祖先,表达对先人的敬意和怀念。同时,人们还会进行扫墓活动,为已故亲人扫墓祭拜,以示孝道。

## (二)礼仪习俗

黄河三角洲的礼仪习俗十分讲究,如婚嫁、丧葬、生育、寿庆等都有特定的仪式和规矩。这些习俗体现了当地尊重传统、讲究孝道、重视家庭伦理的文化理念。

(1)婚嫁。在黄河三角洲,婚嫁习俗有很多讲究,如过大礼、迎娶、拜堂等环节。过大礼是男方家向女方家赠送彩礼,以示诚意。迎娶当天,新郎要亲自去女方家迎娶新娘,并举行拜堂仪式,寓意为夫妻恩爱、白头偕老。

(2)丧葬。黄河三角洲的丧葬习俗同样非常讲究。丧葬仪式包括报丧、入殓、出殡、安葬等环节。其中,报丧是通知亲朋好友丧事,入殓是将死者的遗体安放于棺木中,出殡是将棺木抬往墓地,安葬是将棺木放入墓穴。在整个丧葬过程中,家属要遵循一定的规矩,表达对逝者的哀悼和敬意。

(3)寿庆。在黄河三角洲,寿庆是指庆祝长者的生日。寿庆通常分为庆生、祝寿、贺寿等环节。庆生是庆祝生日的意思,祝寿是向长者敬献寿桃、寿糕等礼品,贺寿是亲朋好友为长者送上祝福。这些环节都体现了对长者的尊敬和孝道。

(4)二十四拜、三十六拜、一百单八拜。这些是黄河三角洲特殊的礼节。二十四拜、三十六拜主要用于祭祖、拜年等场合,表示对先人的敬仰和尊敬。一百单八拜则是最高的礼节,通常用于极为隆重的场合,如皇帝祭天、父母去世、老人拜寿等。

# 第二章

# 黄河三角洲文化教育具体实施

　　黄河三角洲，这片充满生机与活力的土地，自古以来便是文化繁荣的沃土。黄河三角洲文化源远流长、博大精深，涵盖了古齐文化、儒家文化、凤凰城文化、移民文化、农耕文化、盐文化、红色文化、胜利油田文化、知青文化、民间艺术、手工艺、饮食文化、习俗文化多个方面，独具特色，熠熠生辉。在这片土地上，我们的教育也深深地烙印着这些优秀传统文化的特殊性。

　　黄河三角洲的优秀传统文化教育重视历史传承。我们的教育不仅仅传授知识，更传递对历史、对文化的尊重与热爱。从古齐文化中，我们学会了坚韧不拔的精神；从儒家文化中，我们领悟了仁爱、忠诚、礼义、智慧；从凤凰城文化中，我们感受到了地域文化的魅力……这些历史传承，让我们能够更加坚定地走在自己选择的道路上。

　　黄河三角洲的优秀传统文化教育强调实践与创新。我们在农耕文化中体会到了勤劳与坚持的重要性；在盐文化中培养了刻苦钻研的精神；在胜利油田文化中塑造了敢于拼搏的品格；在民间艺术和手工艺的传承中，更加注重实践与创新，将传统文化与现代生活相结合，让文化得以在新的时代背景下焕发出新的生机。

　　黄河三角洲的优秀传统文化教育倡导全面发展。我们在儒家文化中追求道德与知识的完美结合，在红色文化中坚定信仰与理想的统一。我们的教育不仅关注学术成就，还注重培养青少年的品德、情感、审美、创造等多方面的能力，让他们在全面发展的过程中，更好地传承和发扬黄河三角洲的优秀传统文化。

　　黄河三角洲文化教育的特殊性体现在对历史传承的重视，对实践与创新的强调，以及对全面发展的追求上。正是这样的教育，让我们能够更好地认识自己，更好地传承和发扬黄河三角洲文化。

# 第一节　黄河三角洲古齐文化教育

古齐文化是我国古代文化的重要组成部分,它的尚武精神和富国强兵的理念在我国历史上产生了深远的影响。古齐文化的发展和繁荣,离不开其地理位置的优势和深厚的文化底蕴。黄河三角洲作为古齐文化的重要发源地之一,对古齐文化的研究和发展传承做出了重要贡献。

古齐文化中的尚武精神和军事智慧,对我国的军事理论和实践产生了深远影响。孙武的《孙子兵法》是中国古代兵书的经典之作,被誉为"兵家圣典"。此外,古齐文化中的礼仪制度和行政管理模式,也为我国的政治体制提供了借鉴。

在经济方面,古齐国的农业、手工业和商业的发展,为该地区的经济繁荣奠定了基础。古齐文化中的尚武精神和富国强兵的理念,对黄河三角洲的经济发展和社会进步产生了重要影响。

在文化方面,古齐文化中的音乐、舞蹈和绘画等艺术形式丰富多样,对后世文化的发展产生了积极影响。古齐文化中的尚武精神和军事智慧,也在一定程度上影响了我国的文学艺术创作。

## 一、加强古齐文化研究

齐鲁大地,古韵悠长。在漫长岁月中,古齐文化以其深厚的历史底蕴和独特的文化内涵,成为中华文化的重要组成部分。为了进一步挖掘古齐文化的历史价值和文化内涵,加强古齐文化研究势在必行。

### (一)认识加强古齐文化研究的重要性

要认识到,古齐文化,作为齐鲁大地上一份宝贵的文化遗产,其独特的历史价值和文化内涵使其研究意义显得尤为重要。

首先,加强对古齐文化的研究,有助于我们更深入地了解齐鲁大地的历史文化传承。齐鲁大地,历史悠久,文化底蕴深厚,古齐文化作为其中的一部分,包含了丰富的哲学思想、人文精神、道德观念等,这些都是我们历史文化传承的重要内容。通过对古齐文化进行研究,能够更全面地把握齐鲁文化的历史,了解其发展脉络,从而更好地继承和发扬这一优秀的地域文化。

其次,对古齐文化进行研究,可以为我们的教育实践提供理论支持。古齐文化中蕴含的丰富的哲学思想、人文精神、道德观念等,都是我们今天教育实践中不可或缺的理论资源。通过深入研究古齐文化,将这些优秀的文化元素融入教育教学中,能够提高教育的质量和效果。例如,古齐文化中的"仁爱""忠诚""诚信"等道德观念,可以引导青少年树立正确的价值观,培养良好的道德品质。

最后,对古齐文化的研究可以推动齐地文化的传承与发展。古齐文化是齐地文化的基石,是其独特性的体现。通过对古齐文化的研究,能够更好地发掘和弘扬齐地文化的特色,推动其在新时代的传承与发展,使之成为推动地区经济社会发展的重要文化力量。例如,通过研究古齐文化,深入挖掘其旅游资源,推动文化旅游业的发展,提升地区的文化软实力。

## (二)组织教师进行课题研究

为了更好地推动古齐文化的研究与发展,应当积极组织教师进行课题研究。鼓励教师选择与古齐文化相关的课题进行深入研究,通过研究挖掘其历史价值和文化内涵。教师可以结合自身专业背景和兴趣,从不同角度对古齐文化进行深入研究,形成具有学术价值的科研成果。

加强对古齐文化研究的宣传和引导,让教师充分认识到古齐文化研究的意义和价值。可以通过举办专题讲座、研讨会等形式,邀请专家对古齐文化进行解读,帮助教师了解古齐文化的研究动态和前沿问题,激发他们对古齐文化研究的兴趣和热情。

提供必要的支持和保障,为教师开展古齐文化研究创造良好的条件。例如,可以设立古齐文化研究课题基金,资助教师开展研究;建立古齐文化研究资料室,为教师提供丰富的文献资料;加强与研究机构、企事业单位的合作,为教师提供实践和研究的平台。

鼓励教师跨学科、跨领域开展古齐文化研究。古齐文化涉及历史、哲学、文学、艺术等多个领域。教师可以充分发挥自身专业优势,从多学科交叉的角度对古齐文化进行研究,以期达到对古齐文化全面、深入的理解。

建立健全激励机制,对在古齐文化研究中取得优异成绩的教师给予表彰和奖励。可以设立科研成果奖、优秀论文奖等奖项,激发教师的研究积极性,推动古齐文化研究的深入开展。

## (三)召开学术研讨会

为了进一步推动古齐文化的研究与发展,应当定期组织学术研讨会,邀请专家、学者和教师共同探讨古齐文化的历史、文化、教育等方面的价值。通过学术交流和思想碰撞,推动古齐文化研究的深入发展,为齐地文化的传承与发展提供智力支持。

(1)搭建一个交流与分享的平台。在这个平台上,专家、学者和教师可以分享自己的研究成果和观点,就古齐文化的研究现状、存在问题及未来发展方向进行深入探讨。通过交流和碰撞,可以激发研究者们的创新意识,促使古齐文化研究取得更多突破性的成就。

(2)促进古齐文化研究的跨学科、跨领域合作。不同学科和领域的专家、学者与教师可以从各自的专业视角出发,对古齐文化进行研究,从而丰富古齐文化的研究视角和层面。这种跨学科、跨领域的研究方式有助于全面挖掘古齐文化的价值,并将其应用于教育、文化、旅游等多个领域,推动齐地文化的传承与发展。

（3）提高古齐文化研究的学术影响力。通过邀请专家学者举办讲座、组织教师参加研讨会等形式,可以将古齐文化研究推向更广泛的学术舞台。这将有助于提升古齐文化研究的知名度,吸引更多研究者关注和参与古齐文化的研究,从而形成良好的学术氛围。

（4）为古齐文化的传承与发展提供智力支持。在研讨会中,专家、学者和教师可以就古齐文化在教育、文化、旅游等领域的应用进行探讨,为齐地文化的传承与发展提供有益的建议和策略。例如,研讨会可以就如何将古齐文化融入教育实践、如何挖掘古齐文化的旅游资源等问题展开讨论,为古齐文化的传承与发展提供智慧支持。

## （四）建立研究团队

为了更系统、更深入地开展古齐文化研究,应当组织教师和研究人员成立研究团队。通过团队协作,共同开展古齐文化研究,深入挖掘其历史价值和文化内涵。同时,加强团队成员之间的交流与合作,形成良好的研究氛围。

（1）集中优势力量,提高研究效率。团队成员可以充分发挥各自的专业特长,共同开展研究,形成合力。例如,历史学者可以对古齐文化的历史背景进行深入研究,挖掘其历史价值;文化学者可以对古齐文化的内涵进行解读,分析其文化意义;教育学者可以研究古齐文化在现代教育中的应用,为教育实践提供理论支持。通过团队的协同努力,不仅可以实现对古齐文化研究的全面覆盖,还能提高研究质量。

（2）促进资源共享和知识传播。团队成员可以共享研究成果、文献资料和学术信息,从而提高研究水平。此外,团队成员还可以通过互相交流和讨论,激发研究灵感,拓展研究视野。这种开放、互动的研究氛围有助于培养具有创新意识的研究人才,推动古齐文化研究的深入发展。

（3）加强内外部合作,提升研究影响力。团队可以与其他研究机构、高校和企业建立合作关系,共同开展研究项目,拓宽研究渠道。同时,团队内部成员可以互相支持,共同发表学术论文、出版研究成果,提高古齐文化研究的学术影响力。

（4）培养研究人才,为古齐文化研究可持续发展提供支持。通过团队的研究活动,教师和研究人员可以提高自身的研究能力,培养新一代研究人才。这样不仅可以确保古齐文化研究的延续性,还可以为齐地文化的传承与发展输送优秀人才。

## （五）加强与高校合作

为了进一步推动古齐文化的研究与发展,应当加强与高校的合作。高校具有丰富的研究资源和人才优势,我们通过与之合作可以实现资源共享和优势互补,共同推动古齐文化研究的深入开展。

（1）充分利用高校的研究力量。高校通常拥有专门的研究机构,集聚了一批具有深厚研究功底的专家和学者。通过与高校的合作,邀请这些专家和学者参与古齐文化的研究工作,为我们的研究提供专业指导和技术支持。同时,高校的研究团队也可以将他们的研究方法、研究成果与我们共享,帮助我们提高研究水平。

（2）充分利用高校的研究资源。高校图书馆通常拥有丰富的藏书和文献资料,可以为我们的研究提供丰富的信息支持。高校的实验室、研究平台等设施可以为我们提供研究的便利。通过与高校的合作,充分利用这些资源,可以提高我们的研究效率和质量。

（3）推动古齐文化研究的跨学科、跨领域合作。高校通常拥有多个学科,涵盖人文、社会、自然等多个领域。通过与高校的合作,实现跨学科、跨领域的合作研究,从多角度、多层次、多领域对古齐文化进行深入研究,全面挖掘其历史价值和文化内涵。

（4）提升古齐文化研究的学术影响力。高校是学术研究的重要基地,我们通过与高校的合作,将古齐文化研究推向更广泛的学术舞台,吸引更多的学者关注和参与古齐文化研究,提升古齐文化研究的学术影响力。

### （六）制订研究计划和实施方案

为了确保古齐文化研究的顺利进行,需要制订一个详细的研究计划和实施方案。具体来说,研究计划和实施方案应包括以下六个方面。

（1）明确研究目标。研究计划和实施方案的首要任务是明确研究目标。需要明确古齐文化研究的目的,比如深入挖掘古齐文化的历史价值、文化内涵,探讨古齐文化在现代社会的应用和传承等。只有明确研究目标,才能为后续的研究工作提供方向。

（2）确定研究任务。根据研究目标,需要确定具体的研究任务。例如,对古齐文化的历史背景进行梳理,对古齐文化的教育价值进行探讨,对古齐文化的旅游资源进行挖掘等。每个任务都需要明确具体的负责人和完成时间,确保研究工作的有序进行。

（3）设定时间节点。在研究计划和实施方案中,需要设定各个研究任务的时间节点。这些时间节点应根据研究任务的难度和紧迫性进行合理安排,确保研究工作的顺利进行。同时,还应预留一定的时间用于应对意外情况和调整研究计划。

（4）分工明确。在研究计划和实施方案中,需要明确每个研究人员的职责和工作内容。每个研究人员都应根据自己的专业特长和兴趣选择合适的研究任务,确保研究顺利进行。

（5）做好经费预算。研究计划和实施方案中还需要包括对研究经费的预算。根据研究任务的需要,合理分配经费,确保研究工作的顺利进行。同时,还需要对经费的使用进行严格监督,确保经费的合理使用。

（6）做好风险评估与应对措施。在研究计划和实施方案中,还需要对可能出现的风险进行评估,并提前制定应对措施。例如,可能出现的研究难题、人员流动、经费不足等问题,都应提前考虑,并制定相应的应对策略。

## 二、开发古齐文化教育资源

古齐文化教育资源是一笔珍贵的历史文化遗产,对于青少年了解家乡历史文化、培养综合素质具有重要意义。

## （一）加强文献资料的整理和开发

古齐文化是我国历史文化的重要组成部分，具有悠久的历史和丰富的内涵。为了更好地研究和传承古齐文化，需要加强文献资料的整理和开发工作。

组织一批专业人员对古齐文化的文献资料进行收集、整理和编纂。这些专业人员可以来自历史、文化、教育等领域，他们必须具有扎实的学术功底和丰富的研究经验。通过对古齐文化的文献资料进行全面梳理，形成系统完整、分类清晰的文献资料库。这些资料库可以包括古齐文化的相关历史文献、文学作品、艺术作品、考古资料等，能够为教育实践提供翔实可靠的历史和文化信息。

结合现代科技手段，对文献资料进行数字化的处理和存储。数字化处理可以提高文献资料的保存效率和查询的便利性，同时也有利于文献资料的传播和交流。利用计算机技术、数据库技术、网络技术等，将文献资料转化为数字化格式，并建立古齐文化文献资料数据库。这样不仅可以方便地在计算机上进行查询和检索，还可以通过网络实现远程访问，为国内外学者提供便捷的研究平台。

利用数字化技术对文献资料进行深度开发。例如，可以通过数据挖掘、文本分析等方法，对古齐文化的文献资料进行内容分析，挖掘其中有价值的历史信息和文化内涵。同时，还可以利用虚拟现实、增强现实等现代科技手段，将文献资料转化为生动形象的多媒体展示，让人们以更直观、更生动的方式了解和体验古齐文化。

## （二）加强遗址遗迹的保护和利用

古齐文化作为我国历史文化的重要组成部分，其遗址、遗迹无疑是宝贵的历史文化遗产。它们不仅见证了古齐文化的发展历程，还承载着丰富的文化信息和独特的地域特色。因此，加强古齐文化遗址、遗迹的保护和利用显得尤为重要。

对古齐文化的遗址、遗迹进行详细的调查和挖掘。这需要考古学、历史学、地理学等多个学科的专家共同参与，通过田野调查、文献研究、考古发掘等多种手段，全面掌握遗址、遗迹的分布、状况、价值等信息。在此基础上，根据遗址、遗迹的实际情况，制定出针对性的保护措施，防止其受到自然和人为因素的破坏。

结合现代科技手段对古齐文化的遗址、遗迹进行数字化再现。通过激光扫描、三维建模、虚拟现实等技术，将遗址、遗迹转化为数字模型，让中小学生能够在电脑或移动设备上进行实时查看和互动体验。这样不仅可以使青少年更直观、生动地了解古齐文化，还可以有效地减轻遗址、遗迹所承载的压力，避免因大量游客参观导致的损害。

利用数字化技术开发一系列与古齐文化遗址、遗迹相关的教育课程和活动。例如，可以结合数字化遗址、遗迹，设计出丰富多样的线上线下教学资源，帮助青少年更好地理解古齐文化的历史背景和价值。同时，还可以组织青少年实地参观遗址、遗迹，让他们在亲身体验中感受古齐文化的魅力，培养他们对历史文化的尊重和热爱。

## （三）加强艺术作品的收集和展示

古齐文化是我国历史文化遗产中一颗璀璨的明珠，其艺术作品是反映当时历史文化的重要载体。为了更好地保护和传承古齐文化,应该加强古齐文化艺术作品的收集和展示工作。

积极收集和整理古齐文化的艺术作品。这些艺术作品包括但不限于古代书画、陶瓷、铜器、玉器、金银器等,都是古齐文化的重要表现形式。通过田野调查、考古发掘、购买征集等多种途径,尽可能地收集更多的古齐文化艺术作品。同时,还需要对这些艺术作品进行整理和分类,建立完善的艺术作品档案,为后续的研究和展示提供便利。

通过博物馆、文化馆等公共文化平台,对古齐文化的艺术作品进行展示和教育推广。博物馆和文化馆是中小学生接触和学习历史文化的重要场所,利用这些平台,策划举办古齐文化艺术作品展览,让中小学生更直观地了解古齐文化的艺术价值和历史文化背景。同时,结合现代科技手段,如虚拟现实、数字影像等,创新艺术作品展示方式,增强观众的历史文化体验感。

组织一系列与古齐文化艺术作品相关的教育活动,如讲座、工作坊、互动体验等,让中小学生在参观艺术作品的同时,也能深入了解古齐文化的内涵和魅力。同时,通过网络平台、图书资料等方式,将古齐文化艺术作品推广到更广泛的群体中,让更多的人了解和欣赏古齐文化的艺术魅力。

## (四)建立古齐文化教育资源库

古齐文化教育资源库的建立,旨在为教育教学提供丰富、准确且易于查询和使用的古齐文化相关资源。为了实现这一目标,可以从以下五个方面着手。

(1)分类整理教育资源。对古齐文化教育资源进行详细的分类和整理。这些资源可以包括古齐文化的文献资料、遗址、遗迹、艺术作品、历史人物、传统技艺等方面的内容。通过对这些资源进行分类整理,可以方便用户根据自己的需求快速找到相关资源。

(2)数字化处理教育资源。在分类整理的基础上,需要对古齐文化教育资源进行数字化处理。这包括将纸质文献资料转化为电子文档、将遗址、遗迹和艺术作品进行数字化扫描和建模等。通过数字化处理,可以使教育资源库更加便于管理和使用,同时也能有效防止资源的损毁和丢失。

(3)提供便捷的查询和使用服务。为了方便用户查询和使用古齐文化教育资源,建立一个在线资源库,将数字化处理后的教育资源上传至网络平台。用户就可以通过关键词搜索、分类筛选等方式,快速找到所需的资源。此外,提供在线预览、下载、打印等功能,满足用户的各种使用需求。

(4)定期更新和维护资源库。随着时间的推移,古齐文化的研究成果和教育需求可能会发生变化。因此,需要定期对资源库进行更新和维护,确保资源的准确性和时效性。这包括对新发现的古齐文化资源进行整理和数字化处理,以及对已有资源进行修订和补充。

(5)开展合作与交流。为了使古齐文化教育资源库更加完善,与其他研究机构、学校、文化单位等开展合作与交流,共享古齐文化教育资源。此外,邀请专家学者对资源库进行指导和评价,不断提升资源库的质量和水平。

## （五）加强教师培训和研讨

在古齐文化教育资源利用的过程中，教师是起关键作用的一环。为了更好地推动古齐文化教育资源的普及和应用，需要加强教师培训和研讨工作。具体措施可以从以下五个方面展开。

（1）组织教师培训。定期举办古齐文化教育资源的教师培训活动，邀请专家学者对教师进行系统的古齐文化知识培训。通过培训，教师可以更深入地了解古齐文化的内涵和价值，提高对古齐文化教育资源的认识和应用能力。此外，培训活动还可以结合实地考察、现场教学等方式，让教师在实际环境中感受古齐文化的魅力，增强教学的感染力。

（2）促进学术研讨。鼓励教师参与古齐文化相关学术研讨活动，可以提高教师的学术素养和教学水平。通过学术研讨，教师可以及时了解古齐文化研究的新动态、新成果，为自己的教学提供有益的借鉴和启示。同时，学术研讨也有助于教师之间的交流与合作，共同探讨古齐文化教育的有效途径。

（3）分享教学经验和资源。为了提高教学质量和效果，组织教师交流和合作活动，让教师分享彼此的教学经验和古齐文化教育资源。通过教师之间的交流与合作，可以有效地整合教育资源，丰富教学内容，提高教学的针对性和实效性。

（4）鼓励教师创新。在加强教师培训和研讨的过程中，应该鼓励教师在教学实践中勇于创新，结合古齐文化教育资源，探索适合自己的教学方法和策略。同时，学校和教育部门也应该为教师提供足够的支持和保障，创造有利于教师创新的教学环境。

（5）建立激励机制。为了激发教师参与古齐文化教育培训和研讨的积极性，建立一套完善的激励机制，对表现优秀的教师给予表彰和奖励。这样可以鼓励教师更加关注古齐文化教育资源的开发和利用，为提高古齐文化教育质量做出更大贡献。

## 三、编写古齐文化教育教材

在浩瀚的历史长河中，齐国文化以其深厚的底蕴和独特的魅力，成了中华文化的重要组成部分。为了传承和发扬这一宝贵的文化遗产，建议编写一本古齐文化教材，以帮助青少年了解和认识齐国文化，增强民族自豪感和文化自信心。

### （一）明确教材目标和内容

古齐文化教材的目标是让青少年全面了解古齐文化的历史背景、文化内涵、重要事件和人物等，同时培养青少年的审美观和价值观，激发其对传统文化的热爱。为了实现这一目标，教材内容要根据不同年龄段青少年的认知能力和学习需求进行设计，包括基础知识、历史故事、文化景点、艺术欣赏、价值观培养、互动环节。

（1）基础知识。系统地介绍古齐文化的基础知识，包括古齐文化的起源、发展、繁荣和衰落等各个阶段的历史背景，以及古齐文化的特点和影响。此外，教材还应对古齐文化的相关名词、术语进行解释，以便青少年更好地理解和掌握古齐文化。

（2）历史故事。古齐文化的历史故事是青少年了解古齐文化的重要途径。选取一系列具有代表性和教育意义的历史故事,如古齐国的建立、重要政治变革、历史人物等,通过生动有趣的故事形式,让青少年在阅读过程中感受古齐文化的魅力。

（3）文化景点。古齐文化留下了丰富的文化遗产,如古建筑、遗址、艺术品等。介绍一些具有代表性的古齐文化景点,如齐国故城、古墓群、青铜器等,让青少年在了解古齐文化的过程中,感受古齐文化的独特韵味。

（4）艺术欣赏。古齐文化是我国古代艺术的重要组成部分,选取具有代表性的古齐文化艺术品,如绘画、陶瓷等,介绍其艺术特点和价值,培养青少年的审美观和价值观。

（5）价值观培养。古齐文化中蕴含着丰富的道德观念和人生哲学,挖掘古齐文化中的优秀传统价值观,如忠诚、仁爱、礼仪、智慧等,引导青少年树立正确的价值观和道德观。

（6）互动环节。设置一些互动环节,如讨论题、实践作业等,鼓励青少年积极参与,提高青少年的学习兴趣和实践能力。

## （二）组织专业团队编写

为了确保教材的质量和科学性,可以组织历史学家、文化学者和教育专家组成编写团队。他们将共同研究教材的编写思路和内容安排,结合最新的研究成果和教育理念,为青少年呈现一本既有学术价值又有趣的古齐文化教育教材。

（1）确保教材质量。由历史学家、文化学者和教育专家组成的编写团队具有较高的学术水平和丰富的教学经验,能够确保教材的质量。

（2）提高教材的系统性和科学性。编写团队在研究教材的编写思路和内容安排时,可以充分发挥各自的专业优势,确保教材的系统性和科学性。

（3）结合最新研究成果和教育理念。编写团队关注古齐文化研究领域的最新动态,结合最新的研究成果和教育理念,使教材具有较高的学术价值和教育价值。

（4）提高青少年的学习效果。由专业团队编写的教材,内容丰富、结构清晰,有利于青少年全面了解古齐文化,提高青少年的学习效果。

（5）促进文化交流和传承。通过编写高质量的教材,让青少年更好地了解和热爱古齐文化,从而促进古齐文化的传承和发扬,推动文化交流。

## （三）注重史实性和科学性

在编写过程中,注重逻辑性和条理性,对历史事件和人物进行客观公正的叙述和分析。同时,将引用可靠的文献资料和研究成果,确保教材内容的真实性和科学性。此外,遵循严谨的学术规范。

（1）注重逻辑性和条理性。在教材内容的组织和叙述上,注重逻辑性和条理性,使教材内容系统、清晰,便于青少年理解和掌握。为此,对教材的篇章结构、内容安排进行精心的设计,确保青少年在学习过程中能够循序渐进地了解和掌握古齐文化。

（2）对历史事件和人物进行客观公正的叙述和分析。在教材中,对古齐文化中的历史事件和人物进行客观公正的叙述和分析,尊重历史事实,避免主观臆断和片面理解。对于历史事件的叙述,根据可靠的文献资料和研究成果,进行详尽、准确的描述;对于历史人物的评价,以事实为依据,进行公正、客观的分析。

(3)引用可靠的文献资料和研究成果。在编写教材的过程中,我们将注重引用可靠的文献资料和研究成果,确保教材内容的真实性和科学性。这些文献资料和研究成果可以来自历史学、文化学、考古学等多个学科领域,以全面、多角度地展现古齐文化的内涵和魅力。同时,关注最新的古齐文化研究成果,使教材内容保持时代性。

(4)遵循严谨的学术规范。在教材编写的过程中,遵循严谨的学术规范,对所引用的文献资料和研究成果进行严格的甄别和筛选,确保其真实可靠。此外,注意避免抄袭、剽窃等学术不端行为,保证教材的原创性和学术价值。

### (四)增加趣味性和互动性

增加趣味性和互动性主要包括以下五项具体措施。

(1)插图。在教材中插入生动有趣的插图,以形象生动的方式展现古齐文化的各个方面,如历史事件、人物形象、艺术作品等。这些插图既可以增加教材的趣味性,也可以帮助青少年更好地理解和记忆相关知识。

(2)案例分析。通过具体的案例分析,帮助青少年深入了解古齐文化的内涵和特点。例如,可以选择一些具有代表性的古齐文化现象或事件,如"孔子与齐国的交往""齐国的礼仪制度"等,进行详细剖析,使青少年能够从实际案例中感受古齐文化的魅力。

(3)讨论题。设置一些具有启发性和讨论价值的问题,引导青少年对古齐文化进行深入的思考。这些问题可以涉及古齐文化的各个方面,如历史、文化、艺术、哲学等,以激发青少年的思考和讨论兴趣。此外,还可以组织课堂讨论或小组讨论,让青少年在讨论中加深对古齐文化的理解。

(4)拓展阅读。推荐一些与古齐文化相关的经典文献、研究著作或网络资源,让青少年可以进行课外阅读。这些拓展材料可以帮助青少年更全面地了解古齐文化,培养他们自主学习的能力。同时,设置一些阅读任务或思考题,引导青少年有针对性地进行阅读。

(5)互动活动。组织一些有趣的互动,如知识竞赛、角色扮演、模拟考古等,让青少年在参与的过程中加深对古齐文化的理解和记忆。这些互动可以激发青少年的学习兴趣,提高他们的学习积极性。

### (五)满足不同年级和学科需求

(1)设计不同层次的教学内容。针对不同年级的青少年,设计不同层次的教学内容,以满足不同年龄段青少年的认知能力和兴趣需求。例如,对于低年级的青少年,可以通过生动的故事和有趣的插图,引导他们了解古齐文化的基本知识和特点;对于高年级的青少年,可以增加对历史事件和人物的分析,以及对文化现象的讨论,使他们能够深入理解古齐文化的内涵和价值。

(2)设置合理的难度梯度。在教材中,根据青少年的学习能力和认知水平,设置合理的难度梯度。对于一些难度较大的知识点,通过举例、对比、讨论等方式,帮助青少年理解和掌握。同时,注重培养青少年自主学习的能力,在学习过程中发现问题、解决问题。

（3）结合不同学科特点。结合不同学科的特点,将古齐文化教育内容与学科教学相结合。例如,在历史课上,青少年可以学习古齐文化的历史背景和重要事件;在语文课上,青少年可以阅读与古齐文化相关的文学作品,了解古齐文化的文学成就;在艺术课上,青少年可以欣赏古齐文化的艺术作品,了解古齐文化艺术的特点。由此,青少年可以在学习过程中,全面了解和掌握古齐文化的各个方面。

（4）促进跨学科综合能力的培养。通过将古齐文化教育内容与不同学科教学相结合,旨在促进青少年跨学科综合能力的培养。在学习过程中,青少年不仅可以提高自己在各学科领域的学习成绩,还可以培养自己的综合素质和创新能力。

（5）注重实践性和应用性。在教材编写过程中,注重实践性和应用性,使古齐文化教育内容与现实生活及社会实践相结合。例如,在教学中,组织青少年参观博物馆、遗址等地,让他们亲身体验古齐文化的魅力;此外,设置一些实际操作任务,如模拟考古、修复古文物等,让青少年在实践中学习和掌握古齐文化。

## （六）进行试用和修订

在完成教材的初稿后,选择一些具有代表性的学校进行教材试用,这些学校可以是包括小学、初中和高中等不同年级的学校。这样可以更全面地了解教材在不同年级和学科的适用性。

（1）发放试用教材。向选定的学校发放试用教材,供教师和青少年使用。同时,提供相应的教学指导和建议,以帮助教师更好地利用教材进行教学。

（2）收集反馈意见。在试用过程中,积极收集教师和青少年的反馈意见。这些反馈意见可以包括教材的内容、结构、难度、趣味性等方面的评价,以及教学过程中的优点和不足。通过问卷调查、座谈会、电话采访等方式,全面了解教师和青少年的意见和建议。

（3）分析和处理反馈意见。对于收集到的反馈意见,进行认真的分析和处理。对于教材中存在的问题和不足,根据实际情况进行修订和完善;对于教材的优点和亮点,予以保留并进一步优化。

（4）修订和完善教材。根据反馈意见,对教材进行修订和完善,以使教材更加符合教育需求和青少年的学习特点。例如,调整教材的内容和难度,使之更好地适应不同年级的青少年;增加一些趣味性和互动性的元素,提高青少年的学习兴趣和参与度。

（5）再次试用和修订。在完成教材的修订之后,再次进行试用,以检验教材的改进效果。如果仍然存在问题,根据实际情况进行进一步的修订和完善。

## 四、开展古齐文化教育教学活动

古齐文化是我国传统文化的重要组成部分,承载着深厚的历史底蕴和丰富的文化内涵。为了更好地传承和弘扬古齐文化,开展古齐文化教育教学活动是非常必要的。

## （一）教学计划和课程设置

在教学计划和课程设置方面，需要根据不同年级和学科的特点，制订详细的教学计划和课程设置，将古齐文化知识融入日常教学和课程中。例如：

通过生动的故事和插图，让青少年初步了解古齐文化的基本知识和特点，激发他们对古齐文化的兴趣。在语文课上，选取一些古齐文化的成语故事或寓言故事，让青少年在阅读中了解古齐文化；在美术课上，让青少年欣赏一些古齐文化的艺术作品，如古代壁画、陶瓷等，培养他们的审美能力。

增加一些关于古齐文化的课程，如"古齐历史""古齐文学欣赏"等，让青少年更深入地了解古齐文化的各个方面。在历史课上，增加有关古齐历史的篇章，让青少年了解古齐文化的起源、发展和影响；在语文课上，选取古齐文化的经典作品，如《论语》《孟子》等，让青少年领略古齐文化的文学魅力和思想内涵。

进一步深化古齐文化的教学内容，将古齐文化与高考科目相结合。在语文课上，深入学习古齐文化的经典作品，并分析古齐文化在文学作品中的表现和影响；在历史课上，对古齐文化的历史事件和人物进行深入分析，培养青少年的历史观和批判性思维；在政治课上，结合古齐文化的思想观念，如儒家思想、道家思想等，让青少年了解古齐文化对现代社会的启示和影响。

设置一些关于古齐文化的选修课程，如"古齐文化研究""古齐文学批评"等，让青少年更深入地研究古齐文化。开展一些与古齐文化相关的实践活动，如考古实习、古籍整理等，让青少年在实践中感受古齐文化的魅力，培养他们的研究能力和创新能力。

## （二）开展实践活动

开展实践活动是教育中不可或缺的一部分，它能帮助青少年将课堂所学知识与实际生活相结合，提高青少年的实践能力和综合素质。

（1）参观古齐文化遗址。组织青少年参观与古齐文化遗址，如齐国故城、古齐长城等，让他们亲身感受古齐文化厚重的历史。通过现场参观和讲解，青少年可以直观地了解古齐文化的历史背景和重要事件，加深对古齐文化的认识和理解。

（2）游览历史博物馆。安排青少年参观古齐文化相关的历史博物馆，如齐国博物馆、临淄齐文化博物馆、广饶乐安博物馆等。在这些博物馆中，青少年可以亲眼目睹古齐文化的珍贵文物，如青铜器、玉器、陶器等，感受古齐文化的艺术魅力和丰富内涵。

（3）文化景点游学。组织青少年参观一些具有古齐文化特色的文化景点，如孙武祠等，让他们了解古齐文化的思想观念和宗教信仰。此外，安排青少年游览一些古齐文化名山胜景，如崂山、泰山等，感受古齐文化的自然景观和人文气息。

（4）举办主题讲座。邀请专家、学者和教师举办古齐文化主题讲座，介绍古齐文化的历史背景、文化内涵和重要事件等，引导青少年了解和学习古齐文化。通过讲座，青少年可以更全面地了解古齐文化的各个方面，提高他们的文化素养和批判性思维。

（5）组织互动体验活动。组织青少年参与一些与古齐文化相关的互动体验活动，如模拟考古、修复古文物等。通过这些活动,青少年可以亲身体验古齐文化的魅力,提高他们的实践能力和创新思维。

（6）举办创作展示活动。鼓励青少年通过书法、绘画、诗歌、散文等形式,表达自己对古齐文化的理解和感悟。可以定期举办青少年作品展示活动,让青少年互相交流和学习,提高他们的审美能力和艺术素养。

## （三）将古齐文化融入校园文化建设

为了更好地营造校园文化氛围,可以将古齐文化融入校园文化建设中。

（1）宣传栏专题。在校园宣传栏中可以开设有关古齐文化的专题栏目,系统地介绍古齐文化的历史背景、发展过程、文化特点和重要事件等。通过生动丰富的图文展示,青少年可以在课余时间了解更多关于古齐文化的知识,从而增强他们对古齐文化的认识和理解。

（2）校园广播。在校园广播中可以播放有关古齐文化的音乐、诗歌和故事等,让青少年在听觉上感受古齐文化的魅力。例如,播放古齐文化的经典曲目、诗歌朗诵,以及讲述古齐文化的历史故事等,让古齐文化成为校园中不可或缺的一部分。

（3）文艺比赛。在文艺比赛中可以设置有关古齐文化的比赛项目,让青少年通过比赛感受古齐文化的魅力。例如,举办古齐文化知识竞赛、书法比赛、绘画比赛、诗歌创作比赛等,让青少年在参与过程中更深入地了解古齐文化,并激发他们对古齐文化的兴趣。

（4）主题教育。可以组织主题教育,如古齐文化讲座、座谈会、展览等,让青少年更加深入地了解古齐文化的内涵。通过这些活动,青少年可以与专家学者互动交流,提高自身的文化素养和批判性思维。

（5）创意设计。鼓励青少年在建筑设计、环境设计、产品设计等方面,运用古齐文化的元素和特点,创造出具有古齐文化特色的创意作品。这样既可以培养青少年的创新思维和实践能力,也可以让古齐文化在校园中焕发出新的生机。

## （四）建立评价和反馈机制

开展评价和反馈对于提高教育教学质量具有重要意义。为了更好地进行古齐文化教育,建立一套完善的评价和反馈机制,以便及时了解青少年的学习情况和意见反馈,对教育教学活动进行总结和反思,从而不断改进和提高古齐文化教育教学的效果。

（1）评价指标体系。制定一套科学、系统、全面的古齐文化教育评价指标体系,涵盖青少年对古齐文化知识的理解、应用、评价和创造等方面。通过这些评价指标,可以全面了解青少年对古齐文化的掌握程度和教育教学活动的有效性。

（2）评价方法。采用多种评价方法,如课堂观察、课堂问答、小组讨论、模拟实践、课后作业等,以全面、客观地评价青少年的学习情况。同时,可以邀请专家学者、教师和青少年共同参与评价,提高评价的准确性和公正性。

（3）反馈机制。建立有效的反馈机制,让青少年、家长和教师能够及时进行沟通和交流,共同解决古齐文化教育过程中遇到的问题。例如,可以设立意见箱、举办家长座谈会、组织教师研讨会等,让青少年、家长和教师充分表达自己的意见和建议,为教育教学活动提供有益的反馈。

(4)反思与改进。根据评价和反馈结果,对教育教学活动进行总结和反思,找出存在的问题和不足,制定相应的改进措施。同时,鼓励教师进行教育教学研究,探索古齐文化教育的新方法、新途径,从而不断提高教育教学质量。

(5)激励与表彰。对于在学习古齐文化方面表现优秀的青少年,可以给予适当的激励和表彰,激发他们学习古齐文化的兴趣和积极性。同时,也可以通过表彰在古齐文化教育工作中做出突出贡献的教师和家长,提高他们的教育自信心和荣誉感。

## 五、加强古齐文化传承与创新

古齐文化是我国传统文化的重要组成部分,具有深厚的历史底蕴和独特的文化魅力。然而,随着社会的快速发展,一些青少年对古齐文化的认识和了解程度越来越低,甚至有些青少年对其持冷漠态度。因此,加强古齐文化的传承与创新显得尤为重要。

### (一)创新课程与教学方法

为了更好地传承古齐文化,中小学应该采取更加有效的措施。学校可以加强古齐文化教育,通过开设相关课程、组织培训活动、提供实践机会等方式,让青少年更加深入地了解和学习古齐文化。同时,学校还可以尝试将古齐文化与现代生活相结合,创新教学内容和方法,例如将古齐文化的元素融入现代课程中,或者通过开展实践活动、探究式学习等方式,让青少年更加深入地了解和学习古齐文化。

(1)开发特色课程。结合古齐文化特色,开发一系列具有地域特色的课程,如古齐历史、古齐文学、古齐艺术、古齐哲学等。通过这些课程,青少年可以全面了解古齐文化的各个方面,从而更好地传承和发扬古齐文化。

(2)融入现代教育技术。运用现代教育技术,如网络、多媒体、虚拟现实等,为古齐文化教育提供丰富的教学资源和手段。这样既可以激发青少年的学习兴趣,也可以提高教育教学质量,为传承古齐文化创造良好的条件。

(3)创设情境教学。通过情境教学法,青少年可以身临其境地感受古齐文化。例如,课堂上模拟古齐文化时期的场景,让青少年扮演与古齐文化相关的角色,体验古齐文化生活方式、思想观念等。这种教学方法可以让青少年更加直观地了解古齐文化,提高学习效果。

(4)开展项目式学习。组织青少年进行项目式学习,让他们围绕古齐文化主题进行研究、探讨和创作。例如,青少年可以分组进行古齐文化遗址调查、古齐文化创意产品设计、古齐文化故事创作等活动。通过项目式学习,青少年可以在实践中深入挖掘古齐文化,培养他们的创新能力和团队协作精神。

(5)实施跨学科教学。将古齐文化与其他学科进行整合,实施跨学科教学。例如,将古齐文化与语文、历史、地理、美术等学科相结合,让青少年从多个角度了解和感受古齐文化的魅力。这种教学方法可以拓展青少年的知识视野,提高他们的综合素质。

## (二)促进与国内外其他学校的文化交流与合作

共同开展古齐文化的研究、创作和展示活动。通过交流与合作,可以促进古齐文化的传承与创新,提高青少年对古齐文化的认识和兴趣。同时,学校还可以支持和鼓励师生进行与古齐文化相关的创作活动,将古齐文化元素融入现代艺术和设计中。例如,可以组织师生进行绘画、雕塑、摄影等艺术创作,或者开展以古齐文化为主题的文学创作活动。

(1)建立合作平台。通过建立古齐文化教育合作平台,邀请国内外对古齐文化感兴趣的学校、机构、团体和个人参与,共同分享古齐文化的研究成果和创作经验。

(2)开展学术交流。定期组织古齐文化学术交流活动,邀请国内外的专家学者举办讲座、研讨会等,让青少年和教师有机会深入了解古齐文化的内涵和价值,提高自身的学术素养。

(3)合作举办活动。与其他学校共同举办古齐文化研究、创作和展示活动,如展览、演出、比赛等,让青少年有机会展示自己的才华,增强对古齐文化的自信心和自豪感。

(4)组织参观活动。安排青少年参观国内外古齐文化遗址、博物馆等地,让他们亲身体验古齐文化的魅力,增进对古齐文化的了解和热爱。

(5)创新合作模式。结合现代科技手段,如远程教育、网络交流等,开展与国内外其他学校的新型合作模式,共同推动古齐文化的研究、创作和展示活动。

## (三)与企业和个人合作

开发具有古齐文化特色的创意产品。例如,可以设计文化衫、纪念品、艺术品等,将古齐文化元素与现代产品相结合,为古齐文化注入新的生命力。同时,学校还可以建立古齐文化展示平台,展示和宣传古齐文化的成果和特色。可以设立展览馆、博物馆等场所,或者通过校园文化建设等方式,让更多的人了解和认识古齐文化。

(1)建立合作联盟。与对古齐文化感兴趣的企业和个人建立合作联盟,共同探讨古齐文化产品的开发与推广。通过联盟的形式,可以聚集各方的智慧和资源,为古齐文化产品的开发提供有力支持。

(2)开展市场调研。深入了解市场需求和消费者喜好,根据古齐文化的特点和优势,设计出具有市场潜力和吸引力的创意产品。

(3)创新设计理念。将古齐文化元素与现代设计理念相结合,以新颖、独特的设计风格展现古齐文化的魅力。例如,可以在文化衫、纪念品、艺术品等产品中融入古齐文化的图案、色彩、造型等元素,让产品具有较高的艺术价值和实用价值。

(4)加强宣传推广。通过各种渠道和方式,加大对古齐文化创意产品的宣传和推广力度。例如,可以在网络平台上开展宣传推广活动,吸引更多人的关注;或者组织线下展览、展示等活动,让更多的人亲身体验古齐文化创意产品的魅力。

(5)举办创意设计大赛。组织创意设计大赛,邀请国内外的设计师、艺术家和青少年参加,鼓励他们发挥自己的创意,为古齐文化设计出更多优秀的创意产品。

## 第二节　黄河三角洲儒家文化教育

　　黄河三角洲是一个地理位置独特的地方,这里不仅受到了齐文化和鲁文化的熏陶,还在儒家文化的传承和发展上取得了卓越的成就。黄河三角洲的文化底蕴深厚,源于古代先贤们对儒家文化的精研和传承,特别是对儒家经典《尚书》的深入研究和解读。

　　黄河三角洲出现了被誉为"欧阳八博士"的学派,他们以研究《尚书》为主,因其对儒家文化的深入理解和独特见解,得到了汉武帝的赏识,成为当时儒家文化的代表。

　　黄河三角洲的儒生们在科举考试中表现优异,进一步巩固了三角洲在儒家文化传承中的地位。这些优秀的儒生们为黄河三角洲带来了荣誉,增添了黄河三角洲的声望。

　　黄河三角洲的儒家文化独具特色,它是儒家文化与古齐文化的完美融合。黄河三角洲的武将和文官们,无论在战场上还是在日常生活中,都展现了儒家的精神风范,他们的行为和品质,无疑成为黄河三角洲儒家文化的重要组成部分。

　　儒家文化对黄河三角洲的影响深远,儒家文化的价值观,如尊敬上级、恭敬长辈等,已经深深植根于黄河三角洲人们的生活中。这种精神风范不但在家庭中得到传承,而且在社会中得到了广泛的认同和推崇。

　　黄河三角洲作为齐文化和鲁文化的交汇地,使儒家文化在这里得到了蓬勃的发展和传承。黄河三角洲在儒家文化传承中的重要地位,不仅源于古代先贤们的贡献,也来自儒生们在科举考试中的优异表现,以及武将和文官们的儒家精神风范,更得益于儒家文化对平民百姓生活的深远影响。这种文化的融合和延续,不仅丰富了黄河三角洲的文化底蕴,还为黄河三角洲的社会发展和进步注入了强大的力量。

　　在中小学开展黄河三角洲儒家文化教育,可以采取以下六大方面的措施。

### 一、融入课程

　　在历史、语文、道德与法治等课程中融入儒家文化内容,通过课堂教学让青少年了解儒家文化的内涵和价值。

#### (一)历史课

　　历史课上,教师可以讲述儒家思想的发展历程及其对我国历史的影响。

　　学习儒家思想的起源、演变和传承,不仅有助于我们更好地理解我国历史的脉络,也能让我们认识到儒家文化在历史发展中的重要地位。同时,儒家文化与其他文化的交融互鉴,从历史角度来看,可以培养青少年更加全面、客观的历史观。

（1）儒家思想的起源。儒家思想起源于春秋战国时期,其创立者为伟大的思想家孔子。孔子提倡仁、义、礼、智、信等,这与社会主义核心价值观导向一致,他还主张以道德教化引导人们向善。孔子的学说经过其弟子及后代的传承和发展,逐渐形成了儒家学说。战国时期,孟子、荀子等儒家学者对孔子学说进行了进一步发扬和补充,提出了性善论、礼治思想等观点,使儒家学说更加系统和成熟。

（2）儒家思想的演变。秦朝统一六国后,儒家学说受到了一定程度的压制。然而,在西汉时期,儒家学说得到了统治者的推崇,成为官方正统思想。董仲舒将儒家学说与阴阳五行学说相结合,提出了"天人合一"的观念,为儒家学说的发展注入了新的活力。自此,儒家学说在后世逐渐形成了以"四书五经"等经典著作为核心的丰富体系。

（3）儒家思想的传承。在历史长河中,儒家学说在传承过程中不断吸收其他文化的优秀成果,使自身更具包容性和影响力。从唐宋时期的儒家复兴,到明清时期的儒家改良,儒家学说在传承中不断发展、创新。尤其是宋明时期的理学家,他们在继承传统儒家思想的基础上,融入了道家、佛教等文化的精华,进一步丰富了儒家学说。

（4）儒家思想对我国历史的影响。儒家思想对我国历史的影响深远。从政治制度方面,儒家主张礼治、德治,提倡君子品格,对历代政治制度、官吏选拔、社会风气产生了积极的影响;从文化教育方面,儒家学说强调教育对国家、社会的重要性,推动了古代教育的繁荣,为我国培养了大量人才;从道德伦理方面,儒家提倡的仁爱、忠诚、诚信等价值观,对我国传统道德观念的形成产生了深远的影响。

## （二）语文课

语文课上,教师可以选取儒家经典著作进行解读,培养青少年的阅读理解能力和审美情趣。

在语文课上选取儒家经典著作进行解读,以培养青少年的阅读理解能力和审美情趣。通过分析儒家经典的文字、结构和意义,青少年可以更深入地理解儒家文化的内涵和价值观。此外,在语文教学中融入儒家文化,还可以激发青少年对传统文化艺术的兴趣,提高他们的审美素养。

（1）解读儒家经典著作。在语文课程中,选择《论语》《孟子》《大学》《中庸》等儒家经典著作进行解读。这些经典著作涵盖了儒家学说的核心思想,如仁爱、礼义、忠诚、孝顺等。通过对这些著作的阅读和解析,青少年可以更加全面地了解儒家文化的内涵和价值观。

（2）培养青少年的阅读理解能力。在解读儒家经典著作的过程中,教师指导青少年分析经典著作的文字、结构和意义。例如,在分析《论语》时,可以让青少年关注孔子的论述方式、语言特点及表达的思想内容。通过这样的训练,青少年可以逐步提高自己的阅读理解能力,从而能够更好地把握文章的主旨和作者的观点。

（3）培养青少年的审美情趣。在语文教学中融入儒家文化,激发青少年对传统文化艺术的兴趣,提高他们的审美素养。例如,在讲授古文、诗词等课程时,适当引入儒家思想,让青少年领略古人的智慧和审美趣味。此外,组织青少年欣赏古代书法、绘画等艺术作品,让他们感受儒家文化在艺术领域的独特魅力。

（4）提高青少年的文化素养。通过对儒家经典著作的解读,青少年能够更加深入地了解我国传统文化的精华,从而提高自己的文化素养。在理解儒家文化的基础上,青少年可以更好地认识我国历史的发展脉络,为未来的学习和生活打下坚实的基础。

### （三）道德与法治课

道德与法治课上,教师可以通过讨论儒家伦理道德观念,引导青少年树立正确的价值观和道德观。

儒家伦理道德观念强调仁爱、忠诚、孝顺、礼义等美德,这对培养青少年的道德品质具有重要的指导意义。在思想品德课中,教师可以运用儒家经典中的道德观念,结合现代社会的实际情况,引导青少年进行思考和讨论,使青少年更加明确自己的价值观和道德责任。

（1）传承儒家伦理道德观念。① 阅读经典:教师可以选取《论语》《孟子》等儒家经典著作,让青少年阅读并理解其中的伦理道德观念。例如,孔子提倡的"己所不欲,勿施于人"的仁爱观,孟子强调的"忠诚""孝顺"等道德品质,都是儒家伦理道德观念的重要内容。② 讲解分析:教师通过讲解和分析,使青少年更加深入地理解儒家伦理道德观念的社会主义核心价值观。例如,可以解释仁爱、忠诚、孝顺、礼义等美德在现代社会的实际意义和价值。

（2）实践儒家伦理道德观念。① 案例讨论:教师可以运用现实生活中的案例,引导青少年运用儒家伦理道德观念进行分析。例如,在讨论诚信问题时,可以引用儒家关于诚信的论述,让青少年思考在现实生活中如何践行诚信。② 角色扮演:组织青少年进行角色扮演活动,让青少年设身处地地感受儒家伦理道德观念在实际生活中的应用。例如,可以设置一些情景剧,让青少年扮演不同的角色,从而培养他们的道德判断和行为能力。③ 社会实践活动:鼓励青少年参与社会实践活动,将儒家伦理道德观念付诸实践。例如,组织青少年参加志愿者活动,如支教活动等,让他们在实际行动中体验仁爱、忠诚、孝顺、礼义等美德的实际意义。

（3）培养青少年正确的价值观和道德观。① 反思:引导青少年对自己的行为和观念进行反思,从而帮助他们树立正确的价值观和道德观。例如,可以让青少年反思自己在日常生活中是否做到了仁爱、忠诚、孝顺、礼义等。② 建立道德责任意识:通过讨论儒家伦理道德观念,使青少年认识到自己在家庭、学校、社会中承担的道德责任,从而培养他们对自己、对他人、对社会负责的品质。

## 二、开展实践活动

为了让青少年更好地了解和传承儒家文化,应定期举办与儒家文化相关的实践活动。这些活动可以包括参观儒家文化遗址、听儒家文化讲座、参加儒家文化体验活动等,让青少年通过亲身体验和感受,全面了解儒家文化的魅力。

## （一）组织青少年参观儒家文化遗址

这些遗址是儒家文化的见证,通过直观地了解这些遗址,青少年可以更好地了解儒家文化的传承与发展。

作为儒家文化的发源地,我国拥有丰富的儒家文化遗址。组织青少年参观这些遗址,如参观孔庙、孟庙等,是帮助他们了解儒家文化传承与发展的有效途径。这些遗址不仅是儒家文化的见证,更是中华民族智慧的结晶。通过直观地了解这些遗址,青少年可以更好地了解儒家文化的传承与发展,培养对儒家文化的尊重与认同。

（1）参观孔庙。孔庙,是纪念孔子的庙宇。它不仅是儒家文化的象征,也是中国古代教育的重要场所。在参观孔庙的过程中,教师可以安排专业的讲解员为青少年讲解儒家文化的相关知识,如孔子的生平、儒家的价值观等。此外,青少年还可以参观孔庙内的历史文物和古迹,如孔子雕像、碑刻等,从而对儒家文化有更深入的认识。

（2）参观孟庙。孟庙,是纪念孟子的庙宇。孟子是儒家学说的另一位杰出代表,他的思想对后世也产生了深远的影响。在参观孟庙的过程中,青少年可以了解到孟子的生平和成就,以及他对儒家学说的发展和贡献。此外,青少年还可以参观孟庙内的文物和古迹,如孟子雕像、碑刻等,感受儒家文化的魅力。

（3）参观其他儒家文化遗址。除了孔庙、孟庙之外,还有许多其他儒家文化遗址值得参观,如颜庙、曾庙等。这些遗址分别纪念了颜回、曾参等儒家学者的贡献,展示了儒家文化丰富的内涵和多元化的发展。组织青少年参观这些遗址,可以让他们更全面地了解儒家文化的传承与演变,加深对儒家文化的认识。

（4）参观后的思考与讨论。在参观儒家文化遗址之后,组织青少年进行思考和讨论,引导他们将参观后的收获与课堂学习相结合。例如,让青少年分享他们对儒家文化的认识和感受,讨论儒家文化在现代社会的意义和价值等。这样的思考和讨论有助于提高青少年对儒家文化的兴趣和认同感,激发他们传承和弘扬儒家文化的自觉性。

## （二）邀请专家为青少年进行有关儒家文化的讲座

为了使青少年更深入地理解儒家文化的内涵,邀请不同领域的专家为青少年进行与儒家文化相关的讲座。专家可以就儒家文化的演变、内涵和现代价值等方面进行深入讲解,帮助青少年全面认识儒家文化的意义和价值。

（1）专家讲座内容。① 儒家文化的演变:专家可以从历史发展的角度,讲解儒家文化的起源、演变过程及重要阶段。例如,可以介绍儒家文化在春秋战国时期的诞生,汉唐时期的繁荣,宋明时期的传承与发展等。② 儒家文化的内涵:专家可以详细阐述儒家文化的核心价值观,如仁爱、忠诚、孝顺、礼义等,并解释这些价值观在古代社会和现代社会中的实际意义和价值。③ 儒家文化的现代价值:专家可以讨论儒家文化在现代社会中的应用和价值,如在道德教育、人际关系、企业管理等方面的实践意义。这有助于培养青少年将儒家文化融入现代生活的意识和能力。

（2）青少年互动环节。在讲座过程中,组织青少年提出问题和讨论问题,让青少年与专家进行互动。这将有助于青少年进一步巩固他们对儒家文化的理解,提高他们的思考和表达能力。例如,青少年可以就讲座内容提出自己的疑问和见解,与专家进行交流和探讨。

(3)邀请不同领域的专家。为了让青少年更全面地认识儒家文化的内涵,邀请不同领域的专家,如历史学家、哲学家、文学家等,从不同角度解读儒家文化。例如,历史学家从历史的角度讲解儒家文化的演变过程,哲学家阐述儒家文化的哲学内涵,文学家分析儒家文化对文学的影响,等等。

## (三)组织青少年参加儒家文化体验活动

为了让青少年更直观地感受儒家文化的韵味,组织一系列儒家文化体验活动,如书法、古琴、围棋等。这些活动既能让青少年在实践中体验儒家文化的魅力,也有助于锻炼他们的技艺和修养。

(1)书法体验活动。书法是儒家文化中重要的艺术表现形式,通过书法体验活动,青少年可以学习书法的基本技巧,感受儒家书法的艺术魅力。在活动中,教师可以邀请专业的书法家为青少年讲解书法的历史、演变和基本技法,如笔画的起笔、运笔和收笔等。青少年可以在练习中体验书法的韵味,培养对书法艺术的热爱。

(2)古琴演奏活动。古琴是儒家音乐的代表,演奏古琴是儒家文化的一种重要体验。在古琴演奏活动中,青少年可以学习古琴的演奏技巧,体验儒家音乐的优美与和谐。教师可以请专业的古琴演奏家为青少年讲解古琴的历史、制作工艺和演奏技巧,引导青少年感受古琴音乐所传达的儒家思想。

(3)围棋比赛。围棋是儒家文化中的重要棋类游艺,参加围棋比赛可以锻炼青少年的思维能力和竞争意识,同时也能了解儒家围棋的传统文化。在围棋比赛中,教师可以讲解围棋的历史、规则和战略技巧,引导青少年将儒家文化中的智慧运用到围棋比赛中。

(4)儒家经典诵读活动。儒家经典诵读是儒家文化教育的重要环节。组织青少年参加儒家经典诵读活动,让他们亲身体验儒家经典的韵味。教师可以指导青少年正确地诵读儒家经典,讲解经典中的重要思想和道德观念,引导青少年深入理解儒家文化的内涵。

(5)传统礼仪学习活动。传统礼仪是儒家文化的重要组成部分。通过传统礼仪学习活动,青少年可以亲身体验儒家文化的韵味。教师可以讲解儒家礼仪的起源、演变和重要内容,如揖礼、跪拜礼等,并指导青少年进行实际操作,让他们更好地了解儒家礼仪的精神。

## 三、举办主题活动

为了让青少年更好地了解和传承儒家文化,应定期举办与儒家文化相关的主题活动。这些活动可以包括儒家文化节、儒家文艺演出、儒家传统体育比赛等,通过丰富多样的形式,让青少年全面感受儒家文化的魅力。

## (一)举办儒家文化节活动

为了让青少年更全面地了解儒家文化的各个方面,举办儒家文化节活动。通过展览、演出、讲座等形式,让青少年能够更直观地感受儒家文化的魅力,从而深入理解儒家文化的内涵。

在展览环节,准备儒家经典著作、古代儒家学者的生平事迹、儒家礼仪服饰等内容,让青少年对儒家文化有更直观的认识。在展览现场,布置精美的展板和实物展示,吸引青少年驻足观看。通过观看这些展览内容,青少年可以了解儒家文化的源远流长、博大精深。

在演出环节,安排青少年表演儒家经典故事、儒家诗词朗诵等节目,让他们在参与中感受儒家文化的韵味。例如,可以让青少年表演《论语》中的故事,如孔子与颜回的故事、子贡问政等,通过生动的表演,青少年能够更加深入地理解儒家经典中的智慧。此外,还可以让青少年朗诵儒家诗词,如《诗经》《楚辞》等,感受儒家诗词的优美与和谐。

在讲座环节,可以邀请专家学者对儒家文化进行深入的讲解,帮助青少年理解儒家文化的内涵。专家们可以从历史、哲学、教育等多个角度讲解儒家文化,让青少年全面了解儒家文化的各个方面。在讲座过程中,青少年可以通过提问和讨论问题,与专家学者进行互动,从而提高他们对儒家文化的认识。

为了激发青少年对儒家文化的学习兴趣,提高他们的文化素养,组织青少年进行儒家文化知识竞赛。竞赛可以分为个人答题和团队协作答题两个环节,题目内容包括儒家经典、儒家历史、儒家思想等方面。通过竞赛,青少年可以检验自己对儒家文化的掌握程度,发现自己的不足之处,并在今后的学习中加以改进。

### (二)组织儒家文艺演出

为了让青少年更好地领略儒家文化的艺术魅力,培养他们自身的文化素养,可以组织一系列儒家文艺演出。在这些演出中,可以呈现儒家文化的各种艺术形式,如佾舞、古琴演奏、书法展示等,让青少年在欣赏和学习中感受儒家文化的魅力。

佾舞是儒家文化中一种独特的舞蹈形式,是源于古代的一种礼仪舞蹈。在演出中,青少年可以欣赏到佾舞表演,感受其优雅、庄重的舞姿所传达的儒家礼仪精神。通过参与佾舞表演,青少年可以锻炼自己的表现力和团队协作能力,同时也能加深对儒家文化的理解。

古琴是儒家文化中的代表性乐器,其演奏风格以优美、和谐、清雅著称。在演出中,青少年可以欣赏到古琴演奏,感受儒家音乐所传达的宁静、淡泊、儒雅的气息。通过学习古琴演奏,青少年可以培养自己的审美能力和音乐素养,同时也能更好地理解儒家文化的内涵,特别是理解儒家"六艺"中的"乐"的内涵。

书法是儒家文化中重要的艺术表现形式,以其独特的线条美和韵律感吸引了无数文人墨客。在演出中,青少年可以欣赏到书法展示,感受儒家书法艺术的魅力。通过参与书法展示,青少年可以提高自己的书法技巧,培养对书法艺术的热爱,同时也能更好地理解儒家文化中的审美观念。

除了上述艺术形式外,还可以安排青少年进行诗朗诵、对联比赛、成语接龙等文艺表演,让他们在参与中感受儒家文化的韵味。这些活动可以锻炼青少年的语言表达能力、思维能力和创造力,有助于他们全面发展。

## （三）举办儒家传统体育比赛

为了让青少年更深入地了解儒家文化的传统体育观念和精神,同时锻炼他们的身体素质和培养他们的团队协作精神,我们决定举办一场儒家传统体育比赛。

在比赛中,我们将安排一系列儒家传统体育项目,如射箭、蹴鞠、太极拳等。这些项目不仅可以锻炼青少年的身体素质,还可以培养他们的团队协作精神和竞争意识。例如,在射箭比赛中,青少年可以学习儒家礼仪中的射艺,感受古代儒家学子修身养性的精神;在蹴鞠比赛中,青少年可以体验古代足球运动的乐趣,了解儒家对体育运动的重视;在太极拳比赛中,青少年可以学习太极拳的套路和要领,感受儒家武术的柔和与力量。

除了传统体育项目外,还可以邀请青少年参加儒家文化主题的趣味运动会。在趣味运动会中,设置一系列与儒家文化相关的比赛项目,如经典诵读接力赛、儒家礼仪知识竞赛等。通过这些寓教于乐的活动,青少年可以在轻松愉快的氛围中感受儒家文化的魅力。

为了确保比赛的顺利进行,成立专门的比赛筹备小组,主要负责制订比赛规程、选拔裁判员和安排比赛场地等事宜。在比赛过程中,遵循公平竞争和友谊第一的原则,教育青少年在比赛中发扬儒家精神、尊重对手、积极进取。

比赛结束后,将对比赛成果进行总结和表彰。对于表现优异的青少年,颁发奖品以资鼓励。同时,我们将组织青少年进行座谈交流,分享他们在比赛中的收获和感悟,以期进一步提高他们对儒家文化的认识和理解。

## （四）组织儒家文化巡讲活动

为了让青少年对儒家文化有更为深入的理解,组织儒家文化巡讲活动。此类活动将邀请知名学者和专家走进校园,为青少年讲解儒家文化的演变、内涵和现代价值。

（1）邀请知名学者和专家举办讲座。邀请在儒家文化研究领域的知名学者和专家,为青少年讲解儒家文化的相关知识。讲座内容将涵盖儒家文化的起源、发展、主要思想,以及其在现代社会的价值。通过这些讲座,青少年可以对儒家文化有一个全面的认识,深入了解儒家文化的内涵和意义。

（2）组织青少年参观儒家文化遗址。安排青少年参观儒家文化遗址,如孔庙、孟庙等。通过实地参观,青少年可以更直观地感受到儒家文化的氛围,对儒家文化产生敬畏和热爱之情。在参观过程中,青少年可以亲身体验古代儒家学子的生活环境,了解儒家文化的传承和发展历程,从而更好地领悟儒家文化的精髓。

（3）举办儒家文化主题沙龙。在活动期间,组织儒家文化主题沙龙,邀请学者、专家与青少年进行面对面交流。在沙龙中,青少年可以就讲座内容提出自己的疑问和见解,从而与专家学者进行深入的探讨。此外,青少年还可以分享自己在参观儒家文化遗址时的所思所感,与其他同学共同交流学习心得。

（4）总结与反思。活动结束后,组织青少年对此次活动进行总结和反思。青少年可以撰写心得体会,分享自己在活动中的收获和感悟。通过总结和反思,青少年可以巩固所学知识,提高对儒家文化的认识和理解。

## 四、加强师资培训

为了更好地传承和弘扬儒家文化,教师进行儒家文化教育和培训显得至关重要。这将有助于提高教师对儒家文化的认识和理解,从而更好地传授给青少年。

### (一)制订教师儒家文化培训计划

为了促进教师对儒家文化的了解和传承,提高教师的儒家文化素养,学校和教育部门应制订详细的教师儒家文化培训计划。计划应包括以下五个方面内容。

(1)培训目标。提高教师对儒家文化的认识和理解,使教师能够全面、系统地掌握儒家文化的基本知识、主要思想和现代价值;增强教师传承和弘扬儒家文化的使命感和责任感,激发教师在教育教学中融入儒家文化的热情和积极性;提升教师的师德修养,强化教师对儒家礼仪、道德的教育实践能力。

(2)培训内容。儒家文化基础知识:儒家文化的起源、发展历程、代表人物及其思想等内容;儒家文化的主要思想,如仁爱、礼治、中庸、孝道等核心观念。儒家文化的现代价值,探讨儒家文化在现代社会的应用价值和意义;儒家文化在教育实践中的运用,如何将儒家文化融入课堂教学和师德修养等方面。

(3)培训方式和时间。① 培训方式:采取专题讲座、研讨会、案例分析、教学实践等多种形式进行,以提高培训的针对性和实效性。② 培训时间:根据教师的实际需求和水平,分阶段、分层次进行培训,确保培训的持续性和连贯性。具体时间可安排在寒暑假、周末或工作日的晚上。

(4)培训效果评估。教师参加培训的出勤率、参与程度和互动情况;教师对培训内容的掌握程度,可通过笔试、课堂表现等方式进行评估;教师在教育教学中运用儒家文化的实际效果,可通过教学观摩、青少年评价等方式进行评估。

(5)培训与个人发展规划相结合。鼓励教师在参加儒家文化培训的过程中,结合个人的发展规划,有针对性地提升自己在儒家文化方面的素养。学校和教育部门应提供必要的支持和指导,如提供相关书籍、资源,为教师安排导师等。

### (二)开展儒家文化研讨会

为了进一步加强教师对儒家文化的认识和理解,提升教育教学质量,定期组织教师参加儒家文化研讨会。通过邀请专家学者对儒家文化的核心理念、历史演变、经典著作等内容进行讲解和探讨,帮助教师深入了解儒家文化,掌握相关的教育方法和策略。

(1)研讨会内容安排。① 儒家文化的核心理念:研讨会将重点讲解儒家文化的核心理念,如仁、义、礼、智、信等,使教师对儒家文化的道德观念有更深刻的理解。② 儒家文化的历史演变:通过讲解儒家文化的发展历程,让教师了解儒家文化在不同时期的特点和演变,从而更好地把握儒家文化的内涵。③ 儒家文化的经典著作:介绍儒家经典著作,如《论语》《孟子》等,使教师熟悉儒家经典的内容和价值,为教育教学提供丰富的素材。④ 儒家文化在教育实践中的应用:探讨如何将儒家文化融入课堂教学,以及如何运用儒家文化理念进行师德修养和教育管理。

（2）研讨会形式与安排。采用讲座、小组讨论、案例分析等形式进行，以增强研讨会的互动性和实效性。时间安排在寒暑假、周末或工作日的晚上进行，以方便教师参加。每次研讨会结束后，组织教师进行总结和反思，分享学习心得和教学经验。

（3）研讨会成果与反馈。教师对儒家文化知识和教育方法策略的掌握程度，可通过笔试、课堂表现等方式进行评估。教师在教育教学中运用儒家文化的实际效果，可通过教学观摩、青少年评价等方式进行评估。收集教师对研讨会的意见和建议，对研讨会进行持续改进，提高研讨会的质量。

## （三）举办儒家文化培训班

为了满足教师对儒家文化的学习需求，提升教师的儒家文化素养，我们决定举办儒家文化培训班。通过提供系统的儒家文化课程，帮助教师全面了解儒家文化的内涵和应用，从而为教育教学注入更多的文化底蕴。

（1）培训班形式与安排。① 线上与线下相结合：为了方便教师随时随地学习，培训班采用线上与线下相结合的方式，线上课程可通过网络平台进行，线下课程可安排在周末或工作日的晚上。② 实践教学：在课程设置中加入实践教学环节，让教师通过实际操作掌握儒家文化的教育方法，从而提高教师在教育教学中运用儒家文化的实际效果。③ 优秀教师分享：邀请在儒家文化教学方面有丰富经验的优秀教师分享教学经验和心得，激发教师学习儒家文化的积极性，提升教师的教学水平。

（2）培训班管理与评估。培训班应设立专门的管理团队，负责课程安排、教师培训、学员管理等各项工作；对教师的学习进度和效果定期进行评估，及时了解教师的学习需求和困惑，调整课程内容和教学方式；鼓励教师积极参与培训班的各项活动，对于表现优秀的教师给予表彰和奖励。

## （四）组织教师参观儒家文化遗址

安排教师参观儒家文化遗址，如孔子故里、孟庙、颜庙等，让他们亲身感受儒家文化的氛围，更好地理解儒家文化的内涵。参观活动可以结合实地教学，让教师在实践中加深对儒家文化的认识。同时，参观活动还可以增进教师对历史文化的了解，丰富他们的教育教学素材。

（1）组织参观活动。① 提前安排：根据教师的时间和需求，提前制订参观计划，包括参观时间、地点、交通、住宿等。② 实地教学：在参观过程中，结合遗址的历史背景和文化内涵，进行实地教学，让教师在实践中加深对儒家文化的认识。③ 文化讲座：邀请专家学者为教师讲解儒家文化的相关知识，帮助教师更好地理解儒家文化的内涵。④ 互动交流：教师在参观过程中可以互相交流心得和感悟，分享对儒家文化的理解，激发学习儒家文化的热情。

（2）参观活动成果与反馈。教师对儒家文化的认识和理解，可通过参观后的感悟、心得分享等方式进行评估；教师在教育教学中运用儒家文化的实际效果，可通过教学观摩、青少年评价等方式进行评估;收集教师对参观活动的意见和建议,对活动进行持续改进,提高参观活动的质量。

## (五)鼓励教师参与儒家文化课题研究

为了进一步提升教师对儒家文化的认识,培养教师的专业素养和创新能力,可以鼓励教师参与儒家文化课题研究。通过深入探讨儒家文化的各个方面,为教育教学提供更为丰富的内容和素材,推动教育教学改革与发展。

(1)课题研究方向。① 儒家教育思想研究:分析儒家教育思想的核心观念,如"有教无类""因材施教"等,探讨其在现代教育体制下的应用价值。② 儒家经典解读:对儒家经典著作进行深入研究,挖掘其中的教育智慧,为教师提供更多教学素材。③ 儒家文化在现代教育中的应用:探讨如何将儒家文化融入现代教育教学中,以提高教育教学质量和培养青少年的道德素养。④ 儒家文化与其他文化的比较研究:分析儒家文化与其他文化的异同,促进教师对多元文化的理解和尊重。

(2)课题研究组织与实施。① 成立课题研究小组:由对儒家文化感兴趣的教师组成课题研究小组,共同开展研究活动。② 邀请专家学者指导:邀请具有相关研究经验的专家学者对教师进行指导,提供学术支持。③ 提供研究资源和时间:为教师提供充足的研究资源和时间,鼓励他们利用课余时间进行课题研究。④ 定期交流与分享:组织教师定期进行课题研究的交流和分享,互相学习、互相促进,提高研究水平。

(3)课题研究成果与应用。教师对儒家文化的认识和理解,可通过课题研究报告、论文发表等方式进行评估;将课题研究成果应用于教育教学中,观察青少年在儒家文化熏陶下的成长变化,评估教学效果;鼓励教师将课题研究成果在学术会议上进行交流和分享,提升教师在学术界的影响力。

## (六)建立激励机制

为了鼓励教师积极参加儒家文化教育和培训,提高教师队伍的整体素质,学校和教育部门应当建立一套完善的激励机制。通过评选优秀学员,给予职称晋升机会等措施,激发教师学习儒家文化的积极性,促进教师的专业发展。

(1)评选优秀学员。对于在儒家文化教育和培训中表现突出的教师,学校和教育部门应定期进行优秀学员评选。评选标准可包括学习态度认真、积极参与活动、学习成绩优秀、实践教学成果显著等。获得优秀学员称号的教师不仅可以获得荣誉证书,还可以在职称晋升、岗位竞聘等方面享受优先待遇。

(2)给予职称晋升机会。对于积极参加儒家文化教育和培训的教师,教育部门应给予职称晋升的机会。在职称评审过程中,可将教师在儒家文化教育和培训中的表现作为评审依据之一,让教师看到学习和实践儒家文化的价值。同时,职称晋升机制应公开透明,确保公平竞争。

(3)举办儒家文化教育成果展示活动。学校和教育部门可定期举办儒家文化教育成果展示活动,鼓励教师展示自己在儒家文化教育方面的优秀成果。这些成果可以包括教学设计、课堂教学实录、教育案例分析、青少年作品展示等。通过成果展示活动，教师可以互相学习、互相借鉴，进一步提高教育教学水平。

（4）提升教师的荣誉感和使命感。通过建立激励机制，积极参加儒家文化教育和培训的教师可获得荣誉和实惠，从而提升教师的荣誉感和使命感。教师将更加珍视儒家文化教育，将其内化为自己的教育理念，并在日常教学中传承和弘扬儒家文化。

## 五、建立合作机制

借助合作机制，共同开展儒家文化教育和推广活动，为青少年提供更多的学习和了解儒家文化的机会。

### （一）与博物馆合作举办儒家文化展览

为了进一步推广儒家文化，让青少年更直观地了解儒家文化的演变过程和实物载体，可以与当地博物馆合作，共同举办儒家文化展览。通过展览活动，增强青少年对儒家文化的认识和理解，丰富他们的学习体验。

（1）筹备展览内容。① 儒家经典著作展示：展示儒家经典著作的原本、复印件或拓本，如《论语》《孟子》《大学》《中庸》等，让青少年近距离感受儒家经典的独特魅力。② 古代器物展示：展示与儒家文化相关的古代器物，如礼器、乐器、书画、碑刻等，让青少年了解古代儒家教育的实物载体。③ 儒家人物介绍：介绍儒家学派的重要人物，如孔子、孟子、荀子等，通过生平事迹、思想贡献等方面的展示，让青少年对儒家人物有更全面的了解。

（2）邀请博物馆专家提供讲解服务。展览期间，邀请博物馆专家为青少年提供现场讲解，详细介绍展览内容，深入解读儒家文化的内涵和价值；组织青少年参加博物馆专家讲座，听取他们对儒家文化的独到见解，提高青少年对儒家文化的认识水平。

（3）组织青少年参与儒家文化主题日活动。① 孔子诞辰纪念日：在孔子诞辰纪念日等特殊日子时，组织青少年参加博物馆举办的儒家文化主题日活动，如祭孔仪式、儒家经典诵读、儒学讲座等。② 互动体验活动：组织青少年参与各种互动体验活动，如模拟古代儒家教育课堂，制作儒家礼仪道具等，让青少年在亲身体验中感受儒家文化的魅力。

（4）展览活动总结与反思。青少年参观展览后，可以通过撰写观后感、交流讨论等方式，分享自己对儒家文化的认识和理解；教师对青少年的学习表现进行评估，观察青少年对儒家文化的兴趣和参与程度，了解展览活动对青少年的影响；收集青少年、教师和博物馆专家对展览活动的意见和建议，对活动进行总结和反思，为今后活动提供借鉴。

### （二）与纪念馆合作开展儒家文化讲座

为了帮助青少年更系统地了解儒家文化的发展历程和主要思想，提高他们对儒家文化的兴趣和热爱，可以与当地纪念馆合作，共同开展儒家文化讲座活动。通过邀请专家为青少年讲解儒家文化的内涵、历史背景和价值，让青少年对儒家文化有深刻的认识。

（1）筹备讲座活动。① 确定讲座主题：根据青少年的年龄、学科背景和兴趣，与纪念馆共同确定讲座主题,如"儒家文化的起源与发展""儒家经典解读""儒家伦理观念与现代社会"等。② 邀请专家:邀请具有丰富儒家文化研究经验和教育实践的专家、学者担任讲座主讲人,确保讲座内容的准确性和吸引力。③ 宣传推广:通过学校公告、班级群等渠道,提前向青少年宣传讲座活动,激发青少年对儒家文化讲座的兴趣和期待。

(2)开展讲座活动。① 讲座现场:在纪念馆的会议室或其他适合举办讲座的场地,组织青少年参加儒家文化讲座。专家用生动的语言、丰富的案例,深入浅出地讲解儒家文化的内涵、历史背景和价值。② 互动环节:在讲座过程中,专家适时提出问题,鼓励青少年积极参与讨论,提高讲座的互动性和趣味性。③ 讲座记录:由学校工作人员或志愿者对讲座进行全程记录,包括专家讲解的内容、青少年的提问和互动的详情等,以便后期整理和分享。

(3)组织青少年参观纪念馆中的儒家文化相关展览。① 提前了解:在讲座开始前,提前了解纪念馆中与儒家文化相关的展览,为青少年提供参观指南。② 安排参观时间:在讲座活动的空闲时间,组织青少年有序参观纪念馆中的儒家文化相关展览,让青少年更直观地了解儒家文化的实物载体。③ 现场讲解:邀请纪念馆的讲解员或志愿者为青少年提供现场讲解,详细介绍展览内容,深入解读儒家文化的内涵和价值。

(4)讲座活动总结与反思。青少年参加讲座后,可以通过撰写心得体会、交流讨论等方式,分享自己对儒家文化的认识和理解;教师对青少年的学习表现进行评估,观察青少年对儒家文化的兴趣和参与程度,了解讲座活动对青少年的影响;收集青少年、教师和纪念馆专家对讲座活动的意见和建议,对活动进行总结和反思,为今后的讲座活动提供借鉴。

## (三)与儒家文化机构共同举办活动

为了让青少年更深入地了解儒家文化的各个方面,培养他们对儒家文化的兴趣和热情,可以与当地儒家文化机构合作,共同举办各类儒家文化活动。通过举办经典诵读比赛、儒家故事演讲比赛等活动,让青少年在参与过程中感受儒家文化的魅力。

(1)筹备活动。① 确定活动主题:根据青少年的年龄、学科背景和兴趣,与儒家文化机构共同确定活动主题,如"儒家经典诵读比赛""儒家故事演讲比赛"等。② 制定活动方案:明确活动的目标、内容、时间、地点、参与人员等,确保活动顺利进行。③ 宣传推广:通过学校公告、班级群、社交媒体等渠道,提前向青少年进行宣传,激发青少年对儒家文化活动的兴趣和期待。

(2)举办活动。① 经典诵读比赛:组织青少年参加经典诵读比赛,选择儒家经典著作中的一段文字进行诵读。比赛可分为个人赛和团体赛,鼓励青少年积极参与。② 儒家故事演讲比赛:组织青少年参加儒家故事演讲比赛,要求他们选择一位儒家人物或一段儒家历史故事进行演讲。比赛可以分为初赛、复赛和决赛,选拔出最能够展现儒家精神的青少年。

(3)专家讲座。邀请儒家文化机构的专家为青少年举办讲座,讲解儒家文化的内涵、历史背景和价值,提高青少年对儒家文化的认识水平。

(4)活动进行中的指导与互动。青少年在参与活动过程中,由儒家文化机构的专家进行现场指导,确保青少年对儒家文化的理解准确、全面;设置互动环节,鼓励青少年提问、发表观点,与专家进行交流,提高活动的互动性和趣味性。

## (四)建立长期合作关系

为了更好地推广儒家文化,为青少年提供持续的儒家文化学习机会,可以与当地的儒家文化机构、博物馆、纪念馆等建立长期合作关系,定期开展儒家文化教育和推广活动。通过长期合作,实现资源共享、优势互补,共同推动儒家文化的传承和发展。

(1)合作内容。① 共同策划:与儒家文化机构、博物馆、纪念馆等共同策划儒家文化教育和推广活动,确保活动的专业性和针对性。② 活动举办:定期举办儒家文化讲座、展览、经典诵读比赛、儒家故事演讲比赛等活动,让青少年深入了解儒家文化的各个方面。③ 专家邀请:邀请儒家文化机构的专家、博物馆研究员、纪念馆讲解员等担任活动主讲人或指导老师,为青少年提供专业的指导意见。④ 资源共享:与合作伙伴共享教育资源、场地资源等,降低活动成本,提高活动效果。

(2)合作方式。① 签订合作协议:与合作伙伴签订长期合作协议,明确双方的权利和义务,确保合作的顺利进行。② 设立合作小组:成立专门的合作小组,负责活动的策划、组织和实施,确保活动的顺利进行。③ 定期沟通:与合作伙伴保持定期沟通,了解双方的需求和困难,共同解决合作中的问题。④ 评估与反馈:对合作活动进行评估和反馈,根据评估结果调整合作策略和计划,不断提高合作效果。

(3)合作成果。青少年通过参加定期举办的儒家文化活动和课程,可以更深入地了解儒家文化的各个方面,培养对儒家文化的兴趣和热情;合作伙伴可以借助合作活动,提高自身的社会影响力,推广儒家文化,传承中国优秀传统文化;学校和教育部门可以借助合作资源,丰富教育内容,提高教育质量,促进青少年的全面发展。

## (五)合作开发教育资源

与儒家文化机构、博物馆、纪念馆等合作开发儒家文化教育资源,如教材、教辅、线上课程等。这些教育资源可以帮助青少年更全面、更系统地学习儒家文化知识,增强学习效果。同时,还可以合作开发针对不同年龄段青少年的儒家文化教育课程,使得儒家文化教育更加贴近青少年的实际需求。

(1)与儒家文化机构深度合作。我们应当与专业的儒家文化机构建立紧密的合作关系,共同研发适合当代青少年的儒家文化教材和教辅。这些教材和教辅应当尽可能地贴近青少年的生活实际,引导青少年通过儒家文化的学习,理解并尊重传统文化,同时也能激发他们的创新精神。

(2)与博物馆、纪念馆等文化场所联手。博物馆、纪念馆等文化场所是青少年直观了解儒家文化的重要平台。我们应当与这些文化场所建立青少年参观学习的联动机制,让青少年在实地参观中,感受儒家文化的深厚底蕴和独特魅力。

(3)开发线上儒家文化课程。利用现代科技手段,开发一系列线上儒家文化课程。这些课程可以通过生动的视频、音频和互动教学等方式,让青少年在家就能轻松学习儒家文化,同时还能享受优质的教育资源。

（4）针对不同年龄段的青少年设计课程。针对不同年龄段的青少年,应该设计不同程度的儒家文化课程。例如,针对小学生,应从生活中的礼节、道德行为等入手,引导他们理解儒家文化的核心理念;对于中学生,需引导他们从历史和哲学的角度理解儒家文化等。

## （六）共同开展研究项目

为了深化对儒家文化的理解和认识,建议与儒家文化机构、博物馆、纪念馆等合作伙伴共同开展一系列研究项目,包括对儒家文化遗址进行考古发掘和研究、对儒家经典进行深入解读,以及探讨儒家文化在现代社会的应用价值等。这些研究项目既可以提高青少年对儒家文化的认识,也可以培养他们的学术研究能力。

（1）儒家文化遗址考古发掘和研究。① 合作发掘:与考古机构合作,共同对儒家文化遗址进行科学发掘,揭示遗址的历史、文化内涵和价值。② 研究解读:邀请历史学家、考古学家、文化学者等共同对发掘成果进行研究解读,提炼儒家文化的核心价值观和思想。③ 教育资源开发:将研究成果转化为教育资源,如编写考古发掘报告、制作教学视频等,帮助青少年更好地认识儒家文化。

（2）儒家经典深入解读。① 专家解读:邀请儒家文化专家、学者对儒家经典进行深入解读,提炼经典中的核心理念、价值观和智慧。② 课程设计:根据解读成果,设计适合不同年龄段青少年的课程,让青少年从经典中汲取儒家文化的精髓。③ 教育推广:将解读成果转化为教育资源,如编写教材、教辅,开设线上课程等,推广儒家文化教育。

（3）儒家文化在现代社会的应用价值探讨。① 社会调研:对现代社会进行调研,了解儒家文化在现代社会中的实际应用和价值。② 学术研讨:举办学术研讨会,邀请专家学者共同探讨儒家文化在现代社会中的应用价值,以及如何传承和发扬儒家文化。③ 教育实践:根据研讨成果,设计教育实践活动,让青少年将儒家文化融入实际生活,体验儒家文化的现代价值。

# 六、借助网络平台

借助网络平台,如学校网站、社交媒体等,向青少年和家长宣传儒家文化,提供学习资源和信息。

## （一）建立儒家文化网站专栏

为了推广和普及儒家文化,在学校网站上开设一个儒家文化专栏。在专栏发布儒家文化教育资讯、学习资源等内容,旨在帮助青少年和家长了解儒家文化的基本知识,感受儒家文化的魅力。

（1）发布儒家文化教育资讯。① 儒家文化历史背景:介绍儒家文化的起源、发展历程,以及重要历史事件,帮助大家更好地理解儒家文化的历史脉络。② 儒家文化主要思想:阐述儒家文化的核心价值观和思想,如仁、义、礼、智、信等,让青少年从小接受儒家思想的熏陶。③ 儒家文化经典著作:推介儒家经典著作,如《论语》《孟子》等,介绍这些著作的内容、作者背景及其在儒家文化中的地位。④ 儒家文化人物故事:讲述儒家文化历史上的著名人物,如孔子、孟子等,以及他们的生平事迹、学术贡献和影响。

（2）发布儒家文化学习资源。① 线上课程:发布线上儒家文化课程,涵盖儒家文化的各个方面,如思想、历史、经典著作等,方便青少年随时随地学习。② 教育资源:分享针对不同年龄段青少年的儒家文化教育资源,如教材、教辅、教学视频等,帮助青少年更好地学习儒家文化。③ 研究动态:发布儒家文化研究的最新动态和成果,吸引更多人关注儒家文化,推动儒家文化研究的深入发展。

（3）设立在线答疑板块。① 问题征集:鼓励青少年和家长在在线答疑板块提问,关于儒家文化的任何疑问都可以提出。② 专家解答:邀请儒家文化专家和教师对问题进行解答,保证解答的准确性和权威性。③ 互动交流:鼓励青少年和家长在答疑板块进行互动交流,分享自己的看法和心得,形成一个良好的学习氛围。

## （二）利用社交媒体宣传儒家文化

信息化社会,社交媒体已成为人们获取信息,交流互动的重要平台。为了更好地推广儒家文化教育利用微博、微信公众号、抖音等社交媒体平台,发布儒家文化的相关资讯、故事、视频等,让青少年和家长在手机上就能轻松获取儒家文化的信息。

（1）发布儒家文化相关内容。① 资讯推送:定期在微博、微信公众号等平台发布儒家文化的历史背景、主要思想、经典著作、人物故事等资讯,帮助青少年和家长了解儒家文化的基本知识。② 故事分享:在抖音、微信公众号等平台分享儒家文化中的经典故事、成语典故等,以生动有趣的方式传播儒家文化。③ 视频推广:在抖音、微博等平台发布与儒家文化相关的短视频,如儒家经典解读、儒家文化遗址介绍等,让青少年在短时间内获取丰富的儒家文化知识。

（2）举办儒家文化线上线下活动。① 儒家文化知识竞赛:通过社交媒体平台举办儒家文化知识竞赛,鼓励青少年和家长参与,提高他们对儒家文化的兴趣和认识。② 线上讲座:邀请儒家文化专家、学者在社交媒体平台上举办线上讲座,分享他们的研究成果和心得,让青少年和家长更深入地了解儒家文化。③ 互动话题:在社交媒体平台上发起关于儒家文化的互动话题,鼓励青少年和家长参与讨论,分享自己的看法和心得。

（3）创新形式吸引关注。① 趣味解读:在微信公众号上定期发布儒家文化小知识,以趣味性的形式吸引青少年和家长关注,让他们在轻松愉快的氛围中学习儒家文化。② 短视频推广:在抖音等短视频平台发布儒家文化相关的创意短视频,以新颖的方式传播儒家文化,吸引更多年轻用户的关注。

## （三）创设线上儒家文化交流平台

在信息化时代,网络已经成为人们学习、交流的重要途径。为了让青少年和家长更方便地了解和交流儒家文化,可以创设一个线上儒家文化交流平台。通过网络平台,如论坛、聊天室等,为青少年和家长提供一个可以自由交流儒家文化的场所。

（1）提供线上交流场所。① 设立儒家文化论坛:在网络平台上设立专门的儒家文化论坛,青少年和家长可以在此发帖、评论,分享自己对儒家文化的理解、感悟和提出自己的疑问。② 聊天室交流:开设儒家文化聊天室,提供一个实时交流的平台,让青少年和家长能够在线互相讨论,学习儒家文化。

（2）邀请专家和教师解答问题。① 邀请专家解答:在线上交流平台邀请儒家文化专家和教师入驻,回答青少年和家长在交流过程中遇到的问题,提供专业的讲解。② 教师辅导:鼓励教师参与线上交流,为青少年和家长提供学习建议和解答疑问,拉近他们与儒家文化的距离。

（3）分享学习资源和心得。① 学习资源共享:在线上交流平台,青少年和家长可以分享自己的学习资源,如教材、教辅、学习视频等,帮助其他人更高效地学习儒家文化。② 心得体会交流:鼓励青少年和家长在平台上分享自己的学习心得和体会,互相借鉴、学习,共同进步。

（4）举办线上活动。① 线上讲座:在线上交流平台举办儒家文化讲座,邀请专家和教师分享自己的研究成果和教学经验,让青少年和家长能够更深入地了解儒家文化。② 儒家文化知识竞赛:通过线上平台举办儒家文化知识竞赛,激发青少年和家长的学习兴趣,提高他们对儒家文化的认识。③ 创意作品征集:在线上平台征集与儒家文化相关的创意作品,如文章、绘画、摄影等,让青少年和家长在创作过程中更好地领悟儒家文化的精髓。

## （四）开发儒家文化网络课程

在网络技术高度发达的当今时代,应当充分利用网络平台的优势,开发儒家文化的网络课程,使青少年和家长能够在任何地方、任何时间学习儒家文化知识。

（1）多样化的网络课程形式。① 线上视频课程:结合网络平台,开发一系列儒家文化的线上视频课程。这些课程可以包括儒家文化的起源与发展、儒家思想解读、儒家经典著作导读等。青少年和家长可以在家中观看视频,学习儒家文化的知识。② 网络直播课程:通过网络直播平台,开设儒家文化的直播课程。青少年和家长可以在线观看教师的讲解,并实时与教师进行互动交流,提高学习效果。

（2）进行实时互动,增强学习效果。① 在线答疑:网络课程可以提供实时互动功能,青少年和家长在学习过程中遇到的问题可以随时向教师提问,教师会及时给予解答,以此来帮助青少年更好地理解儒家文化。② 学习讨论:在网络课程中设置学习讨论区,青少年和家长可以在讨论区发表自己的观点和疑问,与其他学习者进行交流,共同探讨儒家文化。

（3）开设特色课程,满足不同需求。① 经典著作解读:例如,开设线上《论语》解读课程,邀请专业教师对《论语》进行深入浅出的讲解,帮助青少年和家长深入了解儒家经典。② 儒家文化实践:还可以开设儒家文化实践课程,如礼仪培训、书法学习等,让青少年在实践中感受儒家文化的魅力。

（4）定期更新,保持课程的时效性。为了使网络课程内容保持时效性,要定期更新课程内容,加入最新的儒家文化研究成果和动态,让青少年和家长能够及时了解儒家文化的发展现状。

## 第三节　黄河三角洲凤凰城文化教育

利津凤凰城,是一座历史文化名城,它具有悠久的历史和丰富的文化底蕴。这座城市不仅在文化方面有着卓越的表现,还在商业领域展现出了惊人的活力。当地人们的商业头脑和勤奋努力,使得利津凤凰城在商业方面取得了非常出色的成绩。

利津凤凰城的商业活动繁荣,众多的商家和企业家在这里扎根。他们独具慧眼,擅长发现商机,且勇于冒险,不断探索新的商业领域。他们的创新精神使得许多具有市场前景的产品和服务得以问世,为当地带来了丰厚的经济收益。这些努力共同推动着利津凤凰城成了一个商业发达的小城。

除了个人的商业才能外,利津凤凰城的人们更加注重团队合作。他们深知,只有通过团结合作,才能取得更大的成功。在这里,你可以看到许多商人组成的商会和企业家协会,他们之间互相帮助,分享信息和资源,共同推动着当地商业的发展。

利津凤凰城的人们深知教育和培训的重要性,他们不断学习,提高自己的知识和技能,以适应市场的变化和需求。在这个城市里,你可以看到许多商业培训机构和学校,他们致力于培养新一代的商业人才,为当地商业的发展提供更多的支持。

利津凤凰城的文化也促进了商业的发展。这里的人们非常注重传统文化和习俗,并且将这些传统文化和习俗融入商业活动中。例如,利津凤凰城的特色小吃和手工艺品,深受游客和消费者的喜爱,已在当地形成特色产业。这些传统文化元素为当地商业活动注入了新的活力,吸引了更多的投资和人才。

值得一提的是,利津古城的形状宛如一只凤凰,特别是西门的官道一分为三,犹如凤凰尾巴上的三根长翎,使得这座古城被人们亲切地称为“凤凰城”。这无疑为利津凤凰城增添了更多神秘的色彩和魅力。

凤凰城文化教育,要秉承培养具有传统文化底蕴,擅长发现商机、勇于冒险、具备创新精神、善于团队合作、拥有高度责任感和使命感的优秀人才的理念,旨在为传承传统文化与培养创新人才贡献力量。为了实现这一目标,凤凰城的文化教育不仅注重理论知识的传授,还强调实践技能的培养,使青少年在学习丰富文化知识的同时,不断提高自己的实践能力,为将来的社会发展打下坚实的基础。

在中小学开展黄河三角洲凤凰城文化教育,可以采取以下三大措施。

### 一、充分体现实践与理论相结合的原则

在当今时代,仅仅掌握理论知识已经不能满足社会对人才的需求了。实践与理论相结

合的教育方式越来越受到重视。为了更好地培养青少年成为具有传统文化底蕴、具备创新精神的人才,在教授青少年传统文化知识的过程中,应当注重培养青少年的实际操作能力。

例如,在教授古代文学、哲学等课程时,不仅要引导青少年阅读经典著作,还可以组织青少年进行实践创作。通过诗词创作、书法练习等活动,使青少年在亲身体验中感受传统文化的魅力。这种实践与理论相结合的教育方式,可以帮助青少年更好地理解传统文化知识,并将其内化为自己的能力。

在诗词创作课程中,青少年不仅可以学习古代诗词的格律、修辞等理论知识,还可以在老师的指导下进行实践创作。通过创作属于自己的诗词作品,青少年可以更好地理解古人的创作思路和情感表达,从而提高自己的审美情趣和文化素养。

在书法练习课程中,青少年不仅可以学习书法的基本笔画、结构等理论知识,还可以在老师的指导下进行实际书写。通过反复练习,青少年可以逐渐掌握书法技巧,培养自己的耐心和毅力,同时也能更好地领略书法艺术的魅力。

为了使青少年能够更好地体验和理解传统文化,可以组织青少年参观凤凰城博物馆、文化遗址等地,让青少年在实际环境中感受传统文化的氛围。通过这些实践活动,青少年可以更直观地了解历史,感受传统文化的魅力,从而激发他们对传统文化的热爱和传承意识。

为了进一步提高青少年的实践能力,定期举办各类传统文化活动,如诗词朗诵比赛、书法展览等,让青少年有机会展示自己的才华,并在与他人交流的过程中不断提升自己的技能。这些活动不仅能够丰富青少年的校园生活,还有助于培养他们的团队协作能力和领导才能。

此外,还应注重培养青少年的跨学科综合运用能力。通过将传统文化知识与其他学科相结合,如科学、艺术等,帮助青少年形成全面、系统的知识体系。例如,在科学课上,青少年可以学习古代天文学、医学等知识,了解古人的科学成就;在艺术课上,青少年可以学习传统绘画、音乐等艺术形式,感受古人的艺术审美。

## 二、强调技能培训,提高青少年的实践能力

在当今社会,技能培训已经成为教育领域的一个重要议题。为了使青少年能够更好地适应社会发展的需求,学校应注重技能培训,提高青少年的实践能力。通过实践教学、实习安排和职业技能竞赛等方式,培养青少年的动手能力和实际操作能力,使他们能够在毕业后迅速融入职场,为社会做出贡献。

### (一)开设各种实践课程

开设商业模拟课程,以帮助青少年了解商业运营的基本原理。在这门课程中,青少年将通过模拟实际商业环境,如开设虚拟公司,进行市场分析,制定营销策略等,在实践中掌握商业技能。这样的实践学习方式使青少年能够亲身体验商业运营的各个环节,从而更好地理解商业知识。此外,商业模拟课程还可以培养青少年的风险意识,让他们学会如何

在竞争激烈的市场环境中制定合适的战略。

创业指导课程旨在培养青少年的创新精神和创业意识。在这门课程中,青少年将在老师的指导下学习如何进行市场调研、评估市场需求、制订商业计划、筹集资金等。通过理论教学与实际操作相结合的方式,引导青少年将所学知识应用于实际创业过程中,培养青少年的创新思维和创业能力。同时,这门课程还可以帮助青少年形成正确的创业理念,了解创业过程中可能遇到的挑战和问题。

团队协作课程着重培养青少年的团队合作能力。在这门课程中,青少年将通过参加各种团队活动,如小组讨论、项目合作、模拟演练等,在实践中学会协作、沟通和解决问题。这样的课程设置有助于提高青少年的沟通能力和协作能力,为他们将来进入职场做好准备。团队协作课程还可以提高青少年的领导力和项目管理能力,使他们在团队合作中发挥更大的作用。

### (二)与各类企业合作,为青少年提供实习机会

与各类企业合作,为青少年提供实习机会,这是一种非常有效的实践学习方式。青少年可以在真实的学习、工作环境中锻炼自己的能力,为将来的职业生涯做好准备。通过实习,青少年可以了解企业的工作流程、管理制度和文化氛围,从而更好地适应社会需求。同时,实习也为青少年提供了一个展示自己才能的机会,让青少年有机会脱颖而出,为自己的职业生涯赢得更多的发展机会。

积极与各类企业合作,建立实习基地,为青少年提供实习机会。学校可以与企业共同制订实习计划,确保实习内容与青少年的专业和兴趣相匹配,使青少年在实习过程中能够充分发挥自己的才能。此外,学校还应与企业保持密切沟通,了解企业对实习生的需求和期望,以便为青少年提供更加符合市场需求的实习机会。

加强对实习过程的监督和管理,确保青少年在实习过程中能够真正锻炼自己的能力。学校可以设立实习指导教师,负责跟踪青少年的实习进度,为青少年提供必要的指导和帮助。此外,学校还应定期组织实习经验分享会,让青少年分享彼此的实习经历和感悟,互相学习和借鉴。

关注青少年的实习成果,鼓励他们在实习过程中积极表现,为自己的职业生涯打下坚实的基础。学校可以设立实习成果展示平台,让青少年展示自己在实习过程中的优秀作品和成果,从而提高他们的自信心和职业竞争力。同时,学校还应加强对实习的评价和反馈,让他们了解自己在实习过程中的优点和不足,为今后的学习和职业发展提供参考。

### (三)定期组织青少年参加各类职业技能竞赛

定期组织青少年参加各类职业技能竞赛,是提高青少年实践能力、培养高素质技能型人才的有效途径。这些竞赛旨在检验青少年在实际操作中掌握的技能,并激励他们不断提高自己的实践能力。通过参加竞赛,青少年可以发现自己的优势和不足,进一步明确自己的职业发展方向。同时,竞赛成绩也可以作为评价青少年实践能力的重要依据,为青少年未来的发展提供有力支持。

根据专业特点和青少年的需求,定期组织各类职业技能竞赛。竞赛内容应紧密结合课程设置,以检验青少年在实际操作中掌握的技能。例如,可以组织编程比赛、设计大赛、模拟商业竞赛等,以便让青少年在比赛中锻炼自己的专业技能和实践能力。

加强对竞赛的组织和管理,确保竞赛的公平、公正和有序。学校可以设立专门的竞赛组织机构,负责制定竞赛规则、评审标准和赛事安排等工作。同时,学校还应邀请行业专家、企业代表等担任评委,以确保竞赛的专业性和权威性。

重视竞赛成果的运用,将竞赛成绩作为评价青少年实践能力的重要依据。学校可以设立奖学金、荣誉称号等激励机制,对在竞赛中取得优异成绩的青少年给予奖励。同时,还应加强对竞赛成果的宣传和推广,让更多青少年了解竞赛的意义和价值,激发他们参与竞赛的积极性。

关注青少年的竞赛反馈,及时调整竞赛内容和形式,为青少年提供更好的实践平台。学校可以组织竞赛总结会议,听取青少年对竞赛的意见和建议,以便在今后的竞赛中加以改进。同时,还应关注青少年在竞赛过程中的心理状况,为他们提供必要的心理健康支持和指导。

## 三、重视青少年的全面发展,培养他们的高度责任感和使命感

为了促进青少年的全面发展,培养他们的高度责任感和使命感,应采取多种措施。通过举办各类讲座、活动等,让青少年深入了解社会发展趋势,认识到自己的社会责任。

### (一)组织主题活动

定期邀请社会知名人士、专家和学者来校进行主题讲座。这些讲座内容可以涵盖当前社会的发展状况及未来的发展趋势,帮助青少年更好地把握自己的发展方向。例如,可以邀请经济学家来校讲解宏观经济形势,让青少年了解当前的经济环境及未来的发展趋势,从而更好地规划自己的职业发展。同时,也可以邀请社会学家来校讲解社会变迁和社会问题,让青少年更加关注社会现象。

组织各种主题活动,如主题展览、辩论赛、演讲比赛等,让青少年从不同角度探讨社会问题,提高他们的社会责任意识。例如,可以举办关于环保的主题展览,让青少年了解环境问题的严重性及保护环境的重要性;可以组织关于社会公正的辩论赛,让青少年探讨社会公正问题。

鼓励青少年参与社会实践活动,让他们亲身体验社会现实,增强他们的社会责任感。例如,可以组织青少年参加志愿者活动,让他们帮助弱势群体,体验社会责任的重要性;可以组织青少年参加社会调查活动,让他们深入了解社会问题。

### (二)积极倡导青少年参与社会公益活动

青少年应在服务社会的过程中培养自己的社会责任感和使命感。这些活动可以包括志愿服务、环保、支教、扶贫等,让青少年在实际行动中感受到自己的价值,明白自己对社

第二章 黄河三角洲文化教育具体实施

会负有的责任。

组织各种形式的志愿活动,如支教、扶贫、环保等,让青少年有机会亲身体验到为社会贡献自己的力量是一件非常有意义的事情。通过参与这些活动,青少年不仅可以提升自己的社会责任感,还可以在帮助他人的过程中,学会关爱、包容和合作,培养自己的团队协作能力和领导力。例如,支教活动可以让青少年体验到传授知识的重要性,培养他们的耐心和责任感;扶贫活动可以让青少年了解到贫困人口的现状,培养他们的同情心和关爱他人的精神;环保活动可以让青少年意识到保护环境的重要性,培养他们的环保意识和行动力。

在参与这些活动的过程中,青少年可以更深刻地理解到人生的意义不仅仅是追求个人的成功,更是要为社会做出贡献。这样的认识有助于青少年形成积极向上的人生观和价值观,使他们更加明确自己的责任和使命,从而更好地规划自己的人生道路。

### (三)制定严格的考核制度

对青少年的学习成绩、实践活动、志愿服务等方面进行全面的考核,鼓励青少年在各个方面都取得优秀的成绩。同时,对青少年在各项活动中的表现给予评价,让他们认识到自己在社会责任感方面的不足,从而在今后的学习和生活中不断改进。

制定严格的考核制度,确保青少年在学习成绩、实践活动、志愿服务等方面都得到全面的考核。学习成绩是青少年基本素质的体现,学校应加强对青少年学术成果的考核,鼓励他们在学术研究上追求卓越。此外,实践活动和志愿服务是培养青少年的社会责任感和使命感的重要途径,因此,学校应制订相应的评价标准,对青少年在这些方面的表现进行全面地评价和考核。

评价机制应综合考虑青少年在活动中的表现、付出的努力,以及取得的成果,使青少年明白自己在社会责任感的培养上还有哪些需要提升的地方。这样的评价机制有助于激发青少年的自我反思和自我意识的提升,使他们更加明确自己在社会方面的责任和使命。

设立一定的奖励机制,对在责任感培养方面表现突出的青少年给予表彰和奖励。这样的奖励机制可以激发青少年的积极性,使他们更加快速地投入社会责任感的培养过程中。同时,设立奖励机制也有助于树立榜样,使其他青少年向优秀榜样学习,从而提高整个学校青少年在责任感培养方面的水平。

### (四)注重培养青少年的自我管理能力

注重培养青少年的自我管理能力是教育中至关重要的一环。通过参加各类课程和活动,青少年可以锻炼自己的时间管理、情绪管理和压力管理的能力,从而能够更好地面对学习和生活中的挑战。这些能力对于青少年未来的成长和发展有着深远的影响,使他们能够在日益激烈的社会竞争中脱颖而出。

通过课程设置和活动安排,帮助青少年锻炼时间管理能力。时间管理是提高学习效率和生活质量的关键,青少年应该学会合理安排自己的时间,把握学习和休闲之间的平衡。学校可以开设时间管理课程,教授青少年如何制定计划,如何设定目标和分配时间,以便更好地完成任务。此外，学校还可以组织各种活动，如学术竞赛、志愿者活动等，让青少年在实际操作中学会如何合理分配时间，提高自己的时间管理能力。

关注青少年的情绪管理，培养他们面对压力和挫折的能力。情绪管理对于青少年的心理健康至关重要，良好的情绪管理能力有助于青少年保持积极的心态，更好地应对学习和生活中的困难。学校可以设立心理咨询室，为青少年提供心理咨询和辅导服务，帮助他们学会调节情绪、应对压力。此外，学校还可以组织各类团队活动，如篮球、足球等运动，让青少年在团队协作中学会如何处理情绪，增强抗压能力。

鼓励青少年参加各类兴趣班和社团活动，培养他们的兴趣爱好和特长，让他们在全面发展的过程中，找到自己的兴趣所在，为未来的职业生涯做好准备。兴趣爱好和特长的培养有助于青少年形成更加丰富和立体的人格，提高他们的自信心。这些特长和兴趣也有助于青少年在未来的职业生涯中找到合适的工作，实现自我价值。

黄河三角洲移民文化教育

　　黄河三角洲作为我国重要的移民区域,在历史上经历了多次大规模的人口迁移。这使得该地区的文化传统具有鲜明的多元性和包容性,呈现出丰富多样的风俗习惯和方言特点。

　　(1)强烈的适应性与创新性。黄河三角洲移民文化具有强烈的适应性,这主要得益于历史上多次移民潮的冲击。移民在此过程中,不仅要适应新的生活环境,还要面对不同地域文化的碰撞与融合。因此,他们善于学习、勇于创新,不断吸收、融合各种文化元素,形成了具有多元文化背景的移民文化。

　　(2)多元文化背景与风俗习惯的多样性。黄河三角洲的移民来自不同的地域,这使得该地区的风俗习惯呈现出多样性。例如,在婚俗、节庆、饮食、服饰等方面,既有传统的汉族习俗,又融入了其他民族元素的多元文化特点。这种风俗习惯的多样性,反映了移民对不同文化的包容与吸纳,同时也为当地的文化创新提供了丰富的素材。

　　(3)方言多样性与人文精神的体现。黄河三角洲的方言种类繁多,反映了移民来自不同的地域背景。在这些方言中,既有中原官话、山东方言等较大的方言体系,也有来自各地的地方方言。这种方言的多样性,体现了移民在交流、互动过程中对本土文化的坚守与传承,以及对多元文化的包容与尊重。

　　(4)兼容性与包容性。黄河三角洲移民文化具有兼容性和包容性,各种文化在此相互学习、相互影响。例如,在民间信仰方面,道教、佛教、伊斯兰教等多种宗教信仰在此共生共存,体现了当地移民文化的兼容性和包容性。

　　(5)创新与保守的矛盾。尽管黄河三角洲移民文化具有强烈的适应性和创新性,但在某些方面,人们仍然受到传统观念的束缚,言行和思考都受到了限制。这种创新与保守之间的矛盾,既体现了移民文化在面对新环境时的自我调适能力,也揭示了文化传承与创新过程中的曲折与艰辛。

　　黄河三角洲作为一个移民文化交融的地区,具有鲜明的文化特色。

## 一、加强黄河三角洲移民文化教育的研究和普及

　　黄河三角洲作为我国重要的移民区域,拥有丰富的移民文化资源。为了更好地传承和发扬这一独特的文化,我们应该加强对黄河三角洲移民文化的研究,挖掘其丰富的历史底蕴和人文精神,并将其融入教育教学中。

## （一）深入研究黄河三角洲移民文化

为了更好地推广和普及黄河三角洲移民文化，我们需要对这一文化进行深入的研究。通过收集整理历史文献、民间传说、口述历史等资料，全面了解黄河三角洲移民的历史背景、发展过程和影响因素。同时，对移民文化的特点、价值及其在当地经济、社会、文化等方面的贡献进行深入分析，为后续的教育普及提供理论支撑。

在研究过程中，需要关注以下四个方面。

（1）黄河三角洲移民的历史背景和发展过程。通过查阅历史文献，了解移民潮的起因、发展过程和移民的主要来源地区。此外，我们还需关注在移民过程中的重要事件和人物，以及移民与当地居民之间的互动关系。

（2）黄河三角洲移民文化的特点。研究移民文化在语言、习俗、宗教、艺术等方面的特点，以及这些特点是如何影响当地文化的发展的。同时，我们还需要探讨移民文化与本地文化的交融和演变过程。

（3）黄河三角洲移民文化的价值。分析移民文化在当地经济、社会、文化等方面的贡献，如在经济方面，移民带来了不同的生产技术和商业模式；在社会方面，移民丰富了当地的社会结构和文化的多样性；在文化方面，移民推动了文化创新和传承。

（4）黄河三角洲移民文化的传承和保护。研究移民文化在现代社会的传承和保护措施，如教育普及、文化传承、遗址保护等。同时，我们还需关注移民文化在传承过程中面临的问题和挑战，如文化流失、认同感减弱等，并提出相应的解决措施。

## （二）编写移民文化教育教材

为了推广和普及移民文化，教育部门应在充分研究的基础上，编写黄河三角洲移民文化教育教材，将移民文化的知识系统地传授给更多的人。

教材内容应涵盖移民文化的各个方面，如历史沿革、风土人情、民间艺术、传统习俗等，使青少年能够全面地了解和认识这一独特的文化现象。在历史沿革方面，教材应详细介绍黄河三角洲移民的历史背景、移民过程，以及移民对当地文化的影响。风土人情是移民文化的重要组成部分，教材应通过生动的案例，让青少年了解移民的生活习惯、民间风俗等。民间艺术是移民文化的一大特色，教材应详细地介绍当地的民间艺术形式，如地方戏曲、民间舞蹈、民间工艺等。传统习俗是移民文化传承的重要载体，教材应深入剖析移民地区的传统习俗，让青少年从中感受移民文化的魅力。

教材还应结合现代教育理念，以生动有趣的方式展现移民文化，提高青少年的学习兴趣。例如，可以采用图文并茂的形式，让青少年在阅读中直观地感受移民文化的内涵；通过设置有趣的问题和案例分析，激发青少年的思考，让他们主动参与到学习中来；此外，还可利用网络资源，制作移民文化教育课件，让青少年在课堂之外也能进行自主学习。

## （三）将移民文化融入教育教学中

教育部门应当发挥主导作用，制订相应的教育计划，明确课程设置标准，将移民文化教育纳入学校教育体系，使其成为青少年学习的重要组成部分。

在课程设置方面,教育部门可以考虑在历史、地理、语文等课程中加入移民文化的相关内容。例如,在历史课程中,可以详细讲述黄河三角洲移民的历史背景、移民过程以及移民对当地文化的影响;在地理课程中,可以介绍黄河三角洲的地理特点以及移民与地理环境的关系;在语文课程中,可以选取有关移民文化的文学作品进行教学,让青少年在阅读中感受移民文化的魅力。

教师在授课过程中,可以通过讲解移民历史、分析移民文化现象、组织参观考察等方式,引导青少年了解和传承黄河三角洲移民文化。例如,教师可以在课堂上讲述移民的故事,让青少年了解移民的生活背景和奋斗历程;通过分析移民文化现象,帮助青少年理解移民文化与本地文化的相互影响和融合;组织青少年参观移民文化遗址、博物馆等,让他们直观地感受移民文化的内涵。

鼓励教师在教学实践中不断创新,结合移民文化进行课程改革,提高教育教学质量。教师可以根据青少年的兴趣和特长,设计富有特色的移民文化教学活动,如组织青少年参与移民文化课题研究、编排与移民文化相关的舞台剧等。这样的教学方式不仅有助于激发青少年的学习兴趣,还能提高他们的综合素质。

### (四)普及移民文化知识,提高认同感和自豪感

通过加强对黄河三角洲移民文化的研究和普及,使更多的人了解这一文化的特点和价值,从而增强他们对移民文化的认同感和自豪感。此外,可以组织各类文化活动,如移民文化展览、民间艺术表演、学术研讨会等,让更多的人参与到移民文化的传承和发扬中来。同时,借助网络等平台,加大对移民文化的宣传力度,提高移民文化的影响力。

加强对黄河三角洲移民文化的研究,挖掘其历史价值和内涵。学术界可以开展相关课题研究,深入探讨移民文化的起源、发展、演变以及其在黄河三角洲的特色。通过对移民历史、移民来源地的文化特点、移民与当地文化的交融等方面的研究,为普及移民文化提供理论支持。

普及移民文化知识,提高公众对移民文化的认识。政府和相关部门可以制定相关政策,将移民文化知识纳入教育体系,使青少年在学习过程中了解和传承移民文化。此外,还可以通过举办各类讲座、培训班等活动,让更多的人了解移民文化的特点和价值。

组织各类文化活动,传承和发扬移民文化。举办移民文化展览,展示移民历史文物、民间艺术作品等,让参观者直观地感受移民文化的魅力。此外,组织民间艺术表演,如地方戏曲、民间舞蹈等,让人们在欣赏艺术的同时,了解移民文化。学术研讨会也是推广移民文化的重要形式,可以邀请专家学者进行研讨交流,推动移民文化研究的发展。

充分利用网络等平台,加大对移民文化的宣传力度。可加大对移民文化的报道力度,通过专题节目、专栏、报道等形式,普及移民文化知识,提高移民文化的影响力;可以开设移民文化专题页面、论坛等,方便人们了解和交流移民文化。

## 二、倡导多元文化交融与互动

黄河三角洲的移民文化,是多元文化交融的产物,见证了不同文化背景的人们在此地

共同生活、相互学习、共同发展的历程。为了更好地传承和发扬这一独特的文化,我们应当倡导各种文化在此相互学习、相互影响、和谐共生。

## (一)学校教育在推动多元文化交融与互动中的作用

作为培养未来社会人才的重要场所,学校应当发挥其独特的作用,组织丰富多彩的文化交流活动,如文化节、文化交流会等。这些活动为青少年提供了一个平台,让他们有机会近距离地接触和学习各种文化,了解不同文化背景下的风俗习惯、价值观念等。这些活动的开展,使得青少年能够培养自己的文化包容性,并且学会尊重和理解不同文化,从而促进文化交流与互动。

通过课程设置,将多元文化理念融入教学中。例如,在语言课程中,除了教授英语外,还可以增加其他外语的教学,如法语、西班牙语等,让青少年有机会学习不同的语言,了解不同地区的文化。在社会科学课程中,可以开设关于文化、民族、宗教等主题的课程,让青少年深入理解不同文化背景下的思想观念。

组织各种文化交流活动,让青少年亲身体验多元文化的魅力。比如,可以举办国际文化节,邀请来自不同国家的青少年展示他们的文化特色,如服饰、美食、手工艺品等。此外,还可以组织文化交流会,邀请专家、学者举办讲座,分享他们的研究成果和跨文化交流的经验。

鼓励青少年参与多元文化实践活动,如参加国际青少年交流项目、志愿者活动等。这些活动有助于青少年深入了解其他国家的文化,培养他们的跨文化沟通能力。通过这些实践,青少年能够更好地理解多元文化交融与互动的重要性,从而在今后的生活和工作中更好地应对多元文化环境。

## (二)社会各阶层参与多元文化交融与互动的实践

除了学校教育之外,社会各阶层也应该积极参与到多元文化交融与互动的实践中来。企业、社区、政府等可以联合举办各类文化活动,如艺术展览、音乐会、戏剧表演等。在活动中,可以将不同的文化元素融入其中,让人们能够在欣赏艺术的同时,感受到多元文化的魅力。这样的文化活动不仅丰富了人们的精神生活,还有助于增强社会凝聚力。

(1)企业参与多元文化交融与互动的实践。企业作为社会的重要组成部分,应该积极参与到多元文化交融与互动的实践中。企业可以在举办各类文化活动时,加入多元文化的元素,如组织员工参加文化讲座、国际交流活动等,增强员工对多元文化的认识和理解。此外,企业还可以通过赞助文化活动、支持艺术创作等方式,推动多元文化的发展。

(2)社区参与多元文化交融与互动的实践。社区是人们生活的重要场所,社区活动对于增进居民之间的友谊和了解有着重要作用。社区可以组织各种形式的文化活动,如文化节、庆祝活动等,邀请不同文化背景的居民参与,共同分享各自的文化传统。这样的活动有助于提高居民对多元文化的认识和尊重,促进社区和谐发展。

(3)政府参与多元文化交融与互动的实践。政府在推动多元文化交融与互动方面具有重要的责任。政府可以通过制定相关政策,鼓励和支持学校、企业、社区等组织开展多元文化活动。例如,政府可以设立专项资金,用于支持多元文化项目的开展;还可以为跨文化交流活动提供便利,如简化签证手续,促进国际文化交流。

## (三)媒体在倡导多元文化交融与互动中的角色

媒体在倡导多元文化交融与互动方面发挥着至关重要的作用。报纸、电视、网络等媒体拥有广泛的覆盖面和巨大的影响力,可以加大对多元文化的报道力度,宣传各种文化的优点和价值,引导公众树立正确的文化观念。同时,媒体还可以举办各种线上、线下活动,如知识竞赛、话题讨论等,让人们更加了解和关注多元文化。

(1)传播多元文化理念。媒体可以通过新闻报道、专题节目、专栏等形式,向公众传播多元文化交融与互动的理念,提高人们对多元文化的认识和理解。媒体可以关注不同文化背景的人物和故事,展示多元文化的魅力和价值,引导人们尊重和欣赏差异。

(2)宣传多元文化活动。媒体可以加大对各类多元文化活动的宣传力度,如文化节、艺术展览等,让更多的人了解并参与这些活动,从而增进对多元文化的认识和理解。

(3)举办多元文化线上线下活动。媒体可以举办各种线上、线下活动,如知识竞赛、话题讨论、讲座等,引导人们更加关注多元文化。例如,媒体可以与教育部门合作,开展多元文化主题的讲座和研讨会,邀请专家和公众共同探讨多元文化交融与互动所面临的挑战。

(4)促进跨文化交流。媒体可以充分发挥其桥梁作用,促进不同文化背景下的人际交流与互动。例如,媒体可以邀请来自不同国家的人参与节目录制,分享他们的文化经历和见解,让观众更加了解其他国家的文化。

(5)引导公众参与。媒体可以通过报道和宣传成功的案例,鼓励公众积极参与多元文化的交融与互动。例如,媒体可以报道一些成功的跨文化交流项目和活动,激发公众对多元文化交融与互动的兴趣和热情。

## (四)将多元文化交融与互动的理念融入日常生活中

真正实现多元文化的交融与互动,需要将这一理念融入日常生活中。在日常生活中,主动与来自不同文化背景的人交流,了解他们的生活方式、风俗习惯等,从而拓宽自己的视野,增进对多元文化的理解和包容。

(1)参加国际交流活动。参加各种国际交流活动,如文化节、国际青少年交流项目、国际研讨会等,可以结识来自不同国家的朋友,分享彼此的文化经历。通过这些活动,了解其他国家的文化特点,拓宽国际视野,增进对多元文化的理解和尊重。

(2)融入多元文化社区。生活在多元文化社区中,与来自不同文化背景的居民互动,了解他们的生活方式、风俗习惯等。例如,参加社区组织的各种活动,如文化节、庆祝活动等,可以增进对多元文化的认识和理解。

(3)学习外语和外国文化。学习外语不仅可以提高沟通能力,还有助于了解其他国家的文化。通过阅读外国文学作品、观看外国电影、听外国音乐等方式,了解其他国家的文化特点。同时,学习外国文化也可以帮助我们更好地理解其他国家的价值观和思维方式,从而增进对多元文化的理解和包容。

（4）在线交流与学习。利用互联网资源，加入多元文化交流的在线社区，与其他人分享文化经历，学习不同的文化知识。此外，参加在线课程，学习世界各地的文化和习俗，实现跨文化交流。

（5）尊重和欣赏差异。在与来自不同文化背景的人交流时，要尊重他们的观点和习惯，不要用自己的标准去评判他们。同时，要学会欣赏多元文化带来的差异，从中发现新的价值。

## 三、注重方言文化的传承与保护

黄河三角洲方言多样，是移民文化的重要组成部分。教育部门应加强对方言文化的传承与保护，将其纳入地方课程和校本课程，培养青少年对家乡方言的热爱，传承地域文化。

### （一）方言文化在黄河三角洲的价值

黄河三角洲作为移民文化的交融地，拥有丰富的方言资源。这些方言不仅体现了当地居民独特的生活方式和风俗习惯，还承载了他们世代相传的历史记忆和文化传统。因此，保护和传承方言文化对于维护地域文化特色、增强社会凝聚力具有重要意义。

（1）方言是地域文化的载体。方言作为一种独特的语言现象，是地域文化的重要组成部分。在黄河三角洲，不同的方言代表了不同地域、族群的历史渊源和文化传承。通过方言，了解当地居民在历史演变过程中的生活方式、思维方式、价值观等方面的特点，从而更好地理解和尊重他们的文化传统。

（2）方言传承了历史记忆。方言中蕴含了大量的历史信息和文化元素，可以通过方言挖掘和传承许多宝贵的历史记忆。例如，黄河三角洲的方言中保留了大量与地域历史、民间传说、传统技艺等相关的词汇和表达，对于传承地域文化具有重要意义。

（3）方言增强了社会凝聚力。方言作为地域文化的象征，可以强化当地居民对家乡的认同感和归属感。在黄河三角洲，通过方言交流，不同地域、族群的居民可以增进了解、建立友谊，进一步促进社会融合。此外，方言还可以激发人们的自豪感，促使他们更加珍惜和传承地域文化。

（4）方言丰富了民间艺术形式。方言与民间艺术形式紧密相连，如地方戏曲、民间故事、谚语、歌谣等。这些艺术形式不仅反映了当地居民的生活、思想和情感，还具有很高的文化价值。方言的传承有助于保护和发扬这些民间艺术形式，使之成为地域文化的重要组成部分。

### （二）教育部门在方言文化传承与保护中的职责

教育部门作为培养未来社会人才的重要场所，应当充分发挥其作用，加强对方言文化的传承与保护。

（1）将方言文化纳入地方课程和校本课程。教育部门应与相关部门合作，开设有地域特色的方言文化课程,将其纳入地方课程和校本课程,使青少年从小接触并了解家乡方言。通过系统地教授方言知识,青少年可以更好地了解家乡的历史文化背景,增强对地域文化的认同感。

（2）开展方言文化活动。组织形式多样的方言文化活动,如方言比赛、方言讲座、方言节目表演等,让青少年在参与过程中感受到方言的魅力,培养对方言文化的兴趣。此外,还可以邀请方言专家举办讲座,让青少年更加深入地了解方言的历史渊源和文化价值。

（3）培训方言教师。加强对方言教师的培训和选拔,确保教师具备教授方言的知识和技能,为青少年提供高质量的方言教育。教育部门应关注方言教师的选拔和培养,鼓励教师参加方言培训课程,提高他们的方言教学水平。

（4）编写方言教材。组织专家编写方言教材,系统地介绍黄河三角洲的方言知识,帮助青少年更好地学习和传承家乡方言。教材应涵盖方言的发音、词汇、语法等方面的内容,以便青少年全面掌握方言知识。

（5）建立方言教育资源库。教育部门还应建立方言教育资源库,收集整理各类方言资料,包括方言音频、视频、文字资料等。这些资源可供教师在教学过程中使用,也可为青少年提供丰富的自学材料,进一步促进方言文化的传承与保护。

### （三）家庭和社会在方言文化传承与保护中的责任

除了教育部门的努力外,家庭和社会以及政府也应积极参与方言文化的传承与保护工作。

（1）家庭。家长应鼓励孩子学习方言,与孩子一起参与方言文化活动,增强孩子对家乡方言的认同感。家长可以在家中与孩子用方言交流,分享自己的方言故事,让孩子在家庭环境中自然而然地接触和学习方言。此外,家长还可以带领孩子参加方言文化活动,如方言比赛、讲座等,让孩子更深入地了解和热爱家乡方言。

（2）社会。媒体、企业、社区等社会组织可以通过举办方言文化活动、宣传方言文化等方式,共同推动方言文化的传承与保护。媒体可以制作方言相关的节目、专栏或专题报道,传播方言文化知识,提高公众对方言文化的认识。企业可以在公益活动中融入方言元素,如举办方言比赛、资助方言文化活动等,以促进方言文化的传承与保护。社区可以组织各种形式的方言文化活动,如方言晚会、方言讲座、方言展览等,让居民在参与过程中感受到方言的魅力,增强对家乡方言的自豪感。

（3）政府。政府在政策制定和资金投入方面应给予方言文化传承与保护足够的关注和支持。政府可以设立方言文化保护和传承专项资金,资助方言文化项目和研究工作。同时,政府还可以出台相关政策,鼓励教育部门、社会组织和个人参与方言文化的传承与保护工作。

## 四、培养青少年的创新精神和实践能力

黄河三角洲移民文化,作为黄河三角洲文化的重要组成部分,其勇于创新的特点为我们提供了丰富的启示。在当前教育背景下,我们应该注重培养青少年的创新精神和实践

能力,以适应社会的发展和变化。为了实现这一目标,学校应当在教育实践中加强科学教育、信息技术教育和艺术教育,提高青少年的综合素质,激发他们的创新潜能。

## （一）加强科学教育

在培养创新精神的过程中,科学教育发挥着至关重要的作用。学校应当以黄河三角洲移民文化中勇于创新的特点为启示,改进科学教育方法,注重培养青少年的探究能力和实践能力。为此,建议采取以下六个方面的措施。

（1）改进教学方法。学校应当摒弃传统的科学教育模式,不再仅仅局限于理论知识的传授。教师应以青少年为主体,注重启发式教学,引导青少年主动发现问题、解决问题,培养他们独立思考的能力。

（2）丰富课程内容。科学教育课程应涵盖各个领域,包括物理、化学、生物、地理等。同时,学校还可以引入新兴科学领域,如人工智能、生物技术等,让青少年接触到最前沿的科学知识,激发他们的创新潜能。

（3）开展科学实验。学校应设立实验室,为青少年提供进行科学实验的条件。通过动手实践,青少年可以直观地观察到科学现象,更好地理解科学知识。此外,科学实验还能培养青少年的动手能力、观察能力和分析能力,为培养创新精神奠定基础。

（4）举办科技竞赛。学校应定期举办科技竞赛,如科学知识竞赛、发明创新大赛等。这些活动可以激发青少年的学习兴趣,提高科学素养,培养他们的创新精神和实践能力。

（5）加强实践教学。学校应充分利用周边资源,组织青少年进行实地考察、调研等实践活动。通过这些活动,青少年可以将课堂所学知识应用于实际,提高他们的实践能力。

（6）建设教师队伍。提高科学教育质量的关键在于建设一支高素质的教师队伍。学校应加大对科学教育教师的培训力度,提高他们的教育教学水平,以更好地引导青少年开展科学探究。

学校加强科学教育,可以培养青少年的创新精神和实践能力,使他们成为具备创新精神和实践能力的人才,为国家的未来发展做出贡献。同时,这也是对黄河三角洲移民文化中创新特点的传承和发扬。

## （二）加强信息技术教育

在当今信息时代,信息技术教育对于培养青少年的实践能力具有举足轻重的作用。为了适应社会的发展和变化,学校应当以黄河三角洲移民文化中勇于实践的特点为启示,加大对信息技术教育的投入,提高师资水平,为青少年提供良好的信息技术学习环境。建议从以下六个方面来加强信息技术教育。

（1）加大投入。学校应增加信息技术教育的经费投入,用于购置先进的教学设备、软件资源和硬件设施。这样青少年便可以在良好的硬件环境下学习信息技术,从而提高他们的学习兴趣和实践能力。

（2）提高师资水平。学校应加强对信息技术教师队伍的培训和选拔,提高他们的教育教学水平。优秀的教师能够更好地引导青少年学习信息技术,从而深刻激发青少年的创新潜能和实践能力。

（3）完善课程体系。学校应根据青少年的年龄特点和知识需求，制订科学合理的信息技术课程体系。课程应涵盖计算机编程、网页设计、数据分析、人工智能等现代信息技术领域，让青少年全面了解和掌握现代信息技术。

（4）开展实践活动。学校应组织青少年参加与信息技术相关的实践活动，如编程比赛、网页设计大赛等。这些活动可以让青少年在实际操作中提高自己的信息技术水平，培养他们的实践能力和创新精神。

（5）融入其他学科。学校还应将信息技术教育与其他学科相结合，如科学、数学等。通过跨学科的教学方式，帮助青少年更好地理解信息技术知识，提高他们的实践能力。

（6）家庭教育与学校教育相结合。学校应加强与家庭之间的沟通与合作，让家长了解信息技术教育的重要性，引导家长关注和支持孩子的信息技术学习。

加强信息技术教育，可以培养青少年的实践能力和创新精神，使他们成为具备实践能力和创新精神的人才，为国家未来的发展做出贡献。同时，这也是对黄河三角洲移民文化中实践特点的传承和发扬。

### （三）加强艺术教育

在培养青少年的创新精神和实践能力过程中，艺术教育发挥着至关重要的作用。学校应当以黄河三角洲移民文化中勇于创新的特点为启示，重视艺术教育，通过绘画、音乐、舞蹈等课程，让青少年在艺术学习中感受美、创造美，进而培养他们的审美能力和创新思维。

绘画教育可以培养青少年的观察能力和审美能力。通过学习绘画，青少年可以学会观察生活中的细节，发现美的存在。此外，绘画课程还可以培养青少年的想象力和创造力，使他们能够用自己的方式表达对美的理解。

音乐教育可以提高青少年的审美素养和情感表达能力。音乐是一种无国界的语言，能够触动人心。通过学习音乐，青少年可以更好地理解音乐作品的内涵，提高自己的审美水平。同时，音乐教育也有助于培养青少年的情感表达能力，使他们能够更好地与他人沟通和交流。

舞蹈教育可以锻炼青少年的身体协调能力和韵律感。舞蹈是一种表现美的肢体语言。通过学习舞蹈，青少年可以锻炼自己的身体协调能力，提高韵律感。此外，舞蹈教育还可以培养青少年的团队协作精神，让他们在集体表演中学会相互配合和支持。

艺术教育可以培养青少年的创新思维和实践能力。在艺术课程中，青少年可以通过创作属于自己的作品，发挥自己的想象力和创造力。这种创新思维和实践能力的培养，对于青少年未来在各个领域的发展都具有重要意义。

## 五、弘扬人文精神，培养道德品质

黄河三角洲移民文化是我国历史悠久的地区文化之一，其丰富的人文精神内涵为我们的道德品质教育提供了深厚的文化底蕴。在新时代背景下,我们应该深入挖掘这一文化宝藏,将其融入道德品质教育中,培养青少年具有良好的道德品质和社会责任感。

## (一)发挥教师榜样作用

教师,作为人类灵魂的工程师,承担着传播知识、启迪智慧、引领道德的重要使命。他们的言传身教,对于青少年来说,具有无可替代的影响力和感召力。因此,教师应该以身作则,发挥榜样作用,为青少年树立良好的道德榜样。

教师应当严格要求自己,遵循社会道德规范。教师是青少年的镜子,青少年常常会模仿教师的言行举止。因此,教师在言行举止上应当严谨、得体,遵循社会道德规范,为青少年树立良好的行为榜样。

教师要在教育教学过程中,注重培养青少年的爱国主义、集体主义等精神。教师应当以课堂教学为主,结合时事政治和身边的实例,培养青少年的爱国情怀,让他们热爱祖国,为国家的繁荣富强贡献自己的力量。同时,教师还要注重培养青少年的集体主义精神,让他们懂得团结协作、共同进步。

教师要引导他们树立正确的世界观、人生观和价值观。教师应当关注青少年的思想动态,帮助他们解决思想上的困惑,引导他们树立正确的世界观、人生观和价值观,使他们能够在纷繁复杂的社会环境中,保持清醒的头脑,明确自己的人生目标。

教师要关注青少年的全面发展,不仅要关注青少年的学业成绩,还要关注他们的心理健康和人际交往能力。教师要与青少年建立良好的师生关系,关心青少年的成长,为他们提供及时的帮助和指导。

## (二)融入课程体系

黄河三角洲移民文化中的人文精神是我国丰富的文化资源之一,其独特的魅力和深厚的历史底蕴为我们的课程体系提供了丰富的素材。将这一文化资源融入课程体系,不仅能够让青少年了解和传承这一地区的优秀文化传统,还能够培养他们的民族自豪感和文化自信心。

通过开设相关课程,让青少年全面了解黄河三角洲移民文化的历史。这一历史课程可以包括黄河三角洲的移民历史、重要历史事件、历史人物等内容,让青少年深入理解这一地区的文化背景和历史发展。

开设民间故事课程,让青少年了解黄河三角洲的民间故事和传说。这些故事和传说蕴含了丰富的人文精神和地域特色,能够激发青少年对这一地区文化的兴趣和认同。

艺术课程也是黄河三角洲移民文化的重要组成部分。开设绘画、音乐、舞蹈等艺术课程,让青少年学习和体验这一地区的艺术形式,从而培养他们的审美能力和艺术素养。

开设风俗课程,让青少年了解黄河三角洲的风俗习惯。这些风俗习惯是这一地区人们生活的体现,也是他们文化精神的传承。

## (三)组织丰富多彩的活动

为了让青少年更好地感受和弘扬黄河三角洲移民文化中的人文精神,组织一系列丰富多彩的活动。这些活动旨在让青少年在实践中体验文化魅力,进而培养他们的道德品质和社会责任感。

举办文化讲座,邀请专家学者为青少年讲解黄河三角洲移民文化的相关知识。通过讲座,青少年可以了解到这一地区的历史沿革、民间故事、艺术形式和风俗习惯等,从而加深对黄河三角洲移民文化的理解。同时,讲座还可以激发青少年对人文精神的兴趣和认同,引导他们关注和传承这一地区的优秀文化传统。

组织主题展览活动,展示黄河三角洲移民文化的艺术作品、历史文物和民间工艺品等。通过参观展览,青少年可以直观地感受到这一地区文化的独特魅力,进一步培养他们的审美能力和艺术素养。此外,展览还可以帮助青少年了解黄河三角洲移民文化的传承和发展,激发他们对文化传承的使命感。

举办戏剧表演活动,让青少年亲身体验黄河三角洲移民文化的魅力。可以选择一些具有代表性的民间故事和传说,改编成戏剧剧本,让青少年参与表演。这样既能锻炼青少年的表演能力,也能让他们深入了解黄河三角洲移民文化的内涵,感受其中所蕴含的人文精神。

组织青少年实地参观黄河三角洲的历史遗迹、民间文化景点等,让他们更直观地了解这一地区的文化特色和历史背景。通过实践活动,青少年可以更好地将理论知识与实际相结合,培养他们的实践能力和创新精神。

### (四)家校社协同共育

在当今社会,道德品质的培养已经成为教育的重要环节。为了更好地传承黄河三角洲移民文化,学校、家庭和社会应形成合力,共同培养青少年的道德品质。

家庭作为孩子的第一个教育场所,家长应当关注孩子的道德教育。家长要身体力行,做孩子的道德榜样,通过自己的言行举止传递正确的价值观和道德观。同时,家长还应与孩子进行沟通交流,引导他们树立正确的道德观,培养良好的道德行为。此外,家长还应积极配合学校和社会的教育工作,共同营造有利于孩子道德品质培养的家庭环境。

学校作为专门的教育机构,在青少年的道德教育中起着关键作用。学校应将道德教育纳入课程体系,通过系统的课程设置和教学活动,培养青少年的道德品质。此外,学校还应组织丰富多样的德育活动,激发青少年的道德意识和道德行为。学校可以与家庭和社会建立紧密的联系,共同推动青少年的道德教育。

社会也应当积极倡导良好的道德风尚,为青少年的道德品质教育提供有力支持。社会应当传播正能量,弘扬主旋律,为青少年提供良好的道德氛围。此外,社会还应关注青少年的道德教育问题,通过各种渠道和形式,为青少年道德品质教育提供帮助和支持。

家校社协同共育是培养孩子道德品质的重要途径。家庭、学校和社会应共同承担道德教育的责任,形成合力,为青少年的道德品质培养创造一个良好的环境。只有这样,我们才能培养出具有良好道德品质的新一代公民,为社会的和谐发展做出贡献。同时,通过传承黄河三角洲移民文化,让青少年深入了解和自豪于我国的传统文化,进一步弘扬民族精神。

# 第五节　黄河三角洲农耕文化教育

黄河三角洲的农耕文化是一种充满智慧和勇气的文化，它是在黄河三角洲独特的环境条件下形成的。黄河三角洲的农耕文化不仅受到黄河的影响，还受到地理、气候、历史、人文等多种因素的影响。

被誉为"中华民族的母亲河"的黄河，是中华文明的发源地之一，也是中国重要的河流之一。它从青藏高原奔腾而下，横贯九个省（自治区），滋养着广袤的土地，承载着华夏文明的希望和梦想。黄河是中华民族的根，它孕育了五千年的华夏文明，创造了璀璨的农耕文化。黄河三角洲的农耕文化，是黄河与中华民族共同创造的一幅壮丽画卷。

在广袤的华北平原东部，黄河三角洲静静地横卧其中。这片地势平坦、土壤肥沃的土地，自古以来就是适宜农耕的风水宝地。然而，大自然给予了黄河三角洲丰富的资源，也设置了许多挑战。这里的季节变化明显，冬季寒冷干燥，夏季炎热多雨，干旱和洪涝灾害时有发生，给农耕生产带来了不小的挑战。面对这些挑战，黄河三角洲的居民并未退缩，而是以他们的智慧和勤劳，积累并传承了一代又一代的农耕经验和技术。

黄河三角洲，这片充满着历史与传奇的土地，其农耕文化犹如一部鲜活的历史长卷，描绘出古人辛勤耕耘、祈求丰收的动人画面。追溯黄河三角洲的历史，不难发现这里是中华文明的发源地之一。在黄河流域肥沃的土地上，勤劳的先民们早在古代就开创了独特的农耕文明。他们用简陋的农具，辛勤耕耘，播种希望，收获幸福。在长期的农耕实践中，黄河三角洲的先民们积累了丰富的农耕经验和技术，形成了独特的农耕文化。

黄河三角洲以其独特的自然条件、历史背景以及人文环境，呈现出一幅别具一格的画卷。这是一片既富含自然之美，又弥漫着人文气息的土地。这里的农耕文化更是源远流长，别有一番风味。黄河三角洲位于黄河入海口处，是黄河泥沙不断沉积形成的冲积平原。这里地势平坦、土壤肥沃，为农业生产提供了得天独厚的条件。长期的农耕实践使这里的人们积累了丰富的农业知识，形成了独特的农耕文化。勤劳朴实，不畏艰辛，都是黄河三角洲农耕文化的特点。

黄河三角洲的农耕文化源远流长。早在几千年前，这里的居民就开始种植谷物和蔬菜，养殖家禽和家畜。随着时间的推移，人们逐渐发展出了一套以玉米、大豆、高粱、小麦、水稻种植为主的农业生产方式。由于黄河泥沙的不断淤积，这里的土地肥沃，适宜农作物的生长。因此，粮食作物种类很多，也成为三角洲农耕文化的重要组成部分。

黄河三角洲农耕文化的特点之一是勤劳朴实。这里的居民以农业为生，他们勤劳、节俭、勤奋，不断努力提高农业生产效率。在这里，人们注重家庭、尊重劳动，崇尚勤俭节约

第二章　黄河三角洲文化教育具体实施

105

的生活方式。他们坚信只有通过自己的不懈努力,才能创造出美好的生活。

另一个特点是这里的居民不畏艰辛。由于气候条件较为恶劣,这里的居民必须面对各种自然灾害,如洪水、干旱、台风等。但是,他们不畏惧这些灾害,积极采取措施应对,通过不懈的努力,最终克服了自然灾害带来的挑战。

黄河三角洲农耕文化是一种独特的文化,这里的居民勤劳朴实,不畏艰辛,不断努力提高农业生产效率,创造美好的生活。未来,随着科技的不断进步和社会的不断发展,黄河三角洲农耕文化也将不断得到创新和发展,为人类社会的发展做出更大的贡献。

黄河三角洲农耕文化教育,主要是教育青少年学会农耕知识和本领,传承吃苦耐劳、不畏艰辛的品质。

## 一、增加有关农耕文化的课程

在学校教育中增加有关农耕文化的课程,让青少年了解农耕历史。通过学习农耕文化,青少年可以了解到黄河三角洲农耕历史的发展脉络,以及农耕文化在历史进程中的地位和作用。此外,还可以通过课程学习,让青少年明白粮食的来之不易,培养他们热爱劳动、珍惜粮食的品质。

### (一)设置农耕文化课程

应在课程设置上进行创新,设计一门专门介绍农耕文化的课程。这门课程应涵盖黄河三角洲农耕历史、农具发展、耕作技术、农作物种植、农耕民俗等多个方面,使青少年通过系统的学习,能够全面了解农耕文化的发展历程,以及农耕文化在黄河三角洲的特色和价值。

(1)了解黄河三角洲农耕文化的发展脉络。在课程设计中,将农耕历史作为切入点,让青少年了解黄河三角洲农耕文化的发展脉络。这部分内容可以包括早期农耕文明的起源、黄河三角洲农耕历史的发展变迁,以及农耕文化在不同历史时期的地位和作用等。通过学习,青少年可以对农耕文化有宏观的认识,为后续的学习打下基础。

(2)介绍农具发展变迁。课程应详细介绍农具的发展变迁。从最早的石头磨盘、陶制水壶,到后来的铁犁、铜镰,再到现代的农业机械,农具的演变反映了人类农耕文明的进步历程。在课程中,通过实物展示、图片展示、视频演示等多种形式,让青少年了解各种农具的特点和使用方法,从而对农耕文化有更深入的理解。

(3)耕作技术讲解。课程应涉及耕作技术的讲解,包括耕地、播种、灌溉、施肥、除草、收割等各个环节。通过学习,青少年可以了解传统农耕技术和现代农业技术的区别,以及农耕技术在提高农业产量、保障粮食安全等方面的重要作用。

(4)农作物种植内容。课程还应涵盖农作物种植的内容,介绍黄河三角洲的主要农作物,如小麦、玉米、大豆、棉花等。邀请农业专家进行实地教学,让青少年亲自参与农作物的种植、管理和收获过程,理解"春种一粒粟,秋收万颗子"的含义。

(5)农耕民俗介绍。课程应包括农耕民俗的介绍,让青少年了解黄河三角洲的农耕民俗,如农事节日、农耕祭祀、乡村风俗等。通过学习,青少年可以更加深入地了解农耕文化的内涵,为传承和发扬农耕文化奠定基础。

## (二)使用多种课堂教学方法

为了使青少年能够更深入地了解和体验农耕文化,可采用多种课堂教学方法,例如讲座、课堂讨论、模拟实践等,让青少年在不同的学习场景中感受农耕文化的魅力。

(1)课堂讲座。在课堂讲座中,教师可以向青少年介绍农耕文化的理论知识。内容可以包括农耕文化的起源和发展、农具的演变、耕作技术的进步、农作物种植的知识以及农耕民俗等多个方面。通过讲座,青少年可以对农耕文化有一个全面的认识,为进一步的学习打下基础。

(2)课堂讨论。在课堂讨论中,教师可以引导青少年分享自己了解到的农耕故事和习俗。例如,教师可以提出一些具体的话题,如"你所知道的农耕神话故事""农耕民俗的传承与变迁"等,让青少年分组进行讨论。在讨论过程中,青少年可以互相交流、学习,从而加深对农耕文化的理解。同时,课堂讨论有助于培养青少年的沟通能力和团队合作精神。

(3)模拟实践。在模拟实践中,教师可以组织青少年体验农耕劳动的辛勤与快乐。例如,教师可以在校园内设立一块农田,让青少年亲自动手进行耕作。从翻土、播种、浇水、施肥到收割、脱粒,青少年可以亲身体验农耕劳动的每一个环节。通过模拟实践,青少年可以更好地理解农耕劳动的艰辛,明白"粒粒皆辛苦"的道理。

## (三)将农耕文化与现代科技相结合

将农耕文化与现代科技相结合,可以采用虚拟现实、动画、纪录片等多种方式,让青少年更加直观地了解农耕文化的发展历程和现状。这样既可以激发青少年对农耕文化的兴趣,也有助于培养他们的创新精神和实践能力。

(1)使用虚拟现实(VR)技术。虚拟现实(VR)技术可以让青少年身临其境地体验农耕文化。通过 VR 设备,青少年可以进入一个模拟的农耕场景中,亲身体验农耕劳动的各个环节。例如,在虚拟的农田里,青少年可以感受到翻土、播种、浇水、施肥、收割等农耕活动,从而能够更加深刻地理解农耕文化的内涵。同时,VR 技术还可以让青少年参观历史悠久的农耕遗址,如古代农田、水利工程等,让他们对农耕文化的发展历程有更直观的认识。

(2)使用动画。动画是一种寓教于乐的方式,可以吸引青少年的注意力,让他们在轻松愉快的氛围中学习农耕文化。教师可以制作一系列关于农耕文化的动画短片,如农具的演变历程、耕作技术的进步、农作物种植的知识等。通过观看这些动画短片,青少年可以更加直观地了解农耕文化的发展历程和现状,也能培养他们的审美能力和创新思维。

(3)运用纪录片。纪录片是一种很好的教育方式,可以让青少年更加深入地了解农耕文化。教师可以选择一些关于农耕文化的优秀纪录片,如《农耕探文明》等,让青少年观看。通过观看纪录片,青少年可以全面了解农耕文化的发展历程、现状和未来趋势,同时也能培养他们分析问题和解决问题的能力。

## 二、组织青少年参观

为了更好地传承和发扬黄河三角洲农耕文化,我们应加强农耕文化教育,其中一项重要的措施就是组织青少年参观农业博物馆、农耕遗址、农业高产田等地方,让他们亲身感受农耕文化的魅力。

### (一)参观农业博物馆

参观农业博物馆是一项极具教育意义的活动,尤其对于青少年而言,它提供了一个直观地了解农耕历史的机会。博物馆中丰富的展示内容,让青少年能够亲眼目睹各种古代农具、农作物和农耕技术的发展变迁,从而深入了解农耕文化的演变过程。

在农业博物馆中,青少年可以看到各种各样的古代农具,如石头磨盘、陶制水壶等。这些农具都是早期农耕文明的见证,展示了人类在农耕方面的智慧和创造力。随着历史的推移,农具不断发展演变,如铁犁、铜镰等,这些都是人类农耕文明的宝贵遗产。此外,博物馆中还会展示现代的农业机械,让青少年了解现代农业技术的进步,以及农耕技术在提高农业产量、保障粮食安全等方面的重要作用。

除了有农具的展示外,农业博物馆还会展出各种农作物的种子、植株和果实,如小麦、玉米、大豆、棉花等。通过观察这些农作物的实物,青少年可以了解有关农作物种植的知识,以及农作物在农耕文化中的重要地位。同时,博物馆还会通过图片、文字、视频等形式,介绍农耕技术的演变过程,使青少年对黄河三角洲农耕历史的发展脉络有更清晰的认识。

参观农业博物馆不仅可以让青少年了解农耕文化的发展历程,还可以培养他们的观察力、思考力和探索精神。在参观过程中,青少年可以提出自己的疑问和见解,与同学、老师进行交流,从而加深对农耕文化的理解。此外,参观农业博物馆也有助于培养青少年的爱国情怀,让他们为我国悠久的农耕文化而自豪。

通过参观农业博物馆,青少年可以对农耕文化有更深入的理解,为传承农耕文化打下基础。在未来的学习和生活中,他们将更加珍惜粮食,热爱劳动,传承和发扬我国优秀的农耕文化。同时,参观农业博物馆也有助于提高青少年对农业的认识和尊重,激发他们对农业科学研究的兴趣,为农业现代化和乡村振兴贡献力量。

### (二)参观农耕遗址

参观农耕遗址也是一项极具教育意义的活动,尤其对于青少年而言,它提供了一个直观地了解古代农耕生活的方式。农耕遗址是农耕文化的实物载体,它们见证了历史的变迁,记录了人类与自然抗争、和谐共生的历程。组织青少年参观农耕遗址,让他们亲身体验古代农耕生活的点点滴滴,感受农耕文化的厚重与韵味。

在农耕遗址,青少年可以参观古代的农田、水利设施、村落遗址等,了解古代农民的生活方式、耕作习惯和社会组织形式。例如,在黄河三角洲的一些农耕遗址,青少年可以参观古代的梯田、淤地坝、水井等水利设施,了解古代农民如何利用自然资源进行农业生产,以及他们是如何应对洪水、干旱等自然灾害的。这些遗址不仅让青少年能够更加直观地了解古代农耕技术的发展,还能让他们深刻感受到农耕文化的伟大与智慧。

参观农耕遗址不仅可以让青少年了解农耕文化的发展历程,还可以培养他们的观察力、思考力和探索精神。在参观过程中,青少年可以提出自己的疑问和见解,与同学、老师进行交流,从而加深对农耕文化的理解。此外,参观农耕遗址也有助于培养青少年的爱国情怀,让他们为我国悠久的农耕文化而自豪。

通过参观农耕遗址,青少年可以更好地理解农耕文化的厚重与韵味,感受农耕文化的伟大与智慧。在未来的学习和生活中,他们将更加珍惜粮食,热爱劳动,传承和发扬我国优秀的农耕文化。同时,参观农耕遗址也有助于提高青少年对农业的认识和尊重,激发他们对农业科学研究的兴趣,为农业现代化和乡村振兴贡献力量。此外,参观农耕遗址还有助于青少年了解环境保护和可持续发展的重要性,让他们认识到人类与自然和谐共生的必要性和紧迫性。在人类文明发展的过程中,农耕文化始终是我们的根基和支柱,参观农耕遗址有助于青少年更好地认识自己的文化传统,增强文化自信心,为未来的社会发展做出贡献。

### (三)参观农业高产田

随着现代农业的飞速发展,农业高产田成了展示现代农业技术的重要窗口。对于青少年来说,参观农业高产田不仅有助于他们了解现代农业的生产技术和管理方法,还能培养自己节约粮食、爱护土地的良好习惯,增强环保意识和社会责任感。

在参观农业高产田的过程中,青少年可以亲身体验现代农业的各种设施,如智能温室、节水灌溉系统、有机肥料生产等。这些设施代表了现代农业的发展水平,它们的应用不仅提高了农业产量,还减轻了农民的劳动强度,提高了生产效率。通过参观这些设施,青少年可以了解到现代农业是如何利用科技手段提高产量,同时保护环境和资源的。

专业人员的讲解能够让青少年了解到现代农业的生产技术和管理方法,如无土栽培、水肥一体化、病虫害防治等。这些现代农业技术的应用,使得农业生产更加科学、环保和高效。在了解这些技术后,青少年将更加明白农业生产的发展方向,以及如何运用科技手段实现农业的可持续发展。

参观农民的实践操作,如种植蔬菜、浇水、施肥等,让青少年熟悉农业生产的全过程,深入了解农耕的艰辛。通过亲身体验,青少年将深刻理解粮食的来之不易,从而在日常生活中养成节约粮食、爱护土地的良好习惯。

通过参观农业高产田,青少年将更好地理解农耕文化的厚重与韵味,感受农耕文化的伟大与智慧。这将激发他们在未来的学习和生活中更加珍惜粮食、热爱劳动,传承和发扬我国优秀的农耕文化。同时,参观农业高产田还能让青少年意识到保护环境、珍惜资源的重要性,增强他们的环保意识和社会责任感。

参观农业高产田对于青少年来说具有深远的意义。这不仅是一次了解现代农业技术的机会,还是一次培养良好习惯、增强环保意识和社会责任感的机会。我们建议学校积极组织此类活动,让青少年走出课堂,感受科技的力量,培养节约意识。这样的实践体验将使青少年在知识、技能和价值观等方面得到全面的提升,为未来的社会发展做出贡献。

## 三、举办各类农耕文化活动

为了传承和发扬黄河三角洲农耕文化,可以举办各类农耕文化活动。如农耕知识竞赛、农耕文化主题展览等,让青少年在参与过程中更加深入地了解农耕文化。同时,还可以邀请农业专家、非遗传承人等为青少年讲解农耕知识和技术,让他们更好地传承和发扬农耕文化。

### (一)举办农耕知识竞赛

举办农耕知识竞赛是一种非常有益的教育方式,尤其对于青少年来说,更是一种寓教于乐的学习体验。通过这样的竞赛,引导青少年深入了解农耕文化,激发他们对这一领域的兴趣,同时也能提高他们的农耕知识水平。

为了使竞赛内容更加丰富多样,设计涵盖农耕历史、农具发展、耕作技术、农作物种植、农耕民俗等多个方面的题目。这样的设计可以全面展示农耕文化的魅力和智慧,让青少年在轻松愉快的氛围中学习农耕文化知识。

农耕历史是农耕文化的基石。从最早的土地开垦、农作物栽培,到现代的农业科技发展,农耕历史见证了人类与自然和谐共生的历程。通过学习农耕历史,青少年可以更好地认识农耕文化的演变,理解农耕文化在人类文明发展中的重要地位。

农具发展是农耕文化的重要组成部分。从石头、木头等自然材料制作的简单农具,到现代的高科技农业机械,农具的发展反映了人类对农耕技术的不断探索和创新。在农耕知识竞赛中,青少年可以了解各种农具的演变过程,从而加深对农耕文化的理解。

耕作技术和农作物种植方面的知识,可以让青少年了解农耕生产的科学性和技术性,更好地认识农业生产的全过程。这也有助于培养青少年形成珍惜粮食、热爱劳动的良好习惯。

农耕民俗是农耕文化的重要组成部分,它反映了农民在长期生产生活中形成的独特风俗习惯和传统文化。通过学习农耕民俗,青少年可以更加全面地了解农耕文化,增强对传统文化的尊重和认同。

在竞赛过程中,青少年不仅可以提高自己的农耕知识,还可以通过团队合作,增强团队协作能力,培养竞争意识。此外,设立相应的奖项,鼓励青少年在竞赛中取得好成绩,将进一步激发他们学习农耕文化的积极性。

举办农耕知识竞赛,不仅可以激发青少年对农耕文化的兴趣,提高他们的农耕知识水平,还可以培养他们的团队协作能力、竞争意识和文化自信心。我们建议教育部门、学校、社区等组织积极举办此类活动,让更多的青少年从中受益,为传承和发扬我国优秀的农耕文化贡献力量。

### (二)举办农耕文化主题展览

举办农耕文化主题展览是一种非常有益的教育方式,能让青少年更加直观地了解农耕文化。展览通过展示农耕工具、农作物、农耕技术的发展变迁,以及农耕民俗、农耕艺术等方面的内容,全面呈现农耕文化的各个方面。展览可以分为不同的板块,如"农耕历史变迁""农具发展与创新""农作物种植与丰收""农耕民俗与艺术"等,让青少年对农耕文化有更全面的了解。

在"农耕历史变迁"板块,可以通过展示农耕工具的发展过程,以及农作物种植技术的演变,向青少年呈现农耕历史的全貌。通过学习农耕历史,青少年可以更好地认识农耕文化的演变,理解农耕文化在人类文明发展中的重要地位。

在"农具发展与创新"板块,展示从石头、木头等自然材料制作的简单农具,到现代的高科技农业机械的发展过程。农具的发展反映了人类对农耕技术的不断探索和创新。

在"农作物种植与丰收"板块,可以展示各种农作物种植技术的发展,以及丰收景象。通过学习耕作技术和农作物种植方法,青少年可以了解农耕生产的科学性和技术性,更好地认识农业生产的过程。

在"农耕民俗与艺术"板块,可以展示农耕民俗和艺术方面的内容,如农耕祭祀、农耕歌舞、农耕绘画等。这些内容可以让青少年更好地了解农耕文化的多样性,增强对传统文化的尊重和认同。

展览还可以设置互动环节,让青少年亲自操作农耕工具,体验农耕劳动的艰辛与快乐。通过亲身体验,青少年可以更好地理解农耕文化的价值,培养对农耕文化的热爱。

举办农耕文化主题展览,不仅可以激发青少年对农耕文化的兴趣,提高他们的农耕知识水平,还可以培养他们的团队协作能力、竞争意识和文化自信心。我们建议教育部门、学校、社区等组织积极举办此类活动,让更多的青少年从中受益,为传承和发扬我国优秀的农耕文化贡献力量。

### (三)邀请农业专家、非遗传承人讲解农耕知识和技术

为了更好地传承和发扬农耕文化,邀请农业专家和非遗传承人等为青少年讲解农耕知识和技术。农业专家可以为青少年讲解现代农业科技在农耕文化中的应用,以及未来农业发展的趋势,让青少年对现代农业有更深入的了解。而非遗传承人则可以传授传统的农耕技艺和农耕民俗,让青少年了解并传承这些宝贵的文化遗产。

在讲座中,农业专家可以从现代农业科技的角度,向青少年介绍农耕文化的发展。例如,他们可以讲述现代农业生产中如何运用生物技术、农业机械化、信息化技术等,提高农作物的产量和品质,降低生产成本,保护农业生态环境。同时,农业专家还可以展望未来农业发展的趋势,如智能化农业、精准农业、生态农业等,激发青少年对现代农业科技的兴趣和关注。

非遗传承人则可以向青少年传授传统的农耕技艺和农耕民俗。他们可以讲述当地特有的农耕习俗、农耕祭祀、农耕歌舞、农耕绘画等非物质文化遗产,让青少年了解这些传统技艺的历史背景和演变过程。通过非遗传承人的讲解,青少年可以更好地认识农耕文化的多样性,增强对传统文化的尊重和认同。

在讲座过程中,青少年可以通过聆听农业专家和非遗传承人的讲解,更加全面地了解

农耕文化。他们可以从现代农业科技和传统农耕技艺两个方面,了解农耕文化的发展和变迁,为传承和发扬农耕文化打下坚实的基础。

## 四、开展农耕实践

黄河三角洲拥有丰富的农业资源和独特的农耕文化。通过开展农耕实践,让青少年亲身参与农耕活动,可以让青少年更好地了解自然环境和生态平衡的重要性,培养自己的绿色环保意识和社会责任感,锻炼动手能力和团队协作精神,更好地了解和传承这里的农耕文化。

### (一)建立农耕实践基地

建立农耕实践基地是一个非常好的想法,它可以帮助青少年更好地了解农耕文化,亲身体验农耕劳动,从而传承农耕文化。

选择合适的地点非常重要。农耕实践基地应选择在交通便利、环境优美、具有农耕传统的地方。这样可以让青少年在参与农耕实践时,既能体验到农耕的乐趣,也能感受到农耕文化的历史底蕴。此外,基地周边应有一定的农田和村庄,以便于获取必要的农具和农作物种子等资源。

建立农耕实践基地需要提供必要的农具和农作物种子。这些资源可以通过与当地农业部门、农具制造商和种子公司等合作来获取。在农耕实践基地内,应设有专门的农具存放区,以便于青少年学习和使用。同时,还应提供各种农作物种子,如稻米、小麦、玉米、蔬菜等,让青少年有机会亲自动手种植和收获。

为了更好地传承农耕文化,农耕实践基地还应设有农耕文化展示区,展示传统的农耕器具、农耕技术、农耕民俗等。通过参观农耕文化展示区,青少年可以更全面地了解农耕文化的发展历程,为传承和发扬农耕文化打下坚实的基础。

建议组织一些与农耕文化相关的实践活动,如农耕技艺比赛、农事体验等,让青少年在参与过程中,更好地学习和传承农耕文化。

为了使农耕实践基地更具吸引力,可以考虑增设一些特色项目。例如,可以设立生态农业示范区,展示有机农业、生态农业等新型农业生产方式,让青少年了解环保、可持续的农业生产理念。此外,还可以设立农业科技体验区,展示现代农业科技设备,如无人机喷洒农药、智能温室等,让青少年感受现代农业科技的神奇魅力。

通过这些特色项目的设置,农耕实践基地将更加丰富多样,为青少年提供更加全面的农耕文化体验。这样的实践基地不仅能激发青少年对农耕文化的兴趣,还能提高他们的农耕知识水平,培养实践能力和创新精神,为我国农耕文化的传承和发展做出贡献。

### (二)制订实践计划

为了更好地让青少年参与农耕实践,并从中学到知识和技能,需要根据他们的年龄和兴趣制订合适的农耕实践计划。针对设计有效的实践计划,提出了六点建议。

（1）种植。根据季节和农作物的生长周期，组织青少年进行种植活动。可以选择一些易于种植、生长周期较短且观察变化明显的农作物。通过种植活动，青少年可以学习选种、播种、育苗等基本农耕技能，并了解农作物的生长过程。

（2）浇水。教授青少年如何根据农作物的生长需求进行适时浇水。让他们了解浇水的重要性，以及如何根据土壤湿度、天气状况等因素判断浇水的时机。通过浇水实践，可以培养青少年的责任感和观察力。

（3）施肥。向青少年介绍不同类型的肥料及其作用，让他们了解合理施肥对农作物生长的重要性。然后指导他们进行施肥操作，例如，如何根据农作物生长阶段和土壤养分状况选择合适的肥料种类和用量。通过施肥实践，青少年可以学习到科学施肥的方法和技巧。

（4）除草。教授青少年识别农作物和杂草，并掌握正确的除草方法。让他们了解除草的目的，以及如何在不伤害农作物的前提下，有效地去除杂草。通过除草实践，可以培养青少年的耐心和细致的品质。

（5）收获。在农作物成熟时，组织青少年进行收获活动。让他们体验收获的喜悦，并学习如何正确地收获农作物，以保证作物的质量和产量。通过收获实践，可以培养青少年的珍惜劳动成果的意识。

（6）农耕文化体验。结合农耕实践，组织青少年参加一些农耕文化活动，如农耕技艺比赛、农事体验等。让他们在参与过程中，更好地学习和传承农耕文化。

制订适合青少年的农耕实践计划，可以帮助他们在实际操作中学习农耕知识，培养他们的劳动意识和团队协作能力。

## （三）开展实践活动

为了更好地让青少年参与农耕实践，并从中学到知识和技能，还需要组织他们到实践基地进行实地操作。针对规划完整的实践活动，也提出了六点建议。

（1）提前准备。在实践活动开始前，确保实践基地已经做好了充分的准备。包括提供必要的农具、种子、肥料等物资，以及确保基地内的设施安全、卫生。同时，需要对参与活动的青少年进行分组，以便于组织和管理。

（2）活动安排。根据青少年的年龄和兴趣，制订合适的农耕实践活动计划。包括种植、浇水、施肥、除草、收获等环节。在实践活动过程中，可以邀请专业人员进行讲解和指导，帮助青少年更好地掌握农耕知识和技能。

（3）安全措施。在实践活动过程中，要重视青少年的安全问题。确保他们正确地使用农具，了解安全操作规程。在实践过程中，要密切关注青少年的身体状况，防止因劳动强度过大导致身体不适。同时，要教育青少年遵守纪律，听从指挥，确保实践活动顺利进行。

（4）观察与记录。鼓励青少年在实践过程中观察农作物的生长变化，并记录实践过程中的点点滴滴。这样可以帮助他们更好地了解农耕知识，培养他们的观察力和记录能力。此外，记录实践过程还可以作为评价青少年实践活动成果的依据。

（5）交流与分享。实践活动结束后，组织青少年进行交流和分享。让他们分享自己在实践过程中的心得体会,以及遇到的困难和问题。通过交流和分享,青少年可以互相学习,取长补短,提高自己的农耕实践能力。

（6）总结与反思。实践活动结束后,对整个活动过程进行总结和反思。分析实践活动中的优点和不足,对青少年的表现进行评价。同时,鼓励青少年自己总结反思,思考如何改进自己的农耕实践技能,以便于在今后的实践活动中取得更好的成绩。

组织青少年到实践基地进行实地操作,是培养他们农耕实践能力的重要途径。通过这样的实践活动,青少年可以更好地了解农耕文化,掌握农耕技能,培养劳动意识和团队协作能力。

总的来说,农耕实践对于青少年来说具有非常重要的意义。首先,通过农耕实践,青少年可以亲近自然,了解农作物生长的全过程,对自然环境有更深刻的认识,从而更好地理解生态平衡的重要性,培养绿色环保意识;其次,通过农耕实践,青少年可以锻炼动手能力,体验到劳动的辛苦与快乐,培养团队协作精神;最后,通过农耕实践,青少年可以更好地了解和传承当地的农耕文化,增强对家乡的自豪感。

# 第六节 黄河三角洲盐文化教育

黄河三角洲,这片充满生机与活力的土地,孕育了一种独特的文化现象——盐文化。它如同一位历史的见证者,记录了这片土地的沧桑变迁。盐,作为黄河三角洲的生活必需品,自古以来就在生产和消费中占据着举足轻重的地位。

盐文化的起源和发展与黄河三角洲的自然环境密切相关。黄河三角洲盐矿资源丰富,为盐文化的形成提供了物质基础。早在古代,人们就开始煮海为盐,利用盐田、盐矿、盐池等设施生产盐。黄河的泥沙和海水的潮汐共同孕育了盐文化,使其逐渐成为黄河三角洲独特的文化符号。

盐文化与黄河的关系密不可分。黄河的多次改道为盐文化的发展提供了新的生产力和资源。每一次改道都推动了盐业技术的进步和盐产品种类的丰富,进一步巩固了盐文化在黄河三角洲的影响力。

盐文化是黄河三角洲历史变迁的重要见证。自古以来,盐就是人类社会生产和生活的必需品。黄河三角洲拥有丰富的盐资源,早在商周时期,这里的盐业生产就已经开始兴起。随着历史的发展,盐业逐渐成为这一地区的主要经济支柱。从古至今,盐税收入在地方财政中占有举足轻重的地位,为地区的繁荣发展提供了有力保障。可以说,盐业的发展促进了黄河三角洲的经济、文化的交流,成为这里历史变迁的重要推动力。

盐与人们的日常生活密切相关。在黄河三角洲,盐不仅仅是一种调味品,还是人们生活中的必需品。盐可以食用,也可以药用,还可以用于腌制、保存食物,防止腐败。在这里,盐还具有辟邪、祈福的寓意,被认为可以驱除邪恶、消灾解厄。因此,盐在黄河三角洲的日常生活中扮演着重要角色,与人们的饮食、健康、信仰等方面紧密相连。

黄河三角洲的民间信仰与盐文化紧密相连。在这里,盐神信仰历史悠久,盐神被奉为保护盐业、佑护平安的神祇。盐神信仰不仅体现在庙宇、祭祀活动上,还渗透到人们的日常生活中。例如,在盐业生产过程中,人们会祈求盐神保佑盐池卤水充足、盐结晶顺利;在日常生活中,人们会通过一些禁忌和习俗,表达对盐神的敬畏和感激之情。这些信仰习俗体现了盐在黄河三角洲人们心中的神圣,也彰显了盐文化在民间的深远影响。

盐文化在黄河三角洲的艺术创作中也有所体现。这里的民间艺术形式多样,如盐画、盐雕、盐塑等,都是以盐为原材料进行创作的。盐作为一种独特的艺术载体,既展示了黄河三角洲盐文化的魅力,又为艺术家提供了广阔的创作空间。通过这些艺术作品,人们可以更好地了解盐文化的内涵,感受盐在黄河三角洲人们生活中的重要地位。

对黄河三角洲盐文化的教育,建议采用以下措施。

115

# 一、黄河三角洲盐价值普及

黄河三角洲的盐业历史悠久,可以追溯到新石器时代。自古以来,盐就被广泛地开采和利用,不仅是一种重要的食品调料,还具有重要的药用价值。在黄河三角洲,盐的开采和加工一直是一个非常重要的产业,为当地经济的发展做出了巨大贡献。同时,盐的开采和加工也促进了文化的交流和融合,形成了独特的盐文化。

## (一)增加食物口感,起到防腐作用

黄河三角洲位于我国山东省,是新石器时代先民繁衍生息的地方。在这个富饶的区域内,先民发现并利用海水资源,例如通过晒水制盐。这是一个充满智慧与创新的发现,因为盐不仅能够增加食物的口感,提升食物的鲜美度,使得食物更加美味可口,还能起到防腐的作用,有效地延长食物的保存期限。这使得盐在先民的日常生活中变得不可或缺,被广泛应用于腌制、烹饪和调味,极大地丰富了食物的口感和风味。

随着时间的推移,海水晒盐和加工技术在黄河三角洲不断发展。先民从最初的天然海水晒盐,逐渐发展到通过改进晒盐、煎盐等方法进行盐的生产。这些技术的进步,使得盐的产量逐渐提高,质量也得到了保障。盐的开采和加工逐渐从手工劳动转变为规模化生产,形成了初具规模的盐业生产。

在这个过程中,黄河三角洲的先民积累了丰富的盐业生产的经验,形成了一套完整的盐业生产体系。他们根据当地的自然条件,选择合适的盐湖或盐碱地进行开采,研究出了独特的晒盐、煎盐技术,使得盐的质量和产量得到了显著提升。同时,他们还发现了盐在生活中的其他用途,如药用、防腐等,进一步拓宽了盐的应用领域。

随着盐业生产的规模化,盐的贸易也逐渐兴盛起来。黄河三角洲的盐,因其质量优良、口感鲜美,逐渐在周边地区赢得了口碑,吸引了大量的商贾前来贸易。盐的贸易不仅带动了地区的商业繁荣,还促进了文化交流。不同地区的盐文化在这里交融碰撞,使得黄河三角洲的盐文化更加丰富多彩。

黄河三角洲的盐业历史悠久,可以追溯到新石器时代。先民们通过利用海水资源晒水制盐,不仅满足了生活的基本需求,还在不断发展的盐业生产中积累了丰富的经验。盐的开采和加工技术在这里得到了不断的创新和发展,逐渐形成规模化。这一历史悠久的盐业发展过程,为黄河三角洲留下了宝贵的文化遗产,也成为我国盐业发展的一个重要起点。

## (二)带动商业繁荣,促进文化交流

在古代,盐税作为国家财政收入的重要来源之一,具有举足轻重的地位。黄河三角洲的盐业发展对国家税收的贡献更是不可忽视的。随着盐业的发展,地区的商业活动也日益繁荣,形成了多个盐业贸易中心。这些贸易中心吸引了大量的商贾前来交易,进一步推动了地区经济的繁荣。

盐的贸易不仅带动了地区的商业繁荣,还促进了文化交流。不同地区的盐文化在这里交融碰撞,使得黄河三角洲的盐文化更加丰富多彩。盐作为一种普遍的生活必需品,它的生产和贸易活动使得黄河三角洲的人们有机会接触到来自不同地域的文化和观念。这种文化的交流和碰撞,无疑为黄河三角洲的发展注入了新的活力。

在盐业贸易的过程中,黄河三角洲的先民们还学会了如何与其他地区的人们进行合作和交流。他们互通有无、取长补短,共同推动盐业的发展。这种文化的交流和互动,不仅使得黄河三角洲的盐文化更具包容性,还使得地区的商业发展更具活力。

盐业的发展还带动了相关产业的发展,如运输、仓储等。这些产业的发展进一步促进了地区的商业繁荣,为文化交流提供了更多的机会。在这个过程中,黄河三角洲的先民们积累了丰富的商业经验,形成了一套完整的商业体系。

随着盐业的发展,黄河三角洲逐渐成了一个商业繁荣、文化交流的中心地带。不同地区的商贾们带着各自的文化和商品在这里汇聚,推动了地区文化的交融与发展。盐业的发展不仅为黄河三角洲带来了经济的繁荣,还为地区的文化交流和融合提供了丰富的素材,更为后世留下了丰富的历史经验和教训,值得我们深入研究和借鉴。

### (三)拥有丰富文化内涵

黄河三角洲的盐业不仅具有悠久的历史,还拥有丰富的文化内涵。在这里,盐被赋予丰富的象征意义,如吉祥、平安、洁净等。盐与人们的日常生活息息相关,因此,盐文化在这里得到了广泛的传承和发展。例如,当地的盐雕、盐画等艺术形式,以及与盐相关的民间故事、习俗等,都展现了盐文化的独特魅力。

在黄河三角洲,盐雕是一种非常具有特色的艺术形式。盐雕艺术家们利用盐的特性,创作出了许多精美的作品。这些作品不仅具有很高的艺术价值,还有着吉祥、平安等寓意。盐雕作品常常作为礼品赠送亲友,表达了人们对美好生活的向往和祝福。

盐画是另一种充满创意的盐文化艺术形式。盐画艺术家们通过在画布上涂抹盐粒,创作出富有层次感和立体感的画作。这些画作不仅具有独特的审美价值,还蕴含着丰富的文化内涵。盐画作品常常描绘出黄河三角洲的美丽风光和盐业生产的壮观场面,展现了当地盐文化的独特魅力。

黄河三角洲还流传着许多与盐相关的民间故事和习俗。这些故事和习俗反映了当地人们对盐的敬畏和感激之情,也体现了盐文化在人们生活中的重要地位。例如,当地的盐神祭祀活动,是一种祈求盐业丰收、生活美满的民间仪式。这些习俗和故事为黄河三角洲的盐文化增添了浓厚的地域特色和人文气息。

文化底蕴深厚、形式多样的盐文化,为黄河三角洲的发展注入了强大的文化力量,使其成为一个商业繁荣、文化交流的中心地带。随着盐业的发展,黄河三角洲将继续传承和发扬盐文化,为世界各地的文化交流和繁荣做出更大的贡献。

## 二、黄河三角洲盐业文化体系普及

盐文化是一种综合性的文化,不仅包括盐的生产和加工技术,还包括盐的宗教信仰、文化传统、艺术形式等。在黄河三角洲,盐文化与农业、渔业、畜牧业等多种文化形式相互交融,形成了独具特色的盐业文化体系。例如,这里的盐工们有着独特的盐业祭祀仪式和传统文化活动,这些活动不仅体现了盐工们对自然的敬畏和感激之情,还展示了他们对盐业的热爱和执着。

## (一)独特的文化现象

在黄河三角洲,有一种独特的文化现象令人瞩目,那就是盐业祭祀仪式。这个庄重而古老的仪式,承载着黄河三角洲人们对盐的深厚情感和敬畏之心。

祭祀的钟声在清晨的薄雾中回荡,盐工们身着古老的传统服饰,面朝大海,聚集在盐田中。他们以最虔诚的姿态,献上丰盛的供品,向盐神表达敬意。这些供品中,有白花花的盐晶,有新鲜的海鲜,也有自家酿造的美酒。每一个细节都流露出盐工们对盐的感激与敬畏之情。

祭祀仪式中最引人注目的当属盐歌和盐舞。盐工们以激昂的歌声,述说着与盐共生的故事,描绘着盐带来的富饶与美好。他们的歌声犹如波澜壮阔的黄河,跌宕起伏,富有力量。而盐舞则以优雅的步伐和流畅的动作,象征着盐的流动和生活的流畅。盐工们的歌声与舞蹈,展现了一种古老而深厚的文化,传达了他们对美好生活的向往和追求。

盐业祭祀仪式不仅仅是一种宗教活动,更是一种生活方式的体现。在这个仪式中,盐工们不仅是在向盐神表达敬意,还是在庆祝生活的丰收和盐文化的繁荣。这个独特的文化现象,既展现了黄河三角洲人们对盐的敬畏和感激之情,也让我们看到了中国传统文化的博大精深。

在这个充满历史与文化交汇的地方,我们看到了人类与自然和谐共生的美好画面。黄河三角洲的盐业祭祀仪式,就像一颗璀璨的明珠,镶嵌在这片土地上,照亮了人类文明的道路。我们应当共同珍视这份独特的文化遗产,传承这份对生活的热爱和对自然的敬畏。

随着现代社会的发展,许多传统文化逐渐被遗忘。然而,黄河三角洲的盐业祭祀仪式仍然保持着其独特的魅力,为当地人们所珍视。这一文化现象不仅体现了盐在人们生活中的重要性,还揭示了盐与人类文明之间的深厚渊源。让我们共同关注和支持盐业祭祀仪式这样的传统文化,让它们在现代社会中继续发扬光大,为生活增添更多的色彩!

## (二)丰富多彩,世代相传

黄河三角洲的盐文化传统丰富多彩,世代相传。这里的盐工们以家族为单位,世世代代传承着丰富的盐业生产技艺和知识。他们凭借着对盐业生产的独特理解和丰富的实践经验,使得盐文化得以延续和发展。此外,盐工们还会在闲暇时间,通过讲述盐业故事、盐业传说,传播盐文化,使盐文化深入人心。

在这个地区,盐业生产技艺被视为家族的骄傲和荣誉。盐工们从小耳濡目染,对盐业生产有着深厚的感情。他们在长辈的指导下,学习掌握盐业生产的各种技艺,如晒盐、淋盐、熬盐等。这些技艺不仅需要耐心和细心,还需要对盐性、气候、地理等知识有着深入的了解。盐工们将这些技艺运用得炉火纯青，为盐文化的传承和发展做出了巨大贡献。

　　除了生产技艺之外，盐工们还传承着许多与盐相关的民间故事、传说和习俗。这些故事和习俗反映了当地人们对盐的敬畏和感激之情，也体现了盐文化在人们生活中的重要地位。例如，当地的盐神祭祀活动，是一种祈求盐业丰收、生活美满的民间仪式。这些习俗和故事，为黄河三角洲的盐文化增添了浓厚的地域特色和人文气息。

　　黄河三角洲的盐文化传统在世代相传的过程中，不断吸收各地的文化元素，形成了丰富多样的盐文化体系。这种文化体系不仅体现了盐工们对盐业生产的执着和热爱，还展示了他们对美好生活的向往和追求。随着盐业的发展，黄河三角洲的盐文化将会得到更好的传承和发扬，为世界各地的文化交流和繁荣做出更大的贡献。

　　如今，黄河三角洲的盐文化已经成为我国非物质文化遗产的重要组成部分。它不仅是一种地域性的文化现象，还是一种民族精神和文化传承。在新时代背景下，我们应该更加珍视和传承这一独特的文化遗产，让更多的人了解和认识盐文化的魅力，共同为保护和发展我国丰富的文化遗产贡献力量。

### （三）体现多种艺术形式

　　黄河三角洲的盐文化在多种艺术形式中都有所体现。如前文所述，盐雕、盐画等艺术形式，都是盐文化的重要组成部分。这些艺术作品不仅具有很高的艺术价值，还展示了盐文化的独特魅力。此外，盐文化与当地的其他艺术形式相结合，如盐诗、盐歌、盐舞等，共同构成了黄河三角洲独特的盐业文化体系。

　　盐诗、盐歌、盐舞等艺术形式，是盐文化与当地其他艺术形式的完美结合，展现了盐文化的多样性和丰富性。它们以各自独特的方式，传承和发扬了盐文化的精髓，让人们从中领略到盐文化的独特魅力。

　　盐诗以诗歌的形式，歌颂盐业生产的艰辛与收获，赞美盐文化的美好。诗人们以生动的笔触描绘了盐工们辛勤劳作的场景，展现了盐业生产的壮观景象。盐诗中还融入了人们对盐的敬畏、感激之情以及对美好生活的向往。盐诗的韵律优美，意境深远，为人们提供了一种精神享受，使盐文化更具感染力。盐诗不仅传递了盐文化的价值，还启发了人们对生活、劳动和自然的思考，进一步丰富了盐文化的内涵。

　　盐歌以歌曲的形式传唱盐业生产的技艺和盐文化的价值观念。歌曲中融入了丰富的盐文化元素，既有对盐业生产的赞美，也有对盐文化的传承。盐歌的旋律优美动听，歌词深入人心，使人们在欣赏音乐的同时，更加了解和热爱盐文化。盐歌成了盐文化传承的重要载体，对于弘扬盐文化起到了积极的推动作用。盐歌在歌颂盐业生产的同时，也传递了黄河三角洲人们乐观、坚忍和勤劳的精神品质。

　　盐舞则以舞蹈的形式，展现了盐文化的独特韵味和地域特色。舞蹈演员们通过优美的舞姿，讲述了盐文化的起源、发展以及盐业生产的壮观场面。盐舞将盐文化与舞蹈艺术完美地结合在了一起，为人们呈现了一场视觉与文化的盛宴。盐舞以其独特的艺术表现力，让人们更加直观地感受到盐文化的魅力，成为盐文化一种生动的表现形式。盐舞的舞蹈动作和编排都充满了盐文化的特色，如盐田劳作的动作、盐结晶的形态等，都为人们呈现了盐文化的生动景象。

这些艺术形式丰富了盐文化的内涵,使之更具表现力和感染力。它们在传承盐文化的同时,也为人们提供了丰富的艺术享受,使盐文化得以更好地传播和发扬。

## 三、新时代背景下弘扬黄河三角洲盐文化

在新时代背景下,我们应该继续弘扬黄河三角洲盐文化,深入挖掘其经济价值和文化内涵,为黄河三角洲的发展注入新的活力。

### (一)保护和传承盐文化遗产

在新时代背景下,保护和传承黄河三角洲盐文化遗产已成为我们面临的重要任务。为了确保盐文化遗产得到传承和发扬,需要采取一系列有效的措施,从多方面加强对盐文化遗产的保护和研究。

(1)对与黄河三角洲盐文化相关的遗址、遗迹、传统技艺等进行全面的调查、保护和修缮。这些遗址、遗迹和传统技艺是盐文化遗产的重要组成部分,它们见证了盐文化的历史变迁和发展,具有极高的历史、文化和科学价值。因此,需要对这些盐文化遗产进行详细的调查、评估和登记,采取有效的保护措施,防止它们因自然或人为因素而损毁。同时,对于已经损毁的部分,要及时进行修缮和恢复,尽可能地保持其原貌和历史特征。

(2)加强对盐文化历史的研究,挖掘盐文化的历史价值和文化内涵。盐文化作为黄河三角洲独特的地域文化,拥有丰富的文化内涵和历史价值。因此,需要通过搜集、整理和分析盐文化的历史资料,研究盐文化的起源、演变和传承,揭示盐文化的内在价值和精神内涵。同时,关注黄河三角洲盐文化与其他地域文化的交流和融合,探讨盐文化在黄河三角洲社会发展中的作用和影响。这些研究将为弘扬黄河三角洲盐文化提供理论支持。

(3)创新盐文化遗产的展示和传播方式,让更多的人了解和认识盐文化。可以利用现代科技手段,如虚拟现实、数字影像等,将盐文化遗产以更生动、形象的方式展示给观众,增强观众的文化体验感。此外,还可以通过举办盐文化展览、讲座和研讨会等活动,普及盐文化知识,提高人们对盐文化的认识和了解。

(4)培养盐文化专业人才,加强盐文化教育。我们应该加大对盐文化研究、保护和传承的投入,支持相关高校、科研机构和博物馆开展盐文化研究和人才培养。同时,将盐文化纳入教育教学体系,通过课程、教材和实践活动等方式,让青少年从小接触盐文化,培养他们对盐文化的兴趣和热爱,为盐文化的传承和发展培养一批又一批优秀的专业人才。

保护和传承黄河三角洲盐文化遗产是一项长期而艰巨的任务。在新时代背景下,需要从多方面入手,采取切实有效的措施,加强对盐文化遗产的保护和研究,让盐文化在新时代焕发出新的生机和活力。

### (二)发展盐文化旅游

在新时代背景下,黄河三角洲盐文化的发展迎来了新的机遇。为了更好地传承和发

扬盐文化,以盐文化为主题,设计和开发一系列旅游产品和服务,如黄河三角洲盐文化展览、盐田观光、盐工艺体验等,让游客在游玩中了解和感受盐文化的魅力。此外,还可以举办盐文化旅游节庆活动,吸引更多游客参与,提高黄河三角洲盐文化旅游的知名度和影响力。

盐文化展览是一种向游客展示盐文化魅力的有效方式。通过精心策划的展览,游客可以了解到盐的起源、盐业生产技术的发展、盐在古代社会中的地位以及盐与人们日常生活的密切关系等方面的知识。展览还可以通过展示与盐文化相关的文物、艺术品、传统技艺等,让游客对盐文化有更为直观的认识。此外,盐文化展览还可以与现代科技相结合,如虚拟现实、数字影像等,为游客带来更加丰富和立体的体验。

盐田观光是让游客亲身体验盐文化的重要途径。游客可以实地参观盐田,了解盐业生产过程。从卤水的提取、盐田的晒盐到盐的结晶等环节,都应有专业的工作人员进行讲解。在盐田观光的过程中,游客还可以亲手参与一些简单的盐业生产劳动,如捞盐、筛盐等,亲身体验盐业劳动的辛勤与收获。此外,盐田观光还可以结合自然景观和当地民俗,让游客在欣赏美丽风光的同时,感受盐文化的独特魅力。

盐工艺体验活动是一种让游客更加深入地了解盐文化的有效方式。游客可以参加由专业盐艺师指导的盐工艺品制作课程,学习制作盐雕、盐画、盐饰品等工艺品。通过亲自动手制作盐工艺品,游客可以更好地了解盐的特性,感受盐文化的独特魅力。此外,盐工艺体验活动还可以结合当地的特色美食,让游客品尝到盐焗、盐烤等美食,进一步感受盐在生活中的广泛应用。

举办盐文化旅游节庆活动,可以吸引更多游客参与,提高黄河三角洲盐文化旅游的知名度和影响力。盐文化旅游节庆活动可以包括盐文化论坛、盐文化艺术表演、盐文化美食节等丰富多彩的内容。通过这些活动,游客可以全面了解盐文化的内涵,感受黄河三角洲盐文化的魅力。同时,盐文化旅游节庆活动还可以促进当地旅游业的发展,带动周边产业的繁荣。

## (三)创新盐文化艺术形式

在新时代背景下,为了更好地传承和发扬黄河三角洲盐文化,需要在继承传统盐诗、盐歌、盐舞等艺术形式的基础上,结合现代审美观念和表现手法,不断创新和演绎盐文化的艺术形式,使之更符合现代人的审美需求。同时,通过各类媒体平台进行宣传推广,让更多人了解和喜爱黄河三角洲盐文化。

在创新盐诗方面,借鉴现代诗歌的表现手法,如自由诗、散文诗等,创作出具有盐文化特色的新型诗歌。同时,可以运用现代科技手段,如数字音乐、声音合成等,为盐诗创作出更具表现力的音乐和朗诵方式。这样既可以丰富盐诗的表现形式,也可以让现代人更容易接受和欣赏盐诗。

在创新盐歌方面,将盐文化与现代音乐元素相结合,创作出具有盐文化特色的新型歌曲。例如,可以运用流行音乐、民谣、摇滚等音乐风格,创作出既具有盐文化内涵,又符合现代人审美需求的盐歌。此外,还可以通过举办盐歌比赛和演出活动,让更多的人了解和欣赏盐歌。

在创新盐舞方面,借鉴现代舞蹈的表现手法,如现代舞、民族舞等,创作出具有盐文化特色的新型舞蹈。例如,可以将盐田劳作为主题,创作出表现盐业劳动者辛勤劳作的舞蹈;以盐的传说故事为题材,创作出富有故事性和表现力的舞蹈作品。同时,还可以利用现代舞台技术和灯光效果,为盐舞营造出更具感染力的舞台氛围。

可以利用新媒体平台,如网络、手机应用等,创新盐文化艺术形式的传播方式。例如,可以制作与盐文化相关的音频、视频、动画等多媒体内容,通过网络平台进行传播,让更多的人能够随时随地地了解和欣赏盐文化艺术。同时,还可以利用社交媒体平台,如微博、微信等,进行盐文化的宣传和推广,让更多的人成为盐文化的传播者和爱好者。

我们应该抓住机遇,不断创新盐文化的艺术形式,使之更符合现代人的审美需求。同时,通过各类媒体平台进行宣传推广,让更多的人了解和喜爱黄河三角洲盐文化。这样不仅能够为盐文化的发展注入新的活力,还能够为现代社会提供丰富的精神食粮,让盐文化在新时代焕发出新的生机和活力。

### (四)提升盐业产业附加值

为了更好地传承和发扬黄河三角洲盐文化,将盐文化与盐业产业相结合,运用盐文化的独特魅力,为盐业产品打造特色品牌,提高盐业产品的附加值和市场竞争力。通过盐文化创意产品的设计和开发,拓展盐业产业链,为盐业产业的升级和发展提供文化支撑。

将盐文化与盐业产业相结合,为盐业产品打造特色品牌。运用盐文化的元素和特点,如盐田风光、盐工劳动、盐的传说等,为盐业产品进行包装设计和品牌塑造。例如,可以设计以盐田风光为主题的包装盒,将盐业产品与盐文化相结合,提升盐业产品的文化品位和附加值。通过举办与盐文化相关的活动,如盐文化艺术节、盐文化展览等,提高盐业产品的知名度和市场竞争力。

通过盐文化创意产品的设计和开发,拓展盐业产业链。盐文化创意产品可以将盐文化与现代创意设计相结合,创造出具有盐文化特色的新型产品。例如,可以设计以盐为主题的家居用品、工艺品、饰品等,将盐文化融入人们的日常生活中。开发盐文化主题的旅游产品,如盐文化旅游线路、盐文化体验活动等,吸引游客前来体验和消费,进一步拓展盐业产业链。

利用盐文化提升盐业产品的品质和市场竞争力。盐文化作为一种地域文化,具有独特的地域性和稀缺性。利用盐文化的这一特点,提高盐业产品的品质和市场竞争力。例如,借鉴盐文化的传统生产工艺,改进盐业生产技术,提高盐业产品的质量和口感。通过挖掘盐文化的历史价值和文化内涵,为盐业产品赋予更多的文化价值,提升盐业产品的附加值和市场竞争力。

加强盐文化与盐业产业的宣传推广,提高盐业产业的附加值。利用各类媒体平台,如网络、电视、报纸等,加强盐文化与盐业产业的宣传推广,让更多的人了解和认识盐文化,提高盐业产品的知名度和市场竞争力。通过举办与盐文化相关的活动,如盐文化艺术节、盐文化展览等,让更多的人亲身体验盐文化的魅力,进一步推动盐业产业的发展。

## （五）加强盐文化人才培养

为了更好地传承和发扬黄河三角洲盐文化,需加强盐文化人才培养,培养一批熟悉黄河三角洲盐文化、热爱盐文化的专业人才。通过他们传承和发扬盐文化,为盐文化的发展提供人才保障。加强对盐文化教育的研究,将盐文化融入教育教学中,培养更多盐文化的传承者和弘扬者。

建立和完善盐文化人才培养体系。可以依托高校、职业院校、研究机构等,设立与盐文化相关专业和课程,培养盐文化专业人才。通过举办盐文化培训班、讲座等活动,提高现有从业人员的盐文化素养,为盐文化的发展储备人才。开展盐文化研学活动,组织青少年实地参观盐田、盐文化遗址等地,让他们深入了解盐文化,培养他们对盐文化的热爱和传承意识。

加强对盐文化教育的研究,将盐文化融入教育教学中。组织专家学者对盐文化进行深入研究,挖掘盐文化的教育价值,编写盐文化教材,将盐文化知识融入教育教学中。例如,在历史、地理、化学等课程中加入与盐文化相关的内容,让青少年从小接触盐文化,培养他们对盐文化的认知和热爱。通过开展盐文化主题活动,如盐文化知识竞赛、盐文化作品创作等,激发青少年对盐文化的兴趣,培养他们的创新能力和实践能力。

搭建盐文化人才交流和展示平台。可以举办与盐文化相关的比赛、展览等活动,为盐文化人才提供展示才华的舞台。例如,举办盐文化创意产品设计大赛,鼓励青少年和设计师将盐文化元素融入作品,展示盐文化的魅力。通过组织盐文化论坛、研讨会等活动,为盐文化人才提供交流学习的平台,促进盐文化的传承和发展。

加大对盐文化人才培养的政策支持。可以出台相关政策,对从事盐文化教育、研究和传承的人才给予一定的扶持和奖励。例如,设立盐文化人才培养基金,资助盐文化专业人才培养项目;对在盐文化教育、研究和传承方面做出突出贡献的个人和团体给予表彰和奖励。

## 第七节　黄河三角洲红色文化教育

黄河三角洲红色文化是以爱国主义为核心的文化。这里的人民展现出了同仇敌忾、自尊自立、自强不息的伟大民族精神。这种精神以坚定的政治信念和崇高的革命理想为支撑，成为中华民族团结奋斗的典范。

黄河三角洲这片土地上的人民，在抗日战争和解放战争时期展现出了红色革命精神。他们以坚定的理想信念为支撑，为民族独立、人民幸福而不懈奋斗，铸就了一段不朽的红色传奇。

面对强大的日本侵略者和国民党，革命军民在黄河三角洲展现出了英勇顽强、不怕牺牲、艰苦奋斗、不屈不挠的大无畏英雄气概和革命英雄主义精神。他们尽管在物质、精神上经历了巨大的损失和严峻的考验，但始终坚信只要还有一口气，就要与敌人抗争到底。

黄河三角洲的红色革命精神早已深入人心，成为这里人民的精神支柱。实事求是和勇于创新，是这里的人民在革命年代所表现出的鲜明特点和基本经验。

黄河三角洲的中共党员和人民子弟兵指战员通过实际行动展现了他们忠诚和无私奉献的品质。他们在平时严格遵守纪律，自觉维护群众利益；而在战时，不惜用鲜血和生命保护群众的生命财产。

黄河三角洲人民还展现出了顾全大局、爱党拥军、无私奉献的革命精神。他们万众一心、团结协作，倾其所有、踊跃支前。

黄河三角洲红色文化教育要注重爱国主义教育，激发广大人民群众的爱国热情，结合黄河三角洲革命历史和革命人物，弘扬黄河三角洲革命精神，传承红色基因。

### 一、黄河三角洲红色文化教育的特点

黄河三角洲是我国著名的革命老区，具有丰富的红色文化教育资源。在黄河三角洲开展红色文化教育，要注重以下几点。

#### （一）结合革命历史和革命人物

黄河三角洲，这片充满红色记忆的土地，孕育了无数英勇的革命先烈和可歌可泣的革命事迹。革命先烈为民族独立、人民解放和国家富强，谱写了一曲又一曲感天动地的英雄赞歌。在这里，红色教育可以与黄河三角洲的革命历史和革命人物紧密结合，像刘良才、刘世厚等人为了保护《共产党宣言》的火种，不惜牺牲个人生命；如女英雄李保真英勇抗

敌,壮烈殉国;再如侯登科烈士舍身炸围墙等事迹,都弘扬了黄河三角洲的革命精神。

(1)深入挖掘黄河三角洲的革命历史。这片土地见证了中国新民主主义革命、抗日战争、解放战争等各个历史时期的英勇斗争。我们要深入研究这些时期的革命斗争历史,挖掘和整理革命先烈的英勇事迹,将他们的革命精神传承下去。例如,研究刘集党支部对鲁北革命的贡献;挖掘陈望道翻译的《共产党宣言》的革命价值;研究渤海革命根据地的创建和发展过程,了解其在中国革命中的重要地位;讲述抗日战争时期黄河三角洲儿女英勇抗敌的故事,弘扬他们的革命精神;等等。

(2)大力宣传和弘扬黄河三角洲革命精神。这种革命精神包括勇敢拼搏、艰苦奋斗、无私奉献、敢于创新等。将这些革命精神与新时代的精神需求相结合,为新时代的发展提供精神动力。例如:通过举办革命纪念活动、革命精神讲座等形式,宣传和弘扬黄河三角洲革命精神;创作以革命历史为题材的文艺作品,如电影、电视剧、舞台剧等,让更多的人了解和传承黄河三角洲革命精神。

(3)传承红色基因,培养新一代革命事业的接班人。将革命历史、革命精神与教育教学相结合,培养青少年热爱祖国、热爱人民、热爱社会主义的高尚情操。例如,编写革命传统教育教材,将革命历史、革命精神融入中小学课程中,让青少年从小接受革命传统教育;组织青少年参观革命纪念馆、革命遗址等地,让他们亲身感受革命先烈的英勇事迹,培养他们的爱国主义情感。

(4)将黄河三角洲革命精神与新时代的发展相结合,为新时代中国特色社会主义事业贡献力量。继承和发扬革命先烈的优良传统,敢于担当、锐意进取,为实现中华民族伟大复兴的中国梦而努力奋斗。例如,结合新时代的发展需求,将革命精神运用到经济、科技、文化、教育等领域,推动黄河三角洲的全面发展;积极参与国家重大战略部署,如京津冀协同发展、"一带一路"建设等,为新时代中国特色社会主义事业贡献力量。

紧密结合黄河三角洲革命历史和革命人物,弘扬黄河三角洲革命精神,传承红色基因,是我们在新时代肩负的光荣使命。我们要不断挖掘革命历史,宣传革命精神,培养革命事业的接班人,将红色基因传承下去,为实现中华民族伟大复兴的中国梦而努力奋斗。

## (二)突出爱国主义教育

在黄河三角洲红色文化教育中,突出爱国主义教育,激发黄河三角洲广大青少年的爱国热情,增强民族自豪感和凝聚力,是我们在新时代背景下的重要任务。要将爱国主义教育融入教育教学中,举办丰富多样的爱国主义教育活动,注重实践体验,让爱国主义精神在青少年心中牢牢扎根,为实现中华民族伟大复兴的中国梦而努力奋斗。

(1)为爱国主义教育提供丰富的素材。深入研究这片土地上的爱国主义历史,挖掘和整理革命先烈的爱国主义英勇事迹,弘扬他们的爱国主义精神。例如,讲述抗日战争时期黄河三角洲儿女英勇抗敌的故事,展示他们在国家危难时刻,舍小家为大家,为民族独立、人民解放而英勇斗争的精神风貌。整理和展示渤海革命根据地的创建和发展过程,让青少年了解这片土地在中国革命中的重要地位,以及革命先烈的丰功伟绩。

(2)将爱国主义教育融入教育教学中,培养青少年的爱国情怀。编写黄河三角洲爱国主义教育本土教材,将革命爱国主义精神融入中小学课程中,让青少年从小接受革命传统教育。例如,在历史课上,可以讲述黄河三角洲革命先烈的英勇事迹,让青少年了解他们为民族独立所做出的巨大牺牲;在语文课上,可以学习革命诗歌、散文等作品,让青少年感受革命先烈的爱国情怀;在思想政治课上,可以结合新时代的要求,让青少年深入理解爱国主义精神的内涵和意义。

(3)举办丰富多样的爱国主义教育活动,激发青少年的爱国热情。组织爱国主义知识竞赛、征文比赛等活动,让青少年在参与活动的过程中加深对爱国主义的理解;开展"红色之旅"研学活动,组织青少年实地参观刘集党支部纪念馆、渤海垦区革命纪念馆等地,让他们深入了解革命历史,激发他们的爱国热情。此外,还可以举办红色故事会、革命歌曲演唱会等活动,让青少年在多种教育活动中感受爱国主义的力量。

(4)注重实践体验,让青少年在实践中感受爱国主义的力量。组织青少年参与志愿服务、社会公益等活动,让他们在实际行动中践行爱国主义精神;鼓励青少年关注国家大事、参与国际交流,让他们在国际舞台上展示中华民族的优秀文化,增强民族自豪感和凝聚力。例如,组织青少年参加环保、扶贫等志愿服务活动,让他们亲身体验到为国家、为社会、为人民贡献自己的力量;组织青少年模拟联合国、国际文化交流等活动,让他们在国际舞台上为中华民族争取荣誉,为世界和平与发展做出贡献。

### (三)强调实事求是精神和勇于创新精神

培养黄河三角洲青少年开拓进取的精神和创新能力,需要教育部门、家庭、社会等多个方面的共同努力。要强调实事求是精神和勇于创新的精神,培养青少年在不断学习、实践和探索中敢于开拓、勇于创新的精神品质,为黄河三角洲的发展和中华民族伟大复兴的中国梦的实现贡献力量。

(1)高度重视培养黄河三角洲青少年开拓进取的精神。这一精神的基础在于实事求是,即在教育教学过程中,遵循真实、客观的原则,引导青少年正确地认识和了解世界。在此基础上,教育部门应将实事求是的精神融入课程设置和教学方法中,鼓励青少年在学习过程中勇于质疑,追求真理。例如,在科学课程中,通过启发式教学,引导青少年通过实验和观察来发现和验证科学原理;在历史课程中,客观、真实地讲述历史事件,让青少年从中汲取经验教训,培养青少年的批判性思维。

(2)培养黄河三角洲青少年的创新能力。创新是推动社会发展的重要力量,而青少年时期正是培养创新能力的黄金时期。为了培养青少年的创新能力,要将创新意识融入教育教学的各个环节。在课堂上,鼓励青少年提出独特的见解和想法,尊重青少年的个性差异;在课堂外,组织丰富多样的科技竞赛、创新实验等活动,让青少年在实践中锻炼自己的创新能力。培养青少年的团队合作精神,让他们在团队协作中激发创新火花,完成创新项目。

(3)家庭和社会也应在培养黄河三角洲青少年开拓进取精神和创新能力方面发挥重要的作用。家长应尊重孩子的兴趣爱好,鼓励他们在自己感兴趣的领域深入学习、探索。在社会层面,应营造尊重创新、宽容失败的氛围,让青少年感受到创新的价值和意义。企业、科研机构等社会各界也应积极参与青少年的创新活动,为他们提供实践创新的平台和机会。

（4）培养黄河三角洲青少年开拓进取的精神和创新能力,还需要与其他相关部门的密切合作。教育部门要与其他部门共同努力,为青少年营造一个有利于成长和创新的环境。例如,政府部门可以出台政策,支持青少年的创新活动,为其提供资金和资源保障;文化部门可以通过举办各类文化活动,激发青少年的创新灵感;新闻媒体可以通过宣传报道,让青少年感受创新的价值和意义。

## （四）注重忠诚和无私奉献的品质培养

黄河三角洲红色文化教育资源丰富,为培养青少年的忠诚和无私奉献的品质提供了有利条件。在新时代背景下,要善于运用这些红色资源,引导青少年树立正确的世界观、人生观和价值观。

红色文化教育的深入开展,可以使青少年更加深入地了解我国的近现代史,特别是那些为了国家独立、人民自由而英勇奋斗的先烈的历史。这种了解不仅能够帮助青少年建立正确的历史观,还能激发他们的爱国热情和责任感。

将红色文化教育纳入教育教学体系,从课程设置、教材编写、教学方法等方面,全方位、多角度地展现红色文化的内涵。同时,要加强师资队伍建设,培养一支熟悉红色文化、热爱红色文化的教师队伍,为青少年提供高质量的红色文化教育。

要充分利用网络和信息技术手段,拓展红色文化教育的渠道。通过网络平台、虚拟现实、移动终端等新媒体技术,让红色文化教育变得更加生动、形象、有趣,以吸引更多青少年主动参与。

加强红色文化教育研究,深入挖掘红色文化的内涵,为红色文化教育提供理论支撑。红色文化研究机构、高校、科研院所等应加强合作,共同推动红色文化教育研究的发展。

通过实地考察和互动体验,青少年可以更直观地了解和感受红色文化的魅力。他们可以深入了解革命先烈的英勇事迹,从而更好地理解他们的精神和品质。这种体验式的学习方式,往往能达到事半功倍的效果。

红色文化教育不仅是对过去的回顾,还是对未来的展望。通过学习红色文化,青少年可以理解忠诚、无私奉献等社会主义核心价值观的重要性。这些价值观不仅是青少年个人成长的关键,还是其建设美好未来的重要基石。

红色文化教育也能促进青少年全面发展。在学习过程中,他们不仅可以获得知识,还可以培养团队合作、批判性思考等其他重要技能。同时,通过了解先烈的英雄事迹,可以培养他们坚韧不拔、积极向上的心态。

红色文化教育不仅是对青少年的教育,还是对整个社会的教育。通过这种教育,在全社会范围内弘扬爱国主义精神,从而增强全社会的凝聚力。

## （五）强化严格执行纪律

在黄河三角洲的红色文化教育中,我们深知"无规矩不成方圆"的道理。一个团队、一个国家的稳定和繁荣,都需要规矩和秩序来维护。为此,可以通过各种形式的军事训练和集体活动,让青少年深刻体会纪律的重要性,并培养他们的团队精神。

在红色文化教育中,强调每一个成员都是团队的一部分,个人的行动会影响到整个团队。通过这种教育方式,青少年能够更加理解和遵守纪律,他们的团队也会更加团结和高效。同时,通过开展丰富多样的团队协作活动,让青少年在实践中学会协作与沟通,培养团队精神,使他们能够更好地适应社会发展的需要。

我们要高度重视群众观念的重要性,教导青少年,人民的利益高于一切。作为新时代的青少年,他们应该时刻把人民的利益放在首位。引导他们学会关心他人,学会为人民服务,学会在行动中展现对人民的忠诚和关爱。这样的教育方式能够增强青少年的群众观念,使他们更加理解和尊重他人,更加积极地参与为人民服务的事业中去。

在遵纪守法的意识培养方面,通过开设法律课程、组织法律知识竞赛等形式,让青少年了解我国的法律体系,认识到法律的重要性,并明白自己作为公民的义务和责任。同时,组织模拟法庭、法律援助等实践活动,让青少年深入理解法律知识,并在实践中培养法律意识和素养。这样的教育方式不仅增强了青少年的法律意识,还让他们更加理解和尊重法律,更加自觉地遵守法律。

红色文化教育不仅是对青少年的教育和培养,还是对整个社会的教育和塑造。通过这种教育,在全社会范围内弘扬爱国主义精神,增强社会凝聚力。每一个接受红色文化教育的青少年都要努力成为遵纪守法、关心群众、热爱祖国的优秀公民,为黄河三角洲甚至整个国家的繁荣稳定做出贡献。

在黄河三角洲的红色文化教育中,我们坚定不移地秉持着对纪律的严格要求和对人民利益的深度关切,培养青少年的遵纪守法意识和群众观念。这需要教育部门、家庭、社会等多方面的共同努力,形成培养青少年忠诚和无私奉献品质的合力,为中华民族伟大复兴的中国梦贡献力量。

### (六)顾全大局、爱党拥军、无私奉献

黄河三角洲的红色文化教育,致力于培养青少年的道德品质、遵纪守法意识,以及忠诚、无私、奉献的精神。这种精神的培养,是通过传承历史和文化、学习先烈的英雄事迹来实现的。

在教育过程中,采用课堂教育、实地考察、互动体验等多种方式,引导青少年深入了解革命历史和先烈的英勇事迹,使他们能够更加深刻地认识今天的幸福生活来之不易。同时,引导青少年树立对国家和人民的忠诚意识,培养他们的责任感和大局观。

在黄河三角洲的红色文化教育中,特别强调牺牲精神和奉献精神的培养。鼓励青少年学习先烈无私奉献的精神,为党和人民的事业做出贡献。

注重培养青少年的团队协作能力和领导能力。通过组织青少年参与各种社会实践活动,如环保、支教、扶贫等,让他们在实际行动中学会协作与沟通,培养团队精神,提升领导能力。这样的教育方式不仅能够丰富青少年的社会阅历,还可以锻炼他们的实践能力。

在家庭教育方面,鼓励家长参与红色文化教育,与学校、社会共同培养青少年具备忠诚、无私、奉献的精神。家长需关注孩子的思想教育,以身作则,为子女树立忠诚、无私、奉

献的榜样。通过家庭、学校、社会的共同努力,形成培养青少年忠诚和无私品质的合力,为中华民族伟大复兴的中国梦贡献力量。

通过这种教育模式,期望青少年能够成为具有高度爱国主义情怀和强烈社会责任感的公民。他们将学会用实际行动去维护国家利益和人民权益,为实现中华民族伟大复兴的中国梦而努力奋斗。在新时代的伟大事业中,他们将勇敢地担当起历史赋予的责任,为祖国的繁荣富强、人民的幸福安康贡献自己的力量。

## 二、黄河三角洲红色文化教育建议

黄河三角洲红色文化教育资源丰富,具有深厚的历史底蕴和独特的地域特色。为了更好地传承和发扬红色文化,建议从以下六大方面加强黄河三角洲红色文化教育。

### (一)建立红色文化教育基地

建立黄河三角洲红色文化教育基地是传承和发扬黄河三角洲红色文化的重要途径。黄河三角洲具有丰富的红色历史文化资源,包括垦区革命纪念碑、刘集红色遗址、渤海垦区革命纪念馆、黄河三角洲革命烈士纪念馆等。为了更好地保护和利用这些资源,建议从以下六个方面加强黄河三角洲红色文化教育基地的建设。

(1)选址与规划。选择具有代表性和影响力的红色景点作为教育基地的依托,如革命烈士纪念碑、红色遗址等。在规划上,注重教育基地的设施布局、功能区域划分以及参观路线设计,使之形成一个内容丰富、结构完整的教育体系。

(2)丰富展示内容。通过收集、整理黄河三角洲的红色历史文化资料,策划一系列富有地域特色的展览,展示黄河三角洲革命历史的演变、英雄事迹以及伟大成就。

(3)举办活动。定期举办各类黄河三角洲红色文化主题活动,如讲座、报告、演出、展览等,吸引更多的人关注和参与黄河三角洲红色文化教育。同时,还可以与学校、企事业单位等合作,开展红色主题实践活动,让参观者更好地体验黄河三角洲红色文化。

(4)利用现代技术手段。运用现代信息技术、网络平台等手段,拓展黄河三角洲红色文化教育基地的传播渠道,让更多的人通过网络、手机、电视等媒体了解和感受黄河三角洲红色文化的魅力。

(5)加强宣传推广。通过各类媒体,加大黄河三角洲红色文化教育基地的宣传力度,提高教育基地的知名度和影响力。同时,可以组织红色旅游线路,将黄河三角洲红色文化教育基地与其他红色景点相串联,以此吸引更多的游客参观学习。

(6)优化服务质量。提高黄河三角洲红色文化教育基地的服务水平,完善参观设施,提供专业讲解,设置游客接待中心等,为参观者提供便利、舒适的参观环境。

相信黄河三角洲红色文化教育基地会得到进一步加强,为培养一代又一代的社会主义建设者和接班人做出积极贡献。黄河三角洲红色文化教育基地将成为广大青少年学习革命历史、培育爱国主义情怀的重要场所。

## （二）开发红色旅游线路

为了更好地传承黄河三角洲红色文化,整合红色旅游资源,应当开发黄河三角洲红色旅游线路。这种线路将红色景点与自然风光、历史文化、民俗风情等元素相结合,旨在为游客提供丰富多样的旅游体验,让他们在欣赏美丽风光的同时,深入了解革命历史,感受黄河三角洲红色文化的魅力。

（1）深入挖掘黄河三角洲红色旅游资源。在开发红色旅游线路之前,需要对红色旅游资源进行深入挖掘。这包括革命烈士纪念碑、红色遗址、革命纪念馆等。通过挖掘这些资源,充分了解革命历史、英雄事迹以及伟大成就,为开发黄河三角洲红色旅游线路提供丰富的素材。

（2）精心设计旅游线路。根据挖掘出的黄河三角洲红色旅游资源,精心设计旅游线路。这些线路应将红色景点与自然风光、历史文化、民俗风情等元素相结合,形成内容丰富、结构完整、具有地域特色的旅游产品。例如,可以将红色景点与附近的自然景观相融合,让游客在欣赏美丽风光的同时,感受黄河三角洲红色文化的熏陶;或将红色景点与当地的历史文化、民俗风情相结合,让游客在了解革命历史的同时,体验当地独特的文化魅力。

（3）提供优质旅游服务。为了提高黄河三角洲红色旅游线路的吸引力,需要提供优质的旅游服务。这包括完善旅游基础设施、提高导游素质、丰富旅游活动等。提供优质服务可以让游客在旅游过程中感受到舒适、便利,从而提高游客的满意度和忠诚度。

（4）加强宣传推广。推动黄河三角洲红色旅游线路的发展,需要加强宣传推广。可以通过各类媒体、网络平台、旅游展览会等渠道,加大红色旅游线路的宣传力度,提高线路的知名度和影响力。此外,还可以组织黄河三角洲红色旅游推广活动,以此吸引更多的游客关注和参与红色旅游。

（5）发挥黄河三角洲红色旅游的教育功能。红色旅游线路不仅具有旅游价值,还具有很强的教育功能。在旅游过程中,游客可以深入了解革命历史,感受先烈的英勇事迹,培养自己的爱国主义情怀和社会责任感。因此,在开发黄河三角洲红色旅游线路时,我们应充分发挥其教育功能,将红色旅游线路打造成为广大游客学习革命历史、培育社会主义核心价值观的重要场所。

## （三）加强红色文化研究

加强红色文化研究是保护和传承红色文化的重要手段。为了更好地挖掘黄河三角洲红色历史文化资源,建议从以下七个方面着手。

（1）设立红色文化研究课题。鼓励和支持相关学术机构、研究机构设立红色文化研究课题,组织专家、学者对黄河三角洲红色历史文化进行深入研究。这些课题可以包括红色革命历史、英雄事迹、伟大成就等方面,全面挖掘黄河三角洲红色文化的内涵和价值。

（2）整理历史资料。通过收集、整理黄河三角洲红色历史资料,包括文献、图片、实物等,为红色文化研究提供丰富的素材。这些资料是红色文化研究的基础,对于还原历史真相,挖掘红色文化价值具有重要意义。同时,要加强对资料的保护和利用,建立红色文化资料库,方便研究者查阅。

（3）开展跨学科合作。加强黄河三角洲红色文化研究与历史学、政治学、社会学、教育学等学科的合作,从多学科的角度对红色文化进行深入研究。通过跨学科合作,可以丰富红色文化研究的视角和方法,提高研究质量,为红色文化传承提供有力支撑。

（4）举办黄河三角洲红色文化研讨会。定期举办红色文化研讨会,邀请国内外专家学者共同探讨红色文化研究的理论与实践问题,交流红色文化研究成果。研讨会可以成为红色文化研究者交流思想、分享成果的重要平台,有助于推动红色文化研究的深入发展。

（5）加强人才培养。培养一批熟悉黄河三角洲红色文化、热爱红色文化研究的人才,为红色文化研究提供有力的人才支持。这些人才可以成为红色文化研究的中坚力量,为红色文化传承和发展做出贡献。

（6）推动黄河三角洲红色文化成果转化。将红色文化研究成果转化为教学内容、展览素材等,为红色文化教育提供丰富的教学资源。这有助于让更多人了解和传承红色文化,增强民族自豪感和凝聚力。

（7）建立黄河三角洲红色文化研究平台。建立红色文化研究交流平台,包括学术研讨会、红色文化论坛等,为红色文化研究者提供交流、合作的渠道。这样的平台有助于促进红色文化研究的繁荣发展,为红色文化传承和发扬提供有力支持。

## （四）融入学校教育

将黄河三角洲红色文化教育融入学校教育教学体系,对于培养青少年的爱国主义情操和革命传统观念具有重要意义。为了更好地实现这一目标,建议从以下两大方面着手。

### 1. 制订黄河三角洲红色文化教育计划

结合学校教育实际,制订红色文化教育计划,明确红色文化教育的目标、内容、方法等,确保红色文化教育融入学校教育教学的各个环节。

在制订黄河三角洲红色文化教育计划时,需要充分考虑当地红色文化的特点和优势,结合学校教育的实际需求,确保红色文化教育计划的有效性和可操作性。

（1）目标。培养青少年对红色文化的认识和理解,传承和发扬黄河三角洲的红色文化;培养青少年爱国主义情操和革命传统观念,树立正确的世界观、人生观和价值观;提高青少年的人文素养和社会责任感,为社会主义建设和发展贡献力量。

（2）内容。① 红色历史:介绍黄河三角洲的革命历史、英雄事迹和伟大成就,让青少年了解红色历史,感受革命先烈的英勇精神。② 红色文学:学习黄河三角洲的红色文学作品,如红色诗歌、散文、小说等,培养青少年的文学素养和审美情趣。③ 红色音乐:教授红色歌曲和革命音乐,让青少年在歌声中感受红色文化的魅力,培养爱国主义情操。④ 红色艺术:欣赏红色题材的绘画、雕塑、戏剧等艺术作品,培养青少年的艺术素养和审美能力。⑤ 红色实践:组织青少年参观红色文化教育基地、红色遗址等,让青少年亲身感受红色历史,增强红色文化教育的实践性。

（3）方法。① 课堂教学:通过讲解、讨论、案例分析等方式,进行红色文化知识的传授和讨论。② 课程整合：与其他学科相结合，如语文、道德与法治、音乐、美术等，实现红色文化教育的全面渗透。③ 课外拓展：鼓励青少年阅读红色书籍、观看红色电影等，丰富青少年的红色文化体验。④ 网络教学：利用网络资源，开展线上红色文化教育，拓宽学习渠道。

（4）实施与评价。制订详细的红色文化教育计划实施方案，明确责任分工，确保计划的顺利实施。定期对红色文化教育计划进行评价和总结，根据评价结果调整和完善计划内容。结合青少年的学习表现和参与情况，对青少年的红色文化教育效果进行评价，及时发现和解决问题。

### 2. 开设黄河三角洲红色课程

为了更好地将黄河三角洲红色文化融入学校教育，可以在课程设置中增加红色课程，具体有以下七个方面的措施。

（1）设置红色历史课程。系统地介绍黄河三角洲的革命历史、英雄事迹和伟大成就。让青少年通过学习，了解红色历史，感受革命先烈的英勇精神。此外，还可以邀请革命后代、老战士等亲临课堂，讲述第一手资料，让青少年更加直观地了解红色历史。

（2）开设红色文学课程。让青少年学习黄河三角洲的红色文学作品，如红色诗歌、散文、小说等。青少年通过学习这些作品，不仅可以培养文学素养和审美情趣，还能更好地了解红色历史和英雄事迹。可以组织青少年进行红色文学作品创作，激发他们的创作热情，同时加深他们对红色文化的理解。

（3）设置红色音乐课程。教授红色歌曲和革命音乐。通过歌声，让青少年在愉悦的氛围中感受红色文化的魅力，培养爱国主义情操。可以组织红色歌曲合唱比赛，让青少年在参与中感受红色音乐的力量。

（4）欣赏红色艺术。在美术、音乐等艺术课程中，增加红色题材的教学内容，如红色绘画、雕塑、戏剧等。让青少年通过欣赏这些作品，培养艺术素养和审美能力，同时深入了解红色历史和文化。可以组织青少年参观红色艺术展览，让他们在欣赏艺术作品的同时，感受红色文化的魅力。

（5）开展红色实践活动。组织青少年参观红色文化教育基地、红色遗址等，让青少年亲身感受红色历史，增强红色文化教育的实践性。可以组织青少年参加红色志愿服务活动，让他们在实际行动中践行红色精神。

（6）跨学科整合。在语文、道德与法治、音乐、美术等课程中，结合红色历史和文化进行教学，实现红色文化教育的全面渗透。例如，在语文课上，可以选取红色题材的课文进行教学；在音乐课上，可以教唱红色歌曲；在美术课上，让青少年绘制红色题材的作品等。

（7）组织黄河三角洲红色主题活动。定期组织红色主题活动，如红色故事会、红色歌曲演唱、红色戏剧表演等，让青少年在参与活动的过程中，感受红色文化的魅力，培养爱国主义情操和革命传统观念。

## （五）利用现代技术手段

利用现代信息技术、网络平台等手段，拓展红色文化教育的传播渠道，让更多的人通过网络、手机、电视等媒体了解和感受红色文化的魅力。

为了更好地传承和发扬黄河三角洲红色文化,可以采取以下五个方面的措施。

（1）建立黄河三角洲红色文化教育网站。搭建一个专门的红色文化教育网站,展示黄河三角洲的革命历史、英雄事迹、红色文学、红色音乐等资源。通过网络平台,让更多人了解和感受红色文化的魅力。网站可以分为不同的板块,如红色历史、红色文学、红色音乐、红色艺术、红色旅游等,为用户提供丰富的红色文化内容。同时,网站还应提供便捷的搜索功能和留言评论区域,方便用户查找信息和交流心得。

（2）开发黄河三角洲红色文化教育手机应用。针对手机用户,开发红色文化教育手机应用,方便用户随时随地地了解黄河三角洲红色文化。应用可以包括红色历史、红色文学、红色音乐等内容,同时提供在线观看、阅读和收听功能。此外,还可以通过推送消息等方式,及时向用户推送红色文化资讯,提高用户黏性。

（3）利用社交媒体传播黄河三角洲红色文化。通过微博、微信、抖音等社交媒体平台,定期发布与黄河三角洲红色文化相关的内容,以此吸引用户关注并参与互动。此外,可以组织线上红色主题活动,如红色故事会、红色音乐会等,提高红色文化在网络空间的传播力。同时,鼓励用户在社交媒体上分享红色文化内容,让红色文化得到更广泛的传播。

（4）制作黄河三角洲红色文化教育视频。通过拍摄和制作红色历史、红色文学、红色音乐等教育视频,利用网络平台、电视台等媒体进行传播。视频内容可以包括讲座、访谈、实地拍摄等,形式多样,以吸引不同类型的观众。此外,还可以将视频上传至视频网站和社交媒体平台,进一步扩大红色文化的影响力。

（5）开展线上线下结合的黄河三角洲红色文化教育活动。利用网络平台,组织线上红色主题活动,如红色故事会、红色音乐会等。同时,结合线下活动,如红色旅游、红色展览等,让更多人亲身体验红色文化的魅力。可以与学校、企事业单位、社会组织等合作,共同举办红色文化教育活动,提高活动的参与度和影响力。

## （六）鼓励民间参与

（1）积极引导民间力量参与黄河三角洲红色文化教育。政府作为红色文化教育的主导者,应出台相关政策,积极引导民间力量参与红色文化教育。政府可以提供一定的资金扶持和税收优惠等政策,降低民间组织参与红色文化的门槛,鼓励民间资本投入红色文化教育领域。例如,政府可以为民间组织开展的红色文化教育活动提供专项资金,或者给予税收减免的优惠政策,使其能够更好地投入红色文化教育中。加强与企业、社会团体等民间组织的合作,共同开展红色文化教育活动。例如,政府可以与企业合作举办红色主题展览、红色旅游等活动,借助企业的资源和渠道,提高红色文化的影响力。同时,政府也可以与社会团体合作,共同开展红色文化讲座、故事会等活动,让红色文化走进社区,走进家庭,成为人们日常生活中的一部分。

（2）支持和培育黄河三角洲红色文化志愿者队伍,发动民间力量参与红色文化教育。政府可以通过培训、提供补贴等方式,鼓励志愿者参与红色文化教育活动的组织、讲解等工作。例如,政府可以定期举办红色文化志愿者培训班,提高志愿者的红色文化素养,同时也可以为志愿者提供一定的补贴,激发其参与红色文化教育活动的积极性。

(3)举办各类红色文化活动,让黄河三角洲红色文化走进社区,走进家庭。① 红色文化讲座、故事会:定期举办红色文化讲座和故事会,邀请专家学者、革命后代等为社区居民讲解红色历史、英雄事迹,传播红色文化。通过讲座和故事会,让社区居民更深入地了解红色历史,感受红色文化的魅力。② 红色歌舞、戏剧表演:组织红色歌舞、戏剧等文艺演出,将红色文化以生动活泼的形式呈现给社区居民。通过观看红色文艺表演,让社区居民在愉悦的氛围中接受红色文化教育,使红色文化走进人们的生活。③ 红色主题教育:开展红色主题教育,如组织青少年参观红色文化教育基地、红色遗址等,让他们亲身感受红色历史,增强红色文化教育的实践性。通过参观红色文化教育基地,青少年可以更好地了解红色历史,培养爱国情怀。④ 红色旅游活动:举办红色旅游活动,组织社区居民参观黄河三角洲红色景点,了解红色历史,感受红色文化氛围。开展红色旅游,让社区居民在游玩中学习红色历史,提高红色文化教育的实效性。⑤ 红色主题活动:结合传统节日、纪念日等,举办红色主题活动,如红色诗歌朗诵、红色故事比赛等,让红色文化成为人们日常生活的一部分。举办红色主题活动,让青少年在庆祝节日的同时,传承和弘扬红色文化。

# 第八节　黄河三角洲胜利油田文化教育

　　胜利油田文化对黄河三角洲的发展具有深远意义,它不仅推动了地区的经济发展,还对人们的生活方式、思维方式和文化认同产生了重要影响。

　　石油资源的开发和利用促进了中国经济的发展。石油是现代工业的血液,对于国家的经济发展具有举足轻重的地位。黄河三角洲的石油资源丰富,石油产业的快速发展带动了相关产业链的壮大,为地区和国家创造了巨大的经济效益。

　　胜利油田文化改变了人们的生活方式。随着石油产业的兴起,黄河三角洲的人们从传统的农耕生活中解脱了出来,转向从事与石油产业相关的工作,生活方式也发生了明显的变化。石油产业的发展为当地提供了更多的就业机会,提高了人们的生活水平。

　　胜利油田文化为黄河三角洲带来了新的文化元素,丰富了当地的文化生活。石油产业的兴起吸引了大量的外地人口涌入,为当地带来了不同的文化传统和观念。同时,石油企业为了提升员工的凝聚力和归属感,也会积极举办各类文化活动,这些活动进一步丰富了当地的文化生活。

　　然而,胜利油田文化也带来了一定的负面影响。石油资源是有限的,过度开发和利用会对环境造成严重破坏。因此,在发展胜利油田文化的同时,我们还需要关注环境保护问题,实现可持续发展。

　　总之,胜利油田文化在黄河三角洲具有重要的影响,它既推动了经济发展,改变了人们的生活方式,又丰富了当地的文化生活。在未来,我们应该在发展胜利油田文化的同时,注重环境保护,实现经济、社会和环境的协调发展。

　　黄河三角洲胜利油田文化教育是指在黄河三角洲,以胜利油田文化为主题,对人们进行的一种特殊教育。这种教育既包括对石油资源的科学知识、石油产业的发展历程、石油技术的应用等方面的知识传授,也包括对胜利油田文化所蕴含的价值观、道德观、行为规范等方面的教育,特别是教育青少年学习胜利石油人的高尚情操和奋斗精神。

　　黄河三角洲胜利油田文化教育的主要目的是提高青少年对胜利油田文化的认识和理解,培养他们的胜利油田文化素养,使他们能够更好地适应和参与石油产业的发展。胜利油田文化教育也有助于提升青少年的环保意识,推动石油产业的可持续发展,教育青少年学习胜利石油人忠诚于国家、艰苦创业、敢于拼搏、科技创新、团结协作、追求卓越的精神。

　　黄河三角洲胜利油田文化教育的方式方法多种多样,包括以下三大方面。

## 一、开设胜利油田文化课程

在学校开设胜利油田文化课程,不仅可以传授石油科学知识,还可以引导青少年了解石油产业的发展历程,认识石油技术在现代社会中的重要性。同时,通过讲述胜利石油人的精神风貌,可以激发青少年的爱国情怀,培养他们艰苦创业、敢于拼搏、科技创新、团结协作、追求卓越的精神品质。

### (一)石油科学基础知识

石油科学基础知识主要包括以下五个方面。

(1)石油的成因。石油的成因比较复杂,通常认为它是由古生物遗体在地质历史长期作用下形成的。具体来说,石油主要来源于海洋中的浮游生物、藻类和小型生物遗体,这些生物在死亡后遗体沉入海底,被泥沙等沉积物覆盖。随着时间的推移,这些有机物质在高压、高温和缺氧的环境下,通过生物降解、化学反应和物理作用,逐渐形成了石油和天然气。石油的形成需要满足一定的条件:① 有机质丰富:石油主要来源于有机质,因此有机质的丰度直接影响石油的形成。在地质历史上,有机质丰富的时期往往石油资源丰富。② 埋藏深度适适宜:石油形成需要适宜的温度和压力,因此埋藏深度对于石油的形成至关重要,一般来说,埋藏深度在 2 000～5 000 m 的区域有利于石油的形成。③ 温度和压力适宜:石油形成需要适宜的温度和压力条件。在一定的温度范围内(通常为 50～150 ℃),有机质才能转化为石油和天然气。适宜的压力条件也有助于石油的形成。石油主要形成于古生代和中生代的海相沉积的盆地。这些盆地中的沉积物含有丰富的有机物质,因而形成了丰富的石油资源。

(2)石油的勘探。石油勘探是指通过地质、地球物理、地球化学等方法,在一定区域内寻找石油资源的过程。这些方法可以用来探测地下石油资源的分布、储量、性质等信息,为石油开采提供依据。地震勘探通过利用地震波在地下传播的特性,研究地下岩石的地震反射信号,从而推测地下石油资源的分布。地震勘探可分为二维地震勘探和三维地震勘探,其中三维地震勘探具有更高的分辨率,能更准确地反映地下石油资源的分布。重力勘探是通过测量地面的重力场,研究地下岩石密度的差异,从而推测地下石油资源的分布。重力勘探适用于寻找浅层石油资源和非地震活跃区。磁法勘探是通过测量地面的磁场,研究地下岩石磁性的差异,从而推测地下石油资源的分布。磁法勘探适用于寻找磁性较强的岩石中的石油资源。电法勘探是通过测量地面的电场,研究地下岩石电阻率的差异,从而推测地下石油资源的分布,其适用于寻找电阻率较低的岩石中的石油资源。钻井勘探是通过钻井获取地下岩石样品,对岩石进行岩相、岩性、生烃潜力等分析,从而确定石油资源的分布和储量。钻井勘探可以直接观察地下石油资源的形态和分布,是石油勘探中最直接、最可靠的方法。

(3)石油的开采。石油开采是指在找到石油资源后,通过钻井等手段将石油从地下提取出来的过程。常规油气藏是指在地层中形成的、具有一定规律的石油和天然气聚集。常规油气藏开发主要包括注水驱、气体驱、热采等方法。注水驱是通过向油层中注入高压水,增加油层压力,从而推动石油向井口流动;气体驱是向油层中注入高压气体,取代部分石油,降低油层压力,使石油易于流动;热采是通过向油层中注入热水或热蒸汽,提高油层温度,从而降低石油的黏度,使其易于流动。非常规油气藏是指在地层中形成的、具有一定规模的石油和天然气聚集,但分布不规律、难以用传统方法开采的油气藏。非常规油气藏开发主要包括煤层气、页岩气、油砂等。煤层气是通过钻井抽取煤层中的气体;页岩气是通过水平钻井和水力压裂技术开采页岩中的天然气;油砂是通过热采或化学采油的方法开采油砂中的石油。海上油气开发是指在海洋环境中进行石油和天然气的勘探、开采、生产等活动。海上油气开发需要克服海洋环境带来的挑战,如高盐、高压、低温、海底地质复杂条件等。海上油气开发主要包括固定平台、浮动平台、水下生产系统等几种形式。

（4）石油的炼制。石油炼制是指将开采出来的原油通过一系列物理和化学过程,分离出不同馏分和产品。原油在进入炼油厂之前需要进行预处理,以去除杂质和水分。预处理过程包括原油的接收、储存、预热和脱盐等。常减压蒸馏是石油炼制中最重要的过程之一,它通过蒸馏将原油分离成不同馏分。在常减压蒸馏过程中,原油在一定的温度和压力下进行蒸馏,馏分分为轻质馏分(如汽油、煤油、柴油等)和重质馏分(如润滑油、石脑油、重柴油等)。催化裂化是将重质馏分在催化剂的作用下分解成较小分子的过程。催化裂化可以提高轻质馏分的产量,同时生成裂化汽油和液化石油气等产品。加氢裂化是在氢气存在下进行的催化、裂化过程,可以进一步降低重质馏分的相对分子质量,提高轻质馏分的产量。加氢裂化可以生产高辛烷值汽油和石脑油等产品。催化重整是将轻质馏分在催化剂的作用下进行重整反应,生成高辛烷值汽油和氢气等产品。烷基化是将轻质馏分与烷基化剂进行反应,生成烷基化汽油等产品。烷基化可以提高汽油的辛烷值和抗爆性能。脱蜡是将重质馏分中的蜡质去除,以提高产品质量和加工性能。脱蜡过程包括溶剂脱蜡、冷凝脱蜡和蜡回收等。

（5）石油的用途和价值。石油是一种重要的能源和化工原料,广泛应用于交通、工业、农业、建筑等领域。石油可以作为燃料,用于汽车、火车、飞机等交通工具的运行。石油产品如汽油、柴油、煤油等在燃烧时可以释放出大量的能量,为交通工具提供动力。石油是生产石化产品的重要原料,如塑料、化肥、合成橡胶等。通过石油化工工艺,可以将石油中的长链烃分子裂解成短链烃分子,进而合成各种石化产品。石油中的一些馏分可以作为润滑油,用于机械设备的润滑和冷却。润滑油可以减少机械部件之间的摩擦,延长设备使用寿命,提高设备运行效率。石油产品还可以用于建筑领域,如沥青、石脑油等可以用于道路铺设和建筑防水。

石油对于现代社会的经济发展和生活水平提高具有不可替代的价值。然而,石油资源是有限的,需要通过节能减排、开发可再生能源等途径,实现能源的可持续利用。了解石油科学基础知识有助于我们更好地认识石油产业,从而更好地利用和保护这一重要的资源。

## （二）石油产业的发展历程

石油产业的发展历程可以追溯到古代,当时的人们主要使用石油作为燃料和药物。

现代石油产业始于19世纪中叶,随着内燃机的发明和工业化进程的加速,石油的需求量迅速增长,石油产业逐渐成为一个重要的经济领域。

早在公元前3000年,古代苏美尔人、巴比伦人、亚述人等就已经开始使用石油了。他们发现石油具有易燃、照明效果好等特点,主要将其用于照明和取暖。此外,石油还被用于治疗皮肤病等疾病。1859年,美国宾夕法尼亚州出现了世界上第一口商业化石油井,标志着现代石油产业的开始。随着内燃机的发明和应用,石油逐渐成为一种重要的能源。20世纪初,随着汽车工业的发展,石油需求量迅速增长。同时,石油化学工业也开始崛起,石油成为生产石化产品的重要原料。这一时期,中东地区发现了大量的石油资源,成为全球石油产业的重要支柱。二战结束后,全球石油需求量持续增长。1973年,中东战争爆发,导致石油输出国组织(OPEC)减产,引发了第一次石油危机,致使石油价格飙升,全球经济受到了严重影响。石油产业在这一时期经历了多次波动。随着节能技术的发展、石油替代能源的兴起以及石油产量的增加,石油价格逐渐趋于稳定。然而,石油资源的有限性和环境问题日益突出,促使各国寻求可持续发展的能源路径。

我国石油产业的发展历程:20世纪初,我国开始引进西方的石油开采技术,逐步发展石油产业。1950—1970年,我国石油产业在艰苦的条件下发展壮大。大庆油田的发现和开发,使我国石油产量迅速增长,基本满足了国内需求。1980—1990年,我国石油产业进入快速发展期,石油产量不断攀升,满足了国内经济建设的需要。21世纪初,我国石油产业继续壮大,石油企业走出国门,参与国际石油合作。同时,我国石油消费持续增长,石油进口量逐年上升。当前,我国石油产业面临资源有限、环境压力、国际市场波动等挑战。我国政府鼓励石油产业转型升级,发展新能源和节能技术,提高能源利用效率,保障国家能源安全。

### (三)石油技术的应用

石油技术的应用贯穿于石油产业的上下游环节,包括勘探、开采、炼制等。现代石油技术的应用不但提高了石油资源的开发效率,而且为现代社会提供了丰富的能源和化工产品。以下是石油技术在各个领域的应用。

(1)石油勘探技术。现代石油勘探技术包括地震勘探、电磁法勘探、重力法勘探等。这些技术可以帮助石油公司在广阔的地域范围内快速找到潜在的石油资源,降低勘探成本。

(2)石油开采技术。石油开采技术包括常规开采(如钻井、完井、采油等)和非常规开采(如气举、热采、水驱、注气驱、泡沫驱等)。这些技术可以有效地提高石油采收率,降低开采成本。

(3)石油炼制技术。石油炼制技术包括原油预处理、常减压蒸馏、催化裂化、加氢裂化、催化重整、烷基化、脱蜡等。这些技术可以将石油中的不同馏分分离出来,生产出各种石油产品,满足社会对能源和化工产品的需求。

(4)石油化工技术。石油化工技术以石油为原料,通过裂解、聚合等工艺生产石化产品,如塑料、化肥、合成橡胶等。这些石化产品广泛应用于交通、建筑、包装、医疗等领域。

石油技术在现代社会中发挥着重要作用,为人们的生产和生活提供了便利。然而,石

黄河三角洲文化教育

油资源的有限性和环境问题促使人们寻求可持续发展的能源路径,如太阳能、风能、水能等可再生能源。在未来,石油技术将持续发展,以适应能源转型和环境保护的需求。

### (四)胜利石油人的精神风貌

胜利石油人始终将国家利益放在首位,他们深知石油是国家重要的战略资源,对于国家的经济发展和国防安全具有举足轻重的地位。为了保障国家能源安全,他们默默奉献在石油勘探、开采、炼制等岗位上,他们以高度的责任感和使命感,为国家石油事业贡献着自己的力量。

在石油勘探阶段,人们冒着严寒酷暑、风沙雨雪,跋涉在茫茫戈壁、高山大漠中,找寻石油资源。他们运用先进的地球物理勘探技术,探索地下深处的情况,为找到更多石油资源而努力。

在石油开采阶段,石油人克服了诸多技术难题和恶劣的自然条件,通过不断优化开采技术,提高石油采收率,确保国家能源供应的稳定。他们还关注环境保护,努力实现石油开采与生态环境的和谐共生。

在石油炼制阶段,通过精细化的炼制工艺,将石油中的不同馏分分离出来,生产出各种石油产品,满足国家经济建设和人们生活的需求。同时,他们还致力于石油化工产品的研发,为国家的工业发展提供原材料。

在石油生产过程中,石油人始终坚定信念,忠诚于国家,以无私奉献的精神,为国家的能源事业做出了巨大贡献。他们用实际行动,诠释了对国家、对人民的忠诚与担当。这种忠诚于国家的精神风貌,值得青少年向他们学习,激发大家为国家的繁荣和发展贡献自己的力量。

石油人在艰苦创业方面展现了非凡的精神风貌。面对恶劣的自然环境和艰苦的生活条件,他们毫不畏惧、勇往直前。在茫茫戈壁、高山、大漠中,他们克服重重困难,为找寻石油资源付出辛勤的努力。

石油人注重国内外石油技术发展动态,积极参加各类技术交流和研讨会,及时掌握国际先进石油技术。他们以开放的胸怀,学习借鉴国际石油行业的先进经验,为我国石油技术的发展提供了有力支持。

石油人积极开展技术研发,针对生产中的技术难题,进行科技攻关。他们通过自主研发和合作研发,取得了一系列具有自主知识产权的核心技术。这些技术的应用,使得石油资源的开发效率得到了显著提高,为我国石油事业的发展提供了技术保障。

石油人重视技术引进,通过与国内外石油企业和技术服务公司的合作,引进了一大批先进石油技术。这些技术的引进和消化吸收,为我国石油产业的技术进步和产业结构优化升级提供了有力支撑。

石油人重视人才培养,通过多种途径提高员工的科技素质。他们举办各类技术培训班,选拔优秀员工赴国内外深造,培养了一批又一批石油技术人才。这些人才成为推动我国石油科技创新的重要力量。

石油人注重团队建设,强化集体意识。他们明白,只有团结协作,才能克服工作中的各种困难和挑战。因此,他们在工作中相互支持,密切配合,形成了一个团结协作的集体。

石油人尊重彼此,充分发挥每个人的特长和优势。在团队合作中,他们发扬民主,充分听取意见和建议,使得每个成员都能发挥自己的专长,为团队的目标贡献力量。

石油人共同为实现国家石油事业的目标而努力。他们以国家利益为重,始终保持高昂的工作热情和积极的工作态度,为我国石油事业的发展贡献自己的力量。

石油人共同分享石油事业的辉煌成果。他们明白,石油事业的发展离不开每一个成员的辛勤付出。因此,在石油事业取得辉煌成果时,他们会共享胜利的喜悦和荣誉。

石油人注重提升自身素质,包括专业技能、业务知识、沟通协作能力等各个方面。他们积极参加各类培训和学习活动,努力提高自己的综合素质,为石油工作打下坚实基础。

石油人以精益求精的态度对待工作,始终保持对工作的热情和投入。他们严谨细致,追求完美,始终努力提高工作效率,保证工作质量。在石油勘探、开采、炼制等各个环节,他们都力求做到最好,实现工作目标。

他们以卓越的业绩展现了石油人的风采。在他们的努力下,我国石油事业取得了举世瞩目的成就,为国家的经济发展和能源安全做出了重要贡献。这些业绩充分体现了石油人的担当精神和奋斗成果。

胜利石油人的卓越表现赢得了社会的尊重和认可。他们以自己的实际行动,展示了石油人的责任感和使命感,树立了良好的行业形象。社会各界对他们的努力和成就给予了高度评价,这无疑是对他们追求卓越的最好肯定。

## (五)石油产业与环保

石油产业在为我国经济发展和能源供应做出巨大贡献的同时,也带来了一定的环境问题。石油产业对环境的影响主要包括以下四个方面。

(1)石油开采方面。在石油开采过程中,可能会产生地面和地下污染。地面污染主要来源于石油泄漏、泥浆处理不当等,地下污染主要来源于钻井液和废弃物污染地下水。

(2)石油运输方面。石油运输过程中,可能会发生石油泄漏,对海洋环境造成污染。此外,石油运输还可能产生大量温室气体,加剧全球气候变化。

(3)石油炼制方面。石油炼制过程中,会产生大量废气、废水和固体废物,对环境造成污染。尤其是炼制过程中的废气排放,可能含有有毒、有害物质,对空气质量造成影响。

(4)石油消费方面。石油消费过程中,汽车尾气排放是大气污染的主要来源之一。此外,石油产品在生产和使用过程中,也可能产生废水和固体废弃物。

为了实现石油产业的可持续发展,可以从以下四个方面着手。

(1)加强技术创新。通过技术创新,提高石油资源的开发效率,降低生产成本,减少对环境的影响。例如,发展绿色钻井技术,减少钻井液对地下水的污染;推广节能减排技术,降低石油炼制过程中的废气排放。

(2)强化环保法规。制定严格的环保法规,规范石油产业的环境行为。对违反环保法规的企业,要依法进行处罚,确保石油产业在环保法规的约束下实现可持续发展。

(3)提高环保意识。加强对石油产业从业人员的环保教育,提高他们的环保意识。

让他们认识到石油产业对环境的影响,更加重视环保工作,采取有效措施减少对环境的影响。

(4)发展绿色能源。积极推进绿色能源的发展,逐步减少对石油的依赖。例如,大力发展太阳能、风能、水能等可再生能源,减少石油消费,从而减轻石油产业对环境的影响。

通过以上措施,石油产业可以在保障能源供应的同时,实现可持续发展,为我国经济的繁荣和环境的改善做出贡献。同时,培养青少年环保意识,让他们了解石油产业对环境的影响,激发他们参与环保工作的积极性,共同为保护地球家园贡献力量。

## 二、举办胜利油田文化讲座和研讨会

### (一)目的

通过讲座和研讨会,可以让青少年更深入地了解和认识胜利油田文化,理解石油产业的重要性和价值,这对于培养他们的国家意识和责任感具有重要意义。

通过让青少年学习胜利石油人的高尚品德和革命精神,可以激发他们的爱国情怀和责任感。胜利石油人在艰苦的环境中,以高度的责任感和使命感,为我国的石油事业做出了巨大的贡献,他们的精神和品质对于青少年具有极大的感染力和影响力。

通过讲座和研讨会,可以为石油产业的专家、学者和从业人员提供一个分享经验和见解的平台,这对于推动石油产业的发展和创新具有重要作用。在这个平台上,大家可以交流思想,碰撞火花,共同推动我国石油产业的发展。

### (二)内容

(1)胜利油田的发展历程。主要介绍胜利油田从无到有,从小到大的发展历程,以及这个过程中所蕴含的奋斗精神和创新意识。这可以让青少年了解到胜利油田的发展并非一帆风顺,而是通过一代代石油人的艰苦努力和创新,才取得了今天的成就。

(2)胜利油田文化的特点和优势。分析当前胜利油田文化的特点和优势,比如严谨务实的工作态度、敢于创新的精神、团结协作的团队文化等。这可以让青少年了解到胜利油田文化的内涵和价值。

(3)胜利油田面临的问题和挑战。探讨胜利油田在发展过程中面临的问题和挑战,比如环保压力、技术瓶颈、市场竞争等。这可以让青少年了解到胜利油田的发展并非一帆风顺,而是需要不断面对和解决各种问题。

(4)胜利油田文化的未来趋势和发展方向。探讨胜利油田文化未来的发展方向和趋势,以及如何应对未来的挑战和机遇。这可以让青少年对胜利石油的未来发展有一个清晰的认识,同时也能激发他们参与和贡献自己力量的积极性。

### (三)形式

(1)专家讲座。邀请石油产业的专家、学者和从业人员,通过讲解、演示等方式,向青少年传授胜利油田文化知识。这种方式可以让青少年接触到最专业、最权威的知识和信息,同时也能够激发他们对石油产业的兴趣和热情。

(2)互动环节。在讲座过程中,设置一些互动环节,比如提问、讨论等环节,让青少年有机会与专家、学者和从业人员进行交流和互动。这种方式可以让青少年更加深入地理解胜利油田文化,同时也能够提高他们的参与感和获得感。

(3)小组讨论。组织青少年对胜利油田文化进行小组讨论,分享他们的观点和想法,以及对石油产业的期待和建议。这种方式可以让青少年有机会表达自己的想法和看法,同时也能够激发他们的思考和创新能力。

(4)成果展示。在讨论结束后,组织青少年进行成果展示,比如通过海报、报告、视频等方式,展示他们的讨论成果和建议。这种方式可以让青少年有机会展示自己的能力和才华,同时也能够让其他人了解到他们的想法和观点。

## (四)后续

(1)意见反馈。整理和汇总青少年的意见和建议,反馈给石油产业的专家和从业人员。这将有助于专家和从业人员了解青少年对石油产业的期待和建议,从而为石油产业的发展提供有益参考。

(2)内容分享。将讲座和研讨会的内容,以文字、图片或视频的形式,分享给更多的人。这可以通过社交媒体、官方网站、博客等多种渠道进行,让黄河三角洲胜利油田文化得到更广泛的传播和传承。

(3)成果展示。组织一次成果展示活动,让青少年展示他们在讲座和研讨会中的收获和成果,比如通过海报、报告、视频等方式。这不仅可以激励青少年进一步学习和实践胜利油田文化,还可以让更多的人了解和关注胜利油田文化。

(4)跟进活动。根据青少年的反馈和建议,组织一些跟进活动,比如参观石油企业、实践体验等。这将有助于青少年更深入地了解和体验石油产业,从而更好地理解和传承黄河三角洲胜利油田文化。

(5)长期合作。与石油产业的专家、学者和从业人员建立长期合作关系,共同推动胜利油田文化的传播和传承。这可以通过定期举办讲座、研讨会、培训班等方式实现,为青少年提供更多了解和参与石油产业的机会。

## 三、建立胜利油田文化教育基地

建立胜利油田文化教育基地是一个非常有意义的举措,也是一个非常有意义的项目,不仅可以传承和弘扬胜利油田文化,还可以提高青少年的科学素养和环保意识。

## (一)选址

黄河三角洲作为胜利石油的发源地,具有独特的地理优势和丰富的石油资源。在这里选址建立胜利油田文化教育基地,不仅可以让青少年更好地了解和传承胜利油田文化,还可以培养他们的环保意识和可持续发展理念。

黄河三角洲拥有丰富的石油资源,是我国重要的石油产区之一。在这里建立胜利油田文化教育基地,可以充分利用当地的石油资源,通过实物展示、模型演示等方式,让青少年更直观地了解石油的开采、提炼和应用等过程,感受石油工业的魅力。

黄河三角洲具有深厚的石油文化底蕴。这里的石油产业发展历史悠久,积累了丰富的经验和技术,形成了独特的石油文化。通过建立胜利油田文化教育基地,可以传承和弘扬这种石油文化,让更多的人了解石油产业的发展历程和辉煌成就。

黄河三角洲是我国重要的生态湿地,具有丰富的生态资源和优美的自然环境。在这里建立胜利油田文化教育基地,可以结合环保教育,让青少年了解石油工业对环境的影响以及如何在发展和环保之间找到平衡。通过展示石油开采和加工过程中对环境的影响以及石油产业在环保方面的努力和成果,教育青少年珍惜资源、保护环境,培养他们的可持续发展理念。

黄河三角洲的地理位置优越、交通便利,有利于吸引更多的青少年前来参观学习。同时,这里还有许多其他旅游景点和教育资源,可以形成一条特色的教育旅游线路,为青少年提供更多学习和发展机会。

## (二)设计

在设计胜利油田文化教育基地时,需要充分考虑青少年的认知特点和兴趣爱好,使他们能够在参观过程中获得丰富的知识和愉快的体验。

(1)石油开采与加工模拟工厂。在这个区域,可以设置一个模拟石油开采和加工的工厂,让青少年可以亲身体验石油从开采到加工的全过程。可以通过实物展示、模型演示、互动体验等多种方式,让青少年了解石油开采和加工的技术原理和操作流程。

(2)石油科技馆。在这个区域,主要展示石油科技的发展历程和最新成果。可以设立不同主题的展厅,如石油勘探技术、钻井技术、油气田开发技术、石油炼制技术等,让青少年了解石油科技的发展趋势和前景。

(3)石油环保教育馆。在这个区域,可以让青少年了解石油工业对环境的影响以及如何保护环境。可以通过实物展示、图片展览、视频播放等方式,展示石油工业对环境的影响以及石油企业在环保方面的努力和成果。

(4)互动体验区。在这个区域,设置一些与石油科技和环保相关的互动体验项目,如VR石油勘探体验、环保小游艺等,让青少年在参与中学习,提高他们的学习兴趣。

(5)讲座与研讨会区。定期举办关于石油科技和环保的讲座和研讨会,邀请石油产业的专家和从业人员为青少年分享他们的知识和经验,激发青少年对石油科技和环保的关注和兴趣。

(6)室外活动区。设置一些室外的活动区域,如石油科普知识宣传栏、环保实践区等,让青少年在参观之余,可以进行一些户外活动,放松身心,增强环保意识。

## (三)运营

胜利油田文化教育基地的运营确实应该注重青少年的参与和体验。

（1）组织丰富多样的活动。定期举办各类讲座、研讨会、实地考察等活动,让青少年深入了解石油文化。例如,邀请石油行业的专家和工程师为青少年讲解石油科技的发展趋势,或者组织青少年实地参观石油开采和加工的过程,让他们亲身体验石油工业的魅力。

（2）设计互动性强的体验项目。设计一些与石油科技和环保相关的互动体验项目,如VR石油勘探体验、环保小游艺等,让青少年在参与中学习,提高他们的学习兴趣和参与感。

（3）与学校、社区等地方合作。与学校、社区等地方建立合作关系,定期组织青少年前来参观学习。邀请学校、社区等地方的教师、家长等参与石油文化教育的推广和普及,共同为青少年的成长和发展提供支持。

（4）开展石油科普宣传。通过举办各类石油科普宣传活动,如石油科技周、环保知识竞赛等,提高青少年对石油科技和环保的关注度和认知度。

（5）提供优质的解说服务。在青少年参观的过程中,提供优质的解说服务,由专业的解说员为青少年讲解石油科技和环保知识,帮助他们更好地理解和掌握相关知识。

（6）定期评估与改进。定期对教育基地的运营情况进行评估,了解青少年的学习需求和反馈意见,根据评估结果对教育基地的运营进行改进,以提高教育效果和满意度。

## （四）教育

胜利油田文化教育基地的教育内容应当是多元化的,除了石油文化教育外,还应涵盖环保教育、生态教育、可持续发展教育、科学素养教育。

（1）石油文化教育。在这个领域,可以教授石油的形成、开采、提炼和应用等知识,让青少年了解石油工业的发展历程和辉煌成就。

（2）环保教育。设置环保教育馆,通过实物展示、图片展览、视频播放等方式,展示石油工业对环境的影响以及石油企业在环保方面的努力和成果。同时,可以组织一些环保实践活动,如垃圾分类、资源回收等,让青少年在实践中学习环保知识,培养他们的环保意识。

（3）生态教育。结合黄河三角洲的生态资源,开展生态教育。例如,可以组织青少年实地参观生态保护区,让他们了解生态系统的运行机制和保护措施,培养他们的生态环保意识。

（4）可持续发展教育。通过讲解石油资源的有限性和环境问题的严重性,引导青少年理解可持续发展的意义和重要性。可以设置一些关于可持续发展的互动体验项目,让青少年在参与中学习,提高他们的学习兴趣和参与感。

（5）科学素养教育。设置一些与石油科技和环保相关的互动体验项目,如VR石油勘探体验、环保小游艺等,让青少年在参与中学习科学知识,提高他们的科学素养。

# 第九节　黄河三角洲知青文化教育

在知识青年上山下乡运动中,知青们积极投身黄河三角洲农村建设,远离城市,为农村发展和农民生活做出了巨大贡献。他们将城市的知识、文化和技术传播到农村,提高了农业产量,推动了农村经济的发展。同时,知青们还积极参与农村的社会建设,努力改善农村基础设施,提高农民的生活水平。在这个过程中,他们充分展示了无私奉献的精神,为农村发展付出了辛勤的努力和汗水。

面对艰苦的环境,知青们没有退缩,反而在逆境中不断学习、进步,克服困难,为地区发展做出了积极努力。他们在黄河三角洲,不仅要适应简陋的生活条件,还要面对各种生产和技术方面的挑战。尽管如此,他们仍然勇敢地面对挑战,向农民学习农业技术,提高自己的实践能力,为农村发展贡献自己的力量。

尽管生活条件艰苦,但知青们始终保持积极乐观的心态。他们将文化、知识和娱乐活动带到农村,丰富了黄河三角洲当地人们的精神生活。他们在劳动之余,组织各种文艺演出、讲座和讨论会,传播先进的文化和知识,为农村带来了新的思想和观念。在这个过程中,他们不仅自己保持着乐观向上的精神状态,还把这种精神状态传递给了当地的农民,为他们的生活增添了不少色彩。

在知识青年上山下乡运动中,广大知青身上所体现的奉献精神、自强不息和乐观向上,成为他们独特的精神品质。这些品质不仅在知青身上闪耀,还给农村的发展和农民的生活带来了深刻的影响。他们的付出和努力,成为黄河三角洲农村发展史上不可忽视的一部分,也成为我们今天仍然值得学习和传承的宝贵精神财富。

黄河三角洲知青文化教育是一种特殊的教育形式,它主要关注的是知青这一特殊群体在黄河三角洲的发展历程和精神品质。以下是关于黄河三角洲知青文化教育的建议。

## 一、知青历史展示

知青历史展示是知青文化教育的重要组成部分,它通过多种形式让青少年了解知青在黄河三角洲的发展历程,感受他们的奉献精神和乐观向上的人生态度。

### (一)实物展示

实物展示作为知青文化教育的一种特色方式,能够让青少年直观地感受到知青当年的生活环境和工作条件,从而更加深入地理解知青文化。

（1）收集实物是实物展示的基础。通过各种途径,如捐赠、购买、借用等方式,收集知青使用过的实物,如衣物、工具、书籍、信件等。这些实物都是知青生活的真实写照,能够直观地展示出知青当年的生活状态。

（2）设立展厅是实物展示的重要环节。在教育基地中设立专门的展厅,用于展示收集到的实物。展厅可以分为不同的区域,如生活区、工作区、学习区等,按照实物的类型和用途进行分类展示。这样不仅可以让青少年有序地参观,还可以让他们按照自己的兴趣有选择性地观看。

（3）在展厅中,实物展示是核心。将收集到的实物摆放在展厅的各个区域,让青少年能够直观地看到、摸到、感受到知青当年的生活和工作用品。这样的实物展示,能够让青少年身临其境地感受到知青当年的生活环境和工作条件,从而更加深刻地理解知青文化。

（4）解说介绍也是实物展示的重要组成部分。在展厅中设置解说员,为青少年讲解每件实物的来历和使用方法,让他们更加深入地了解知青当年的生活和工作情况。通过解说员的讲解,青少年能够了解到实物背后的故事,从而更加全面地理解知青文化。

## （二）图片展览

图片展览作为知青文化教育中重要的展示方式之一,具有直观性和生动性,能让青少年通过观看图片,了解知青在黄河三角洲的生活、工作、学习等各个方面的情况。

（1）收集图片是图片展览的基础。通过各种途径,如捐赠、购买、借用等方式,收集知青在黄河三角洲的生活、工作、学习等各个方面的图片。这些图片应尽可能地反映知青的真实生活,既有他们在艰苦环境中工作的情形,也有他们在学习、休闲时的生动瞬间。

（2）策划展览是图片展览的关键。根据收集到的图片,需要策划一个内容丰富、结构清晰的展览。可以将图片分为不同的主题展区,如生活主题、工作主题、学习主题等,按照时间顺序和地点进行分类展示。这样的分类方式,可以让青少年更有针对性地了解知青在黄河三角洲的各个方面的情况。

（3）在展览现场,设计展示是重要环节。展览现场需要使用合适的展示手段,如展板、展柜、灯光等,将图片展示得更加生动和吸引人。此外,还可以设置一些互动环节,让青少年可以参与其中,增强他们的参观体验。例如,可以设置一个模拟知青生活的体验区,让青少年能够亲身体验知青的生活环境和工作条件。

（4）解说介绍是图片展览的重要组成部分。在展览现场设置解说员,为青少年讲解图片背后的故事,让他们更加深入地了解知青在黄河三角洲的生活、工作、学习等情况。通过解说员的讲解,青少年可以了解到图片背后的感人故事,感受到知青的奉献精神和乐观向上的人生态度。

（5）图片展览具有重要的教育意义。通过图片展览,可以让青少年了解知青在黄河三角洲的发展历程,感受他们的奉献精神和乐观向上的人生态度,引导他们学习和传承知青精神。这样的教育不仅能让青少年了解到知青的历史,还能激发他们的爱国情怀和社会责任感,培养他们艰苦奋斗、乐观向上的精神风貌。

## （三）视频播放

视频播放作为知青文化教育中一种生动且具有感染力的展示方式,具有很高的教育价值。通过制作一部关于知青在黄河三角洲的纪录片,可以让青少年更加深入地了解知青的奉献精神和乐观向上的人生态度。

（1）策划与筹备是制作纪录片的基石。在制作纪录片之前,需要进行充分的策划和筹备工作。确定纪录片的主题、结构和内容,以确保纪录片的完整性和连贯性。同时,收集相关的历史资料、照片、视频等素材,为制作纪录片提供丰富的素材资源。

（2）采访亲历者是了解真实情况的重要环节。寻找当年知青中的亲历者,通过他们的讲述,还原知青在黄河三角洲的生活、工作、学习等情况,展现他们的奉献精神和乐观向上的人生态度。亲历者的讲述可以让纪录片更具真实性和说服力,让青少年更加信服。

（3）拍摄与剪辑是制作纪录片的关键步骤。组织专业的拍摄团队,实地拍摄黄河三角洲的现状和当年知青活动过的地方,把真实的历史画面与亲历者的讲述相结合,制作一部高质量的纪录片。在剪辑过程中,需要将拍摄的素材进行筛选和整理,按照纪录片的结构和主题进行剪辑,使纪录片更具观赏性和教育意义。

（4）配乐与旁白对于增强纪录片的表现力至关重要。为纪录片配上适当的背景音乐和旁白,增强影片的情感表达,以引发观众的共鸣。背景音乐可以渲染氛围,旁白可以解释说明,两者相辅相成,让纪录片更具吸引力。

（5）播放与推广是让更多人了解黄河三角洲知青文化历史的重要环节。将制作好的纪录片在教育基地的放映厅进行播放,让参观的青少年观看。此外,还可以通过网络平台、电视台等渠道进行推广,让更多的人了解黄河三角洲知青文化历史。

（6）交流与讨论有助于深化青少年对知青精神的理解。在播放纪录片后,组织青少年进行交流和讨论,让他们分享观看后的感受和心得,进一步理解和传承知青精神。通过交流和讨论,青少年可以互相启发,更好地认识和传承知青精神。

## 二、知青精神教育

知青精神教育是知青文化教育中的重要组成部分,要让青少年学习和传承知青身上的无私奉献、自强不息和乐观向上的精神品质。

### （一）策划讲座

策划讲座作为知青精神教育的一种有效形式,邀请当年的知青和专家学者,针对知青精神这一主题,进行深入的讲解和探讨。这样的讲座形式既具有教育意义,又能激发青少年的兴趣和参与热情。

（1）确定讲座主题是关键。根据知青精神教育的目标,需要确定一系列相关的讲座主题,如"知青精神的内涵与价值""知青的历史使命与责任担当""知青故事分享与感悟"等。这些主题应围绕知青精神这一核心,引导青少年全面了解知青的历史和价值。

（2）邀请嘉宾是讲座成功的保证。根据讲座主题,需要邀请具有代表性的知青和专家学者担任讲座嘉宾。这些嘉宾应具有一定的知名度和影响力，能够生动地讲述知青故事，深刻地阐述知青精神。他们的亲身经历和独到见解将使讲座更具说服力。

（3）讲座内容是讲座的核心。讲座内容应围绕知青精神这一核心，结合嘉宾的个人经历和感悟，深入挖掘知青精神的核心内涵。可以包括知青的历史背景、生活经历、奋斗历程、精神品质等方面的内容。通过丰富多样的讲座内容，让青少年全面了解知青精神的内涵和价值。

（4）讲座形式应灵活多样。讲座形式可以灵活多样，如个人讲述、互动问答、小组讨论等。通过不同的讲座形式，增强讲座的吸引力和互动性，让青少年更加深入地参与其中。这样的讲座形式有助于提高青少年对知青精神的认识和理解。

在讲座组织方面，需要做好充分的准备工作，如宣传、场地布置、设备检查等。在讲座过程中，确保讲座的顺利进行，如签到、现场秩序维护、摄像摄影等。这些细致的工作将为讲座的成功提供保障。

（5）讲座总结与反思是增强讲座效果的重要环节。在讲座结束后，组织青少年对讲座内容进行总结和反思，让他们分享自己的感悟和收获，进一步加深对知青精神的理解和领悟。通过讲座总结与反思，青少年可以更好地消化和吸收讲座内容，将知青精神内化于心。

### （二）组织研讨会

组织研讨会是知青精神教育的一种有效方式，能够让青少年和专家学者共同探讨知青精神的内涵、价值和传承问题。

为了确保研讨会的成功，需要先确定研讨会的主题。根据知青精神教育的目标，选择一些与知青精神相关的主题，例如"知青精神的内涵与时代价值""知青精神与新时代青少年成长""知青精神的传承与发展"等。这些主题能够引导青少年全面了解知青的历史和价值，同时也能够帮助他们更好地理解和传承知青精神。

邀请具有代表性的知青和专家学者担任研讨会嘉宾。这些嘉宾应具有一定的知名度和影响力，能够从不同角度解读知青精神，并提出有价值的见解。

在研讨会内容方面，应围绕知青精神这一核心，结合嘉宾的个人经历和研究成果，深入挖掘知青精神的内涵和价值。可以包括知青的历史背景、生活经历、精神品质等方面的内容。此外，通过小组讨论、互动交流等方式，让参与者更加积极地参与到研讨会中来，增加研讨会的趣味性和互动性。

在会后进行总结和反思。整理会议记录和嘉宾演讲内容，制作成文稿或视频资料，方便青少年和广大群众更好地了解知青精神。同时，对研讨会进行反思和总结，找出不足之处和需要改进的地方，为下一次研讨会做好准备。

### （三）编写教材

为了传承和发扬知青精神，需要结合讲座和研讨会的内容，编写一套关于知青精神的教材。这套教材旨在让青少年能够系统地学习和了解知青精神，引导他们认识知青精神的价值和意义。

教材编写应遵循以下四个原则。

（1）系统性和全面性原则。教材应当全面介绍知青精神的基本内涵、历史背景、现实意义等内容，帮助青少年建立起对知青精神的全面认识。

（2）理论与实践相结合的原则。在阐述知青精神的基本概念和理论时，应结合具体实例进行讲解，让青少年能够更好地理解和把握知青精神的核心。

（3）启发性和引导性原则。教材应注重启发青少年的思考，引导他们结合自身实际，将知青精神内化于心，外化于行。

（4）生动性和可读性原则。教材应采用生动、形象的语言和形式，提高青少年对教材的阅读兴趣，使他们更愿意主动学习。

根据以上原则，教材可以分为以下六个部分。

（1）知青精神的基本内涵。详细介绍知青精神的基本内涵，主要包括其历史背景、精神品质、价值观念等方面，让青少年对知青精神有一个全面的认识。

（2）知青精神的历史背景。讲述知青精神产生的历史背景，包括我国的社会政治环境、知青上山下乡的运动过程等，帮助青少年了解知青精神产生的时代背景。

（3）知青精神的现实意义。分析知青精神在现实生活中的意义和价值，包括其对青少年成长、社会发展、国家建设等方面的启示，引导青少年将知青精神与现实生活相结合。

（4）知青精神的传承与发展。探讨如何传承和发展知青精神，包括如何将其融入青少年教育、社会风气营造、国家政策制定等方面，为青少年展示知青精神的传承和发展前景。

（5）案例分析与实践应用。通过具体案例分析，让青少年了解知青精神在实际生活中的体现，引导他们结合自身实际，将知青精神内化于心，外化于行。

（6）编写关于知青精神的教材是传承和发扬知青精神的重要举措。教材应注重全面、系统地介绍知青精神的基本内涵、历史背景、现实意义等内容，引导青少年认识黄河三角洲知青精神的价值和意义。

## （四）设计课程

为了传承和发扬知青精神，需要将其融入课程体系，通过课堂教学、实践教学等方式，让青少年在学习和实践中体验和领悟知青精神。

课程体系的设计应遵循以下四个原则。

（1）全面性原则。课程体系应全面涵盖知青精神的基本内涵、历史背景、现实意义等内容，帮助青少年建立起对知青精神的全面认识。

（2）递进性原则。课程内容应按照由浅入深、由易到难的顺序进行安排，使青少年能够逐步理解和掌握知青精神的核心。

（3）实践性原则。课程应注重实践教学，让青少年在实际操作中体验和领悟知青精神，将其内化于心，外化于行。

（4）灵活性原则。课程体系应具有一定的灵活性，根据不同年龄段、学科特点和青少年需求进行调整，使课程更具针对性和实效性。

根据以上四个原则,设计以下三个课程模块。

（1）实践教学模块。组织青少年参加各类社会实践活动,如志愿服务、社区建设、环保行动等,让青少年在实践中体验和领悟知青精神。开展主题鲜明、内容丰富的教育活动,如讲座、研讨会、参观学习等,引导青少年认识知青精神的价值和意义。通过团队游艺、拓展训练等方式,培养青少年的团队协作意识和能力,让他们在团队中学会承担责任、互相支持。

（2）课程评价与反馈模块。关注青少年在课程学习过程中的表现,如课堂参与、实践活动、团队协作等,给予及时的反馈和指导。鼓励青少年通过各种形式展示自己在课程学习中的成果,如论文、报告、作品等,以评价他们对知青精神的理解和领悟。

（3）反思与总结模块。在课程结束时,组织青少年进行反思和总结,让他们分享自己在课程中的感悟和收获,进一步加深对知青精神的理解和领悟。

## （五）开展活动

组织青少年参与以知青精神为主题的活动是传承和发扬知青精神的重要举措。我们应该充分利用各种活动形式,让青少年在实践中体验和领悟知青精神,为培养具有知青精神的下一代贡献力量。

（1）征文比赛。组织青少年参加以知青精神为主题的征文比赛,让他们通过文字表达自己对知青精神的理解和感悟。这样的活动不仅可以提高青少年的写作能力,还能激发他们对知青精神的思考和认同。

（2）演讲比赛。举办以知青精神为主题的演讲比赛,让青少年站在舞台上,向他人传达知青精神的价值和意义。通过演讲比赛,青少年可以锻炼自己的表达能力、沟通能力和自信心,同时也能更好地理解和领悟知青精神。

（3）社会实践活动。组织青少年参加以知青精神为主题的社会实践活动,如志愿服务、社区建设、环保行动等。通过这些活动,青少年可以在实践中体验和领悟知青精神,将其付诸实践。

（4）主题讲座和研讨会。邀请专家学者和知青代表举办以知青精神为主题的讲座和研讨会,让青少年有机会近距离接触知青精神,聆听他们的故事和感悟。这样的活动可以帮助青少年更全面、深入地了解知青精神。

（5）创意作品征集。鼓励青少年创作以知青精神为主题的作品,如画作、诗歌、音乐、影视等。通过创意作品,青少年可以用自己独特的方式表达对知青精神的理解和感悟。

## 三、知青事迹学习

在传承和发扬知青精神的过程中,让青少年学习一些典型的知青事迹是十分重要的。这些事迹可以激励青少年了解知青楷模和英雄在黄河三角洲为农村发展和农民生活做出的贡献,感受他们的家国情怀和责任担当。

## （一）学习知青楷模

选取一些在黄河三角洲做出突出贡献的知青楷模进行学习。通过了解他们的事迹,青少年可以感受到知青楷模们无私奉献、为农村发展奋斗的精神风貌。

以下列举几则黄河三角洲最典型的知青楷模事迹。

**◇事迹1**

在1969年9月的某天中午,一辆小车将一位姑娘送到了军马场场部,这位姑娘是来这里进行劳动锻炼的,被安排在了总场酿造厂的酱油发酵车间。她身高约一米六,身材匀称,头发扎成两条短辫,面容清秀,举止优雅。她与马场职工一样,穿着一身旧军装。起初,她的身份还保密,但随着时间的推移,大家都认识了她,她叫刘平平,是刘少奇的女儿。

酿造厂的工作既脏又累,尤其是夏天,发酵车间里闷热难耐,再加上有着特殊的气味,让人感到窒息。工作时,她穿着工作服和长筒雨鞋,有时需要搬运200多斤的麻袋,有时需要将发酵好的豆坯一车一车地倒入搅拌池里……汗水湿透了她的衣服,一天下来腰酸背疼,但她总是默默地承受着,毫无怨言。空闲时,她会找来许多业务书籍,努力学习酿造技术,改进酿造工艺,很快成为酿造厂的业务骨干。

她勤奋好学。从来马场的那天起,她就为自己定下了学习目标:三年内一定要完成大学学业。每天晚饭后,她都会坐在灯下苦读。无论寒暑,她始终没有间断。有一次,上级给马场发了一台外国汽车,没人能看懂操作使用说明书。她便把说明书拿回了宿舍,晚上一边查字典,一边翻译。没过几天,她竟然把一本厚厚的说明书译成了中文。大家开始对她刮目相看,场首长和同志们也对她赞不绝口。

刘平平生活简朴,行事低调,待人友善。很多人都在暗中帮助她,甚至有的人为了陪伴她而放弃回家的机会。刘平平在后来的回忆中说:"山东的人很厚道。""那段时光,给我留下一生中最美好的印象和感觉。"

**◇事迹2**

在20世纪60年代末到20世纪70年代初,每年6月下旬的黄河农场正处于"虎口夺麦"的关键时期。忙碌的时候,知青们常常几天几夜不眠不休。曾经有一位男知青在地里连续奋战了3个昼夜,被替换回去休息时,竟然累得在回宿舍的路上睡着了。有时候在麦田里将劳作的知青喝不上水,渴得嗓子眼儿冒烟,大家就跑到附近的黄河边上,以黄河水来解渴。尽管在农场劳作比较辛苦,但他们都干得心情愉快,越干越有劲头。

黄河农场的麦收主要依靠"康拜因(联合收割机)"来完成。收割机从麦田上"扫"过去后,便将麦穰和麦粒分离开来了。麦粒则被直接运到麦场上进行晾晒。在麦粒运到麦场后,知青们便抱其在地上铺开进行晒场、扬场。于是,麦场上很快就呈现出一派生动的夏忙丰收景象:女知青们扬场时,木锨能调八面风,把那金色的麦粒撒出一道优美的弧线;男知青们个个能扛起近100千克的麦包,虎虎生风地跃上又高又陡的木板,将麦子归垛。归垛完后,把小麦装车运送到黄河码头,最终装船运至国库。那段时间知青虽然每天身体累得快要散架了,但大家都咬紧牙关比着干,谁也不服输。

▼事迹3

　　1969年6月,知青王鲁岩来到黄河农场的罗家屋子后,很快就参加了麦收劳动。王鲁岩是拖拉机手,因此,他也就成了收割麦子的主力。眼看着经过自己双手的麦子收割上来脱了粒,黄灿灿地堆满了打麦场,王鲁岩心中充满了自豪和喜悦。

　　俗话说,"三秋不如一麦忙"。黄河农场开镰的时间一般要比济南晚半个月,等这里开镰时,已逐渐进入多雨季节。麦子收割下来之后,要翻晒、扬场、装包、堆垛。如果碰上雨天,还要抢收、抢藏;雨过天晴,又要压场,再把麦子扛出来摊开晾晒。因天气阴晴不定,所以这一带的麦收特别紧张,不仅要抢收,还要抢种。割完小麦后,有的地要耕、要耙,有的地还要拔秧、插秧、灌水,这时候满眼都是急活儿,恨不得一个人当三四个人用。而此时的王鲁岩,不是开拖拉机就是扛大包,有时候还要摊晒粮食、扬场,一刻也不闲着。

　　麦收接近尾声时,也就到了七月中旬,王鲁岩14岁的弟弟王鲁明放了暑假,从济南来到罗家屋子。他本打算来看看哥哥,顺便玩一玩,谁知王鲁岩来不及和小弟叙亲情,就抓他当了劳动力,让王鲁明投入了紧张的麦收劳动中。

　　忙过麦收,临近伏汛,也就到了往外抢运粮食的关键时刻。就在把这批粮食往外转运时,7月18日13时24分,渤海湾发生了7.4级大地震,这次地震的震中位于老黄河三角洲以东海域,离罗家屋子很近。地震发生时,有的房屋轰然倒塌,有的地方地上裂开了两米多宽的裂缝……因为大地震,黄河农场的大部分知青都先回了老家。最后,罗家屋子就只剩下6个人没走,其中就有王鲁岩和他的弟弟。王鲁岩想,罗家屋子场院上的72万斤小麦都是国家财产,必须把这些宝贵的粮食一粒不少地运到国库里。为了早日把麦子运完,王鲁岩带领弟弟和其他几个农场的知青开始了运送工作。一麻袋小麦是90公斤,4 000多个麻袋,需要他们一袋袋装上车,然后再把麦子运到码头去。

　　粮食运到码头后,又要将麦包从车上一麻袋一麻袋地扛到肩上,然后再小心翼翼地踏着颤悠悠的搭板把麻袋包扛到船上去。扛包、装车、卸车,王鲁岩和知青们的肩膀都被磨破了皮,汗水一浸,火辣辣的痛。经过努力,他们终于将小麦全部安全地送入了国库。

　　在抢收、抢种的日子里,知青们平均每天都要连续劳动十几个小时,虽然很苦很累,但是没有人抱怨。在那样一种激昂、亢奋、向上的氛围里,这样的事例还有很多,都是青少年应该学习的。

### (二)黄河三角洲发展历程

　　知青上山下乡运动是20世纪60年代末至20世纪70年代初我国历史上一次特殊的运动。大量城市知青响应国家的号召,义无反顾地来到黄河三角洲,参与农村建设。他们克服困难、辛勤劳作,为这片土地的开发和农业发展付出了巨大的努力。

知青们来到黄河三角洲后,面对着广袤的土地,便开始了大规模的土地开垦。他们挖掘沟渠,改良土壤,使荒地变成了良田,提高了农业产量。这些知青,用他们的青春和汗水,浇灌了这片沃土,为农业发展奠定了基础。

知青们将城市先进的农业技术带到了农村,推广科学种植、合理施肥、病虫害防治等农业生产方法,提高了农民的生产技能。这些技术的传播,不仅提高了农业产量,还使农民们逐渐意识到科学技术对于农业生产的重要性。

知青们不仅关注农业生产,还积极发展农村经济。他们兴办企业,如养殖场、林场、加工厂等,增加了农民的收入来源。在知青们的努力下,黄河三角洲的农民生活水平得到了显著提高。他们修建房屋、改善基础设施、普及教育、开展文化活动等,丰富了农民的精神生活。

黄河三角洲,位于山东省东营市富饶的土地上,是由黄河入海口千百年来冲积形成的。这里地势低平、土壤肥沃,是一块极具农业生产潜力的宝地。然而,在20世纪60年代中期,这里还是一片处女地,等待着勤劳的双手来开发。

## (三)现实意义与启示

(1)坚韧不拔、艰苦奋斗的精神。在黄河三角洲的开发过程中,知青们以坚韧不拔的精神,克服了种种困难,付出了巨大的努力。这种精神对于当前社会的发展仍然具有重要意义,鼓励我们在面对困难和挑战时,要有坚定的信念,勇往直前、不畏艰难、坚持不懈地追求目标。

(2)无私奉献、助人为乐的品质。知青们远离城市,来到这片处女地,为了农村建设、农民的生活,付出了辛勤的努力。这种无私奉献、助人为乐的品质值得我们学习,鼓励我们在现实生活中积极参与志愿服务等活动,关爱他人,帮助他人,传播正能量。

(3)科技创新、推动发展的意识。知青们将城市先进的农业技术带到了农村,推广科学种植、合理施肥、病虫害防治等农业生产方法,提高了农民的生产技能。这种重视科技创新、推动发展的意识对于当前社会的发展具有重要意义,鼓励我们要有创新意识,积极学习和掌握先进的科技知识,为推动社会的发展做出贡献。

(4)团结协作、共同进步的精神。知青们在黄河三角洲的生活和工作中,相互支持、相互帮助,共同为农村建设做出了贡献。这种团结协作、共同进步的精神对于当前社会的发展仍然具有重要意义。

(5)有团队精神,学会与他人合作,共同为实现目标而努力。在工作和学习中,以坚韧不拔、艰苦奋斗的精神去面对挑战和困难,始终保持积极向上的态度,不断提高自己的能力和素质。在生活中,积极传承无私奉献、助人为乐的品质,关爱身边的人,参与社会公益活动,传递正能量,营造和谐的社会氛围。在科技创新方面,关注前沿科技动态,提升自己的创新能力,将先进的科技知识应用到工作和生活中,为推动社会的发展做出贡献。在团队合作中,充分发挥团结协作、共同进步的精神,学会与他人沟通、协作,共同为实现团队目标而努力,以实现个人和集体的共同成长。

# 第十节　黄河三角洲民间艺术教育

在黄河三角洲民间艺术中,有很多艺术方式被列入了我国非物质文化遗产名录。这些民间艺术方式,以黄河三角洲独特的文化方式,让黄河三角洲民间艺术教育绽放异彩。

黄河三角洲民间艺术主要包括吕剧、陈官短穗花鼓、虎斗牛、盐垛斗虎、枣木杠子乱弹、黄河三角洲说书等。

吕剧,源于山东黄河三角洲民间俗曲的一种独特艺术形式,逐渐演变为具有深厚文化底蕴的戏曲,揭开了我国戏曲历史的新篇章。吕剧的音乐优美朴实、简单动听,以其独特的韵味诉说着生活中的喜怒哀乐。它的唱腔以板腔体为主,曲调灵活顺口、易学易唱,深受人们的喜爱。

吕剧艺术不仅在国内享有盛誉,还在国际上得到了广泛的认可和赞誉。这一传统艺术的魅力,让人们在欣赏中领略到了中华民族深厚的历史文化底蕴。吕剧的男女声部,真声与假声的转换,犹如自然过渡的风景线,使整个表演艺术浑然一体。无论是抒情的慢板,还是热情的快板,都能在吕剧艺术家的演绎下,展现出独特的韵味和魅力。

吕剧以济南官话为载体,展现出山东地区的文化风貌和人们生活的真实面貌。通过吕剧表演,我们不仅能够欣赏到地方文化的魅力,还能够感受到地方人们的生活情感和思想追求。时至今日,吕剧依然在人们的心中占据着重要的地位,成为传承中华民族优秀传统文化的重要载体。

陈官短穗花鼓的文化内涵丰富多样,体现了黄河文化、齐鲁文化、尚武精神和坚忍顽强的人文性。

陈官短穗花鼓是黄河文化的延续。短穗花鼓包含了来自青海的藏鼓和腰鼓、甘肃兰州的太平鼓、陕西宜川的斗鼓、山西的威风锣鼓、河南开封的盘鼓等一系列沿黄地区的独特民族文化元素,共同构成了黄河文化的传承脉络。

短穗花鼓作为黄河三角洲地域文明发展所孕育出的成果,其本质上可被视为齐鲁全境文化的微观体现。短穗花鼓表演中所唱小曲无不是反映爱情亲情、孝道礼仪、行侠仗义的主题内容,体现了齐鲁文化的特点。

短穗花鼓展示了尚武精神。东营市广饶县是军事家和战略家的摇篮,这里孕育了丰富的短穗花鼓传统舞曲,展示出了独特的军旅文化和历史沉淀下的勇猛之气。短穗花鼓演出中包括一系列精湛的高难度技巧表现形式,如"单劈叉""双劈叉""张飞骗马"等,一场短穗花鼓表演堪称是一场精彩绝伦的中华功夫秀。

枣木杠子乱弹,这一独特而古老的广饶县民间小调,以其丰富多彩的曲调、独特的演奏方式以及传递的积极能量而备受人们喜爱。它不仅彰显了广饶大地深厚的文化内涵，还是广饶县人们对音乐的热爱和乐观向上的精神态度的生动体现。

聆听枣木杠子乱弹，人们可以感受到这个地方独特的乡土气息，仿佛置身于广饶县优美的自然景色之中。这种音乐在广饶大地上已经流传了500多年，现已成为广饶县民间音乐的代表，受到了广大群众的喜爱和推崇。

在黄河三角洲，民间艺术丰富多彩，这些艺术形式反映了当地人们的生活习俗、审美情趣和智慧。将这些民间艺术与现实生活相结合，可以发挥其在新时代的作用，为人们的生活增色添彩。

# 一、将民间艺术融入现代生活

在现代社会，人们越来越关注精神文化的需求。将黄河三角洲的民间艺术融入生活，如音乐、舞蹈、戏剧等，可以为人们提供丰富多样的文化体验，满足人们的精神需求。

## （一）创作新作品

### 1. 深入挖掘民间艺术素材

对黄河三角洲的民间艺术进行深入研究，挖掘具有代表性的艺术元素和题材，将这些元素融入现代作品，使作品具有地域特色和文化内涵。通过查阅文献、采访民间艺人、实地考察等方式，收集整理黄河三角洲的民间艺术资料，包括民间故事、传说、歌曲、舞蹈、戏剧、剪纸、绘画等。对收集到的资料进行深入分析研究，总结黄河三角洲民间艺术的特点和风格，如色彩、构图、表现手法等。从收集到的民间艺术资料中，挖掘具有代表性的艺术元素和题材，如吉祥图案、民间故事、神话传说、劳动场景等。将挖掘出的具有代表性的艺术元素和题材，运用到现代音乐、舞蹈、戏剧等作品中，使作品具有地域特色和文化内涵。在融入民间艺术元素的过程中，要注重创新和改编，使作品既能传承民间艺术的精髓，又具有现代审美和时代气息。将创作出的新作品进行呈现和展示，让更多的人了解和欣赏黄河三角洲的民间艺术。通过举办演出、展览等活动，利用媒体进行宣传报道，提高作品的知名度和影响力。

### 2. 融合现代审美观念

了解和研究现代的审美观念和表现手法，如现代音乐、舞蹈、戏剧、绘画等领域的最新动态和潮流，学习借鉴其优点，为创作提供灵感。在音乐作品中，运用现代编曲技巧和手段，如电子音乐、混音技术等，使旋律更加动听，节奏感更强，符合现代人的审美需求。在舞蹈作品中，结合现代舞、街舞等表现手法，创作出新颖的动作组合，展示民间艺术与现代舞蹈的完美结合。同时，尝试将民间舞蹈的基本动作与现代舞蹈动作进行融合，创作出独特的舞蹈语言。在戏剧、绘画等艺术领域，尝试将现代表现手法与民间艺术相结合，如运用现代舞台设计、灯光效果等，增强作品的表现力和感染力。在创作过程中，注意色彩的搭配和运用，使作品更具现代感和时尚气息。借鉴现代设计中的色彩搭配原则，如对比色、相近色等，使作品更具视觉冲击力。在创作过程中，注重作品整体构思和呈现效果，使作品既能传承民间艺术的精髓,又具有现代审美和时代气息。

### 3. 注重作品的故事性

从黄河三角洲的民间故事和传说中,挑选具有代表性、寓意深刻的故事,作为创作素材。对所选故事进行深入研究,提炼出故事的核心主题和价值观,使作品具有深刻的文化内涵和思想意义。将所选故事进行现代化改编,使之更符合现代人的审美需求。改编时,要注意保留故事的核心情节和人物关系,同时结合现代人的情感和生活体验,使故事更加生动、贴近现实。在改编故事的过程中,注重情节的设置和推进,使作品具有吸引力和感染力。运用悬念、冲突、高潮等戏剧手法,增强作品的故事性。对故事中的角色进行深入挖掘和塑造,使其具有鲜明的个性特点和情感色彩。通过角色对话、动作、心理活动等手法,展现角色的内心世界和成长变化。在组织故事情节时,注意作品的结构布局,使作品条理清晰、层次分明。采用线性、非线性等结构方式,使作品更具艺术魅力。在呈现作品时,运用现代舞台表演、电影、动画等多种形式,使故事更具表现力和观赏性。

### 4. 跨领域合作

邀请音乐家、舞蹈家、戏剧家、画家等不同领域的艺术家,组建一个跨界合作团队,共同进行创作。跨界合作团队需定期进行交流和研讨,分享各自领域的艺术创作经验和心得,共同探讨如何将黄河三角洲民间艺术特色融入新作品。跨界合作团队共同创作具有黄河三角洲民间艺术特色的新作品,如音乐、舞蹈、戏剧、绘画等领域的创新作品。在创作过程中,结合各艺术领域的特点,充分发挥各自的优势,使作品更具创新性和多样性。在创作过程中,尝试将不同的艺术形式进行融合,如音乐与舞蹈的结合、戏剧与绘画的结合等,创作出具有黄河三角洲民间艺术特色的新型艺术作品。在呈现作品时,尝试运用现代科技手段,如数字艺术、虚拟现实技术等,使作品更具表现力和观赏性。跨界合作团队创作出的新作品,通过举办演出、展览等活动进行推广,让更多的人了解和欣赏具有黄河三角洲民间艺术特色的新艺术作品。

## (二)融入公共艺术空间

黄河三角洲拥有丰富的民间艺术资源,这些艺术形式包括剪纸、泥塑、皮影、年画等,它们都是中华民族优秀传统文化的重要组成部分。将这些民间艺术元素融入现代雕塑、壁画、装置艺术等创作中,不仅能够反映当地的历史、文化、民俗等特色,还能为公共艺术空间增添独特的艺术魅力。

在创作具有黄河三角洲民间艺术特色的雕塑作品时,将民间故事、神话传说、历史事件等元素与雕塑艺术相结合,创作出富有地域特色的雕塑作品。例如,以黄河为题材,创作一座表现母亲河形象的雕塑作品,将黄河的雄浑与民间艺术的独特韵味融为一体,展现黄河三角洲深厚的历史文化底蕴。

在创作壁画作品时,将黄河三角洲的民间艺术元素如剪纸、年画等与壁画艺术相结合,创作出富有民间特色的壁画作品。这些作品在公共空间的墙壁、天花板等位置展示,为公共空间增添浓厚的艺术氛围。例如,创作一幅以民间故事为题材的壁画作品,用生动的画面和鲜艳的色彩展现民间故事的精彩情节,使观众在欣赏壁画的过程中,对黄河三角洲的民间文化进行更深刻的了解。

在创作装置艺术作品时,将黄河三角洲的民间艺术元素与现代表现手法相结合,创作出富有创意的装置艺术作品。这些作品在公园、广场、街道等公共空间中展示,与周围环境相协调,可以为公共空间增添些艺术气息。例如,创作一座以民间剪纸艺术为灵感的大型装置艺术作品,就能将民间艺术的魅力呈现得淋漓尽致。

定期举办公共艺术展览和展示活动对于推广黄河三角洲民间艺术具有重要意义。这种活动邀请艺术家、设计师等创作具有黄河三角洲民间艺术特色的作品,展示其在公共艺术空间中的魅力。通过这些展览和展示活动,让更多的人了解和欣赏到黄河三角洲丰富的民间艺术,同时也能够激发艺术家和设计师的创作灵感,推动公共艺术的发展。

在举办公共艺术展览和展示活动时,邀请当地的艺术家和设计师参与,让他们以黄河三角洲的民间艺术为灵感,创作出富有地域特色的艺术作品。这些作品包括雕塑、壁画、装置艺术等各种形式的作品,它们将在公园、广场、街道等公共空间中展示,能够为公共艺术空间增添不少艺术气息。通过展示这些作品,让公众更好地了解黄河三角洲的民间艺术,感受其独特的魅力。

在展览和展示活动中,组织相关的讲座、研讨会等,邀请艺术家、设计师等分享他们的创作经验和心得,让公众更加深入地了解黄河三角洲民间艺术的特点和魅力。这些活动不仅能够提高公众对民间艺术的认知和欣赏能力,还可以激发人们参与公共艺术创作的热情,为公共艺术的发展提供更多的支持。

通过加强公共艺术教育,进一步提高公众对民间艺术的认知和欣赏能力。例如,组织公共艺术讲座、研讨会等,邀请专家和学者讲解民间艺术的历史、文化、技艺等方面的知识,让公众更好地了解民间艺术的价值和意义。通过这些活动的开展,引导人们关注和参与公共艺术创作,为公共艺术的发展提供更多的人力资源。

鼓励公众参与公共艺术创作是提高公共艺术品质和普及民间艺术的有效途径。邀请市民共同设计和制作具有黄河三角洲民间艺术特色的雕塑、壁画等作品,让人们在参与过程中感受民间艺术的魅力。例如,组织市民参与公园、广场等公共空间中的雕塑和壁画创作,让他们在专业艺术家的指导下,将自己的创意和民间艺术元素相结合,共同完成富有地域特色的艺术作品。这样的活动不仅能够提高市民的参与感和归属感,还可以激发他们的创新意识和艺术潜能,使公共艺术更具活力和多样性。

加强公共艺术维护和管理对于保持艺术作品完好无损、延续民间艺术魅力至关重要。对民间艺术作品进行定期维护和修缮,确保作品在公共艺术空间中始终保持良好的状态,为人们带来愉悦的观赏体验。此外,我们还应加强对公共艺术作品的保护,防止人为的破坏和环境的侵蚀,确保作品能够长期为人们带来艺术享受。

建立公共艺术评价机制有助于不断优化公共艺术空间,提升人们的生活品质。对公共艺术作品进行评价和反馈,了解公众对艺术作品的需求和期望,从而为公共艺术创作提供有益的参考。评价机制包括问卷调查、座谈会、网络投票等多种形式,要让更多的人参与到公共艺术的评价过程中,为公共艺术的发展提供多元化的建议和支持。

### （三）举办文化交流活动

在当今时代，传统文化逐渐被人们遗忘，黄河三角洲的民间艺术也需要得到更多的关注和传承。因此，举办文化交流活动是一个很好的推广方式。组织民间艺术表演、展览等活动，让更多现代人了解和欣赏黄河三角洲的民间艺术。

为了保护和传承黄河三角洲的民间艺术，可以举办一些民间艺术表演活动。这些表演活动可以在公园、广场、剧院等场所举行，邀请当地的民间艺术家进行表演。表演形式包括舞蹈、戏剧、音乐、杂技等，充分展示黄河三角洲民间艺术的多样性和魅力。

舞蹈表演是黄河三角洲民间艺术的重要组成部分。邀请当地的舞蹈团队，如秧歌队、鼓子秧歌队等，进行表演。这些舞蹈富有地域特色，形式活泼生动，能够让观众感受到民间舞蹈的韵律美和生动的表现力。

戏剧表演也是黄河三角洲民间艺术的一大特色。邀请当地的传统戏剧团队，如吕剧、京剧等，进行表演。这些戏剧作品既有深厚的历史底蕴，又有丰富的情感表现，可以让观众领略到民间戏剧的魅力。

音乐和杂技表演也是黄河三角洲民间艺术的重要组成部分。邀请当地的音乐家和杂技演员，表演如唢呐、锣鼓等民间音乐以及杂技节目。这些表演充满民间气息，能够为观众带来愉悦的观赏体验。

通过这些表演活动，让现代人能够近距离的感受民间艺术的独特韵味，从而提高他们对民间艺术的认知和欣赏能力。同时，这些表演活动还可以增进人们的文化认同感和民族自豪感，激发他们对民间艺术的热爱和传承意识。

为了使更多人了解和欣赏这一地区的民间艺术，举办一系列民间艺术展览活动。这些展览可以在美术馆、博物馆、图书馆等场所举行，主要展示黄河三角洲丰富的民间艺术作品，如吕剧、陈官短穗花鼓、虎斗牛、盐垛斗虎、枣木杠子乱弹、黄河三角洲说书等。

在展览活动中，重点展示黄河三角洲具有代表性的民间艺术作品。例如，吕剧作为黄河三角洲的一种传统戏曲艺术形式，具有深厚的历史底蕴和丰富的表现力。展示吕剧的服装、道具、剧本等元素，可以让观众了解吕剧的发展历程和艺术特点。

陈官短穗花鼓是一种富有地域特色的民间舞蹈，以其欢快的节奏和生动的表演吸引了众多观众。在展览中，邀请当地的舞蹈团队进行现场表演，能够让观众感受到陈官短穗花鼓的独特魅力。

虎斗牛、盐垛斗虎、枣木杠子乱弹等民间艺术表演形式也可以通过展览活动进行展示。通过图片、视频、实物等形式，向观众介绍这些民间艺术的历史背景、表演技巧和艺术价值，让观众对黄河三角洲的民间艺术有更加全面的了解。

黄河三角洲说书作为一种富有地域特色的口头传统艺术形式，通过讲座、演出、互动体验等多种形式进行展示。在展览中，邀请说书艺人现场表演，可以让观众感受黄河三角洲说书的魅力，并了解其传承与保护的重要性。

通过这些展览活动，让人们更加深入地了解黄河三角洲民间艺术的历史、文化、技艺等方面的内容，感受民间艺术的独特魅力。同时，这些展览活动还能够提高人们对民间艺术的认知和欣赏能力,激发他们对民间艺术的热爱和传承意识。

为了促进民间艺术与现代艺术的相互融合,邀请现代艺术家与民间艺术家进行交流创作。这样的交流活动可以让民间艺术家和现代艺术家之间互相学习、互相借鉴,从而创作出更具创新性和时代感的作品。

组织其他艺术形式的交流创作活动,如邀请现代舞蹈家与民间舞蹈家共同编排一段舞蹈,让现代歌手与民间歌手同唱一首歌曲等。这些交流活动旨在促进民间艺术与现代艺术的相互融合,将传统文化与现代艺术相互结合,创造出具有时代特色和创新精神的艺术作品。

## (四)开设艺术课程

为了使更多人了解和欣赏黄河三角洲的民间艺术,在学校、社区等场所开设民间艺术课程或兴趣班。这样可以让更多人有机会学习和传承这一地区的民间艺术,从而培养他们对民间艺术的兴趣和爱好。

(1)小学生。将重点放在培养小学生对于民间艺术的兴趣和基本认知上。因此,可以选择一些简单易学、形式生动有趣的民间舞蹈,如扭秧歌等。这些舞蹈动作既简单又富有趣味性,能够吸引小学生的注意力,让他们在愉快的氛围中接触和喜爱民间艺术。同时,也可以通过这些舞蹈动作的教授,让小学生了解到民间舞蹈的节奏感、韵律感和团队协作的重要性。

(2)中学生。中学生已经具备了一定的认知能力和理解能力,因此,可以开设一些更为丰富和深入的民间艺术课程。例如,可以开设民间音乐、戏剧等艺术课程,让他们能够更深入地了解和体验民间艺术的魅力。在教授民间音乐时,可以选择一些具有代表性的民间歌曲,如小调等,让他们了解到民间音乐的独特韵味和风格。在戏剧方面,可以选择一些经典的民间戏剧,如吕剧等,让他们了解和学习民间戏剧的表演技巧和艺术特色。在剪纸方面,可以让他们亲手实践,剪出各种富有民间特色的图案,从而体验民间艺术的独特魅力。

(3)成年人。根据成年人的兴趣和需求,开设一些更为专业和深入的民间艺术课程。例如,可以开设民间艺术欣赏、民间艺术创作等课程,让他们能够更深入地理解和欣赏民间艺术,甚至能够自己进行创作。

为了更好地推广民间艺术,提高学员学习的兴趣和效果,采用生动有趣的教学方式。这些教学方式包括实践教学、互动体验等,旨在让学员在参与过程中,不仅可以学到民间艺术的知识和技能,还能提高实践能力和创新意识。

实践教学是一种非常有效的教学方法,可以让学员在亲自动手的过程中,深入理解和掌握民间艺术。例如,在教授剪纸技巧时,学员可以在老师的指导下,亲手剪出各种富有民间特色的图案。这样的实践教学,不仅能让学员迅速掌握剪纸技巧,还能激发他们的创作灵感,培养他们的动手能力。

互动体验也是一种深受学员欢迎的教学方式。通过举办各种民间艺术体验活动,如演出、展览等,学员可以亲自参与其中,与艺术家互动交流,从而深入了解民间艺术的魅力。这种互动体验式的教学,可以让学员在轻松愉快的氛围中,学到更多的民间艺术知识和技能,同时也能提高他们的沟通能力和团队协作能力。

为了进一步丰富教学内容,组织学员参观当地的民间艺术博物馆、艺术家工作室等,让他们更直观地了解民间艺术的发展历程和创作过程。这样的现场教学,可以让学员更加深入地了解民间艺术,从而收到较好的学习效果。

在推广和传承民间艺术的过程中,邀请当地的民间艺术家担任课程讲师是一种非常有效的方式。他们具有丰富的实践经验和专业知识,能够为学员提供专业的指导,使学员在短时间内快速掌握民间艺术的技巧和精髓。

民间艺术家的参与能够为课程注入更多的活力和魅力。他们可以用自己的亲身经历和独特的见解,为学员讲解民间艺术的发展历程、艺术特点和表现手法,让学员对民间艺术有更深入的理解。而且,民间艺术家通常有自己独特的教学风格,他们的教学方式生动有趣,能够吸引学员的注意力,让学员在愉快的氛围中学习民间艺术。

民间艺术家的参与还可以增加课程的吸引力。学员在课堂上不仅能学到民间艺术的知识和技能,还能近距离地接触民间艺术家,感受他们的热情和执着,从而更加热爱和尊重民间艺术。同时,民间艺术家的参与也能激发学员对民间艺术的自豪感和传承意识,使他们更加愿意投入民间艺术的传承和保护工作中去。

民间艺术家的参与也是对民间艺术的一种传承和保护。通过他们的教学,学员可以学到民间艺术的技巧和精髓,在今后的学习和创作中,能够更好地继承和发扬民间艺术。此外,民间艺术家的参与也能提高民间艺术在社会上的知名度和影响力,从而使更多人关注和参与民间艺术的传承和保护工作中来。

通过开设民间艺术课程或兴趣班,让更多人了解和传承黄河三角洲的民间艺术,培养他们对民间艺术的兴趣和爱好。同时,这些课程还可以提高人们对民间艺术的认知和欣赏能力,激发他们对民间艺术的热爱和传承意识。

## 二、民间艺术创新与发展

结合现代审美、科技等元素进行创新,无疑为民间艺术发展提供了一种有效的途径。例如,将民间艺术与现代舞蹈、音乐、灯光等技术相结合,不仅可以创作出具有时代特色的艺术作品,还能让民间艺术在继承传统的基础上焕发出新的生命力。

### (一)引入现代科技元素

在当今时代,科技的飞速发展给民间艺术带来了前所未有的机遇。现代科技元素的引入,为民间艺术的发展提供了新的可能,使其在传承与创新中保持平衡,焕发新的活力。

相较于过去依赖于口传心授、书籍和实物等形式进行传播与传承的民间艺术,数字化技术为民间艺术品的记录和保存提供了更为先进和高效的方式。

数字摄影、录音和录像设备的运用使得民间艺术表演现场可以被完整地记录下来。这些设备可以精确捕捉民间艺术中的图像、声音等关键信息,为后期剪辑、整理和传播提供了丰富的素材。借助这些设备,艺术家和非遗传承人们可以将民间艺术表演的每一个细节、每一个韵味都能够完整地保留下来,以便于后续的传播和推广。

网络技术的发展极大地拓宽了民间艺术的传播范围。在互联网的助力下,民间艺术作品可以轻松地实现全球范围内的传播。人们只需轻点鼠标,便可以随时随地地欣赏到各种民间艺术作品。这不仅使民间艺术在传播过程中更具时效性,还极大地提高了民间艺术的普及率。如今,越来越多的民间艺术作品通过网络平台获得了更广泛的关注和认可,这无疑为民间艺术的传承与发展注入了新的活力。

数字技术还可以帮助民间艺术突破传统媒介的限制,实现多元化的传播。例如,通过音频、视频分享网站和社交媒体平台,民间艺术家可以将自己的作品推向更广泛的受众。这种传播方式不仅能够提高民间艺术的知名度,还可以吸引更多的年轻人参与民间艺术的传承与创新中来。

数字技术的运用也有助于民间艺术的保护与传承。通过数字化技术,民间艺术品的图像、声音等信息可以被完整、准确地记录和保存,使得民间艺术在传承过程中更具可持续性。同时,数字技术还可以为民间艺术家提供更多的学习资源和创作灵感,激发他们在传承中创新,为民间艺术的繁荣发展贡献自己的力量。

借助计算机图形学、动画制作、虚拟现实等技术,民间艺术家可以尝试全新的艺术创作方式,使民间艺术在表现形式上更加丰富多元。

计算机图形学和动画制作技术的运用,使得民间故事、传说等元素可以以更加生动、形象的方式呈现在观众面前。例如,艺术家可以将民间故事改编成动画片,通过细腻的动画表现形式,将民间故事中的角色、场景和情节以更加鲜活的方式展现出来。这种表现方式不仅能够吸引更多的观众,还能够使民间故事在传播过程中更加深入人心。

虚拟现实技术的运用,为观众打造了一个沉浸式的民间艺术体验空间,使观众能够身临其境地感受民间艺术的魅力。借助虚拟现实设备,观众可以走进虚拟的民间艺术世界,亲身体验民间艺术的独特魅力。例如,观众可以在家中戴上虚拟现实的眼镜,瞬间置身于一个充满民间艺术氛围的虚拟空间中,感受民间艺术的独特魅力。

数字技术还可以用于创作全新的艺术作品,如数字绘画、数字雕塑等。这些艺术作品既保留了民间艺术的传统元素,又融入了现代科技的美学特征,为观众带来了全新的艺术享受。

在艺术领域,现代科技元素的引入使得民间艺术与其他艺术形式的融合成为可能,为艺术创作提供了全新的可能性。

计算机编程和传感器等技术的运用,使得民间艺术可以与其他艺术领域,如现代舞蹈、音乐、戏剧等相结合,创作出更具创新性的艺术作品。例如,通过计算机编程,可以将民间故事、传说等元素与现代音乐、舞蹈、戏剧等艺术形式相结合,创作出富有时代特色和现代感的艺术作品。传感器技术的运用,则可以使这些艺术作品更加智能化、互动化,为观众带来更为丰富的感官体验。

现代科技元素的引入,使得民间艺术在与其他艺术形式的融合过程中,能够充分挖掘各艺术领域的特点和优势,实现优势互补和共同发展。例如,将民间舞与现代舞相结合,通过传感器捕捉舞者的动作,实时生成音乐和光影效果,为观众呈现一场视觉与听觉的盛宴。这种融合不仅使民间舞蹈在现代舞的舞台上焕发出新的生命力,还为现代舞创作提供了更为丰富的素材和灵感来源。

现代科技元素的引入,还有助于打破传统艺术领域之间的界限,推动艺术创作的跨界合作和多元发展。在这个过程中,民间艺术不仅能够借鉴其他艺术领域的表现手法和技巧,还可以将自身的独特魅力和价值传播给更多的人。

### (二)现代审美理念的融合

民间艺术是人民群众智慧的结晶,具有浓厚的民族特色和地域特色。在创新过程中,我们应当尊重和继承这些传统特色,同时结合现代审美理念,使得民间艺术更符合现代人的审美需求。例如,在服装设计中,可以将民间艺术的图案和色彩与现代服装的设计理念相结合,创作出既具有传统特色又富有现代感的服装。这样的服装设计不仅能够满足现代人的审美需求,还能够使民间艺术得到更广泛的传播和认可。

为了使民间艺术在保持传统特色的同时,更具有时代感,需要将现代审美理念融入民间艺术创作中。民间艺术涵盖诸多领域,如音乐、舞蹈、戏剧等,这些领域都可以运用现代审美理念进行创新。

在音乐创作中,可以将民间音乐元素与现代音乐风格相结合,创作出既具有民族特色又富有现代气息的音乐作品。例如,音乐家可以将民间歌曲中的优美旋律与现代音乐中的和声、节奏等元素相互融合,创作出令人耳目一新的音乐作品。这种融合不仅能够满足现代人的审美需求,还能够使民间音乐得到更广泛的传播和认可。

在舞蹈和戏剧创作中,可以将民间舞蹈和戏剧表演与现代编舞和导演手法相结合,创作出既能够传承民族文化又具有现代审美价值的舞蹈和戏剧作品。例如,舞蹈家可以将民间舞蹈中的优美动作与现代舞蹈的肢体语言相互融合,创作出独具魅力的舞蹈作品。在戏剧创作中,戏剧家可以将民间故事与现代戏剧的表现手法相结合,以全新的视角和手法呈现民间故事,使观众能够在欣赏民间艺术的过程中,感受到现代戏剧的魅力。

在民间艺术的其他领域,如美术、手工艺等,也可以将现代审美理念融入其中。例如,在美术创作中,艺术家可以将民间艺术中的图案、色彩与现代绘画技巧相结合,创作出既具有民族特色又富有现代感的绘画作品。在手工艺领域,匠人可以将民间工艺与现代设计理念相结合,创作出既能够传承民族文化又具有现代审美价值的手工艺品。

随着科技的发展,数字技术逐渐成为民间艺术与现代审美理念融合的重要手段。通过借助计算机图形学、动画制作、虚拟现实等数字技术手段,民间艺术才能够以全新的形式呈现给观众,使观众感受到现代科技的独特魅力。

通过计算机图形学技术,可以将民间艺术中的图案、形状、色彩等元素进行数字化处理,使民间艺术的视觉表现更具现代感和时尚感。例如,在服装设计中,可以运用计算机图形学技术将民间艺术的图案和色彩与现代服装的设计理念相结合,创作出既具有传统特色又富有现代感的服装。

动画制作技术可以将民间故事改编成动画片,使民间艺术以更生动、形象的形式呈现在观众面前。通过动画制作技术,可以对民间故事中的角色、场景、动作等元素进行创意设计和动画制作,使动画片具有鲜明的民族特色和现代审美价值。这种形式的民间艺术作品不仅能够受到小朋友的喜爱,还能够使成年观众在欣赏动画片的过程中,感受到民间艺术的魅力。

虚拟现实技术可以为观众打造一个沉浸式的民间艺术体验空间,使观众能够在欣赏民间艺术的过程中,感受到现代科技的独特魅力。例如,利用虚拟现实技术,可以创建一个虚拟的民间艺术博物馆,让观众可以在虚拟博物馆中自由穿梭,欣赏各个地区的民间艺术作品,感受不同地域、不同民族的文化特色。通过虚拟现实技术,观众还可以参与民间艺术的创作过程,亲身体验民间艺术的魅力。

## (三)创作出具有时代特色的艺术作品

为了传承和发扬传统文化,许多艺术家开始尝试将民间艺术与现代艺术形式相结合,以创作出既具有传统韵味又富有现代气息的艺术作品。其中,将民间舞蹈与现代舞、街舞等融合,以及将民间故事改编成现代戏剧、电影等,是两种非常具有代表性的尝试。

民间舞蹈与现代舞、街舞等融合的尝试,不仅是对传统艺术形式的创新探索,还是对文化多样性的尊重与发扬。这种融合能够赋予民间舞蹈新的生命力和艺术价值,使其在现代社会焕发出新的魅力。

民间舞蹈是传统文化的重要组成部分,它承载着一个民族的历史记忆和地域特色。在黄河三角洲,民间舞蹈有其独特的风格和表现形式,这些舞蹈反映了黄河三角洲各民族丰富多样的文化特色,是我们民族的瑰宝。而现代舞、街舞等现代舞蹈形式,则以其独特的表现手法和审美观念,深受现代观众喜爱。现代舞强调个性和自由,注重舞者内心情感的表达,而街舞则以其活力四射、富有动感的节奏,吸引了众多年轻人。

将这两者相结合,在保留民间舞蹈独特韵味的基础上,为其注入现代舞蹈的活力,使之更符合现代观众的审美需求。例如,将民间舞蹈中的优美舞姿与现代舞的抽象表现相结合,创作出极具艺术张力的舞蹈作品。这种尝试不仅能够丰富舞蹈的表现手法,还能够让观众在欣赏舞蹈的过程中,感受到民间舞蹈与现代舞蹈的碰撞与融合,从而产生独特的审美体验。或将街舞的动感节奏与民间舞蹈的动作技巧相结合,创作出富有时代气息的舞蹈作品。这种融合能够将街舞的活力与民间舞蹈的韵味融为一体,使舞蹈作品既具有现代感,又不失传统韵味,为观众带来全新的视觉享受。

黄河三角洲民间故事是一个民族智慧的结晶,它们以生动的情节和鲜活的人物形象,传递着民族的历史、文化和价值观。这些故事往往具有浓厚的民族特色和地域风情,成为我们民族文化的重要组成部分。随着时代的发展,如何让这些富有价值的民间故事在现代社会焕发新的生命力,变成了一个值得探讨的课题。

将黄河三角洲民间故事改编成现代戏剧、电影等,是一种有效的方式。这种改编不是简单地复制故事情节,而是要在尊重传统故事内核的基础上,运用现代的表现手法和艺术形式,使之更符合现代观众的审美需求。例如,将民间故事中的英雄人物与现代电影中的角色设定相结合,创作出具有现实意义的戏剧作品。这种尝试不仅能够使观众在欣赏作品的过程中,感受到民间故事与现代戏剧的碰撞与融合,还能够引发人们对现实问题的思考,从而使作品更具有现实意义。

将黄河三角洲民间故事中的寓意和象征与现代电影的叙事手法相结合,创作出具有深刻思考的电影作品。这种融合能够将民间故事的寓意和象征与现代电影的叙事手法融为一体,使电影作品既具有现代感,又不失传统韵味,为观众带来全新的视听体验。同时,这种改编还能够使观众在欣赏电影的过程中,对民间故事中的寓意和象征产生更深入的理解,从而使作品更具有思考价值。

## 三、民间艺术产业化的尝试

黄河三角洲拥有丰富的民间艺术资源,这些艺术形式丰富多样,具有浓厚的地域特色。近年来,当地政府和文化部门开始尝试将民间艺术与旅游、文化产业等相结合,发展具有地域特色的民间艺术产业,为当地经济发展提供新的动力。

开发民间艺术衍生品成为一种有效的产业化尝试。民间艺术具有独特的艺术风格和地域特色,将其转化为各种衍生品,如服装、饰品、家居用品等,不仅可以满足人们对于艺术和美的追求,还可以作为旅游纪念品,吸引游客前来购买。

民间艺术衍生品可以满足人们对艺术和美的追求。在现代社会,人们越来越注重生活品质,对于艺术和美的要求也在不断提升。民间艺术衍生品将传统艺术元素与现代生活用品相结合,既体现了民间艺术的独特魅力,又满足了现代人的审美需求。例如,将民间艺术的图案和色彩运用到服装设计中,可以使服装具有鲜明的民族特色和时尚感。

民间艺术衍生品可以作为旅游纪念品,吸引游客前来购买。旅游纪念品是游客在旅行过程中购买的具有地域特色的商品,既可以作为旅行纪念,也可以作为礼物送给亲朋好友。民间艺术衍生品具有浓厚的地域特色,是旅游纪念品的理想选择。例如,将民间艺术的元素运用到各种饰品和家居用品中,设计出独具特色的旅游纪念品,可以吸引游客前来购买,为当地旅游业的发展贡献力量。

开发民间艺术衍生品还可以带动当地民间艺人的就业,促进当地经济的发展。民间艺术衍生品的开发需要大量的艺人进行创作和生产,这为当地艺人提供了就业机会。同时,民间艺术衍生品的销售可以为当地创造丰厚的经济收入,促进当地经济的发展。

举办民间艺术表演活动成为一种吸引游客的有效方式。民间艺术表演活动以各种形式的表演为主,如舞蹈、戏剧、音乐等,这些表演活动既可以展示当地民间艺术的魅力,还可以增加当地旅游的吸引力,吸引更多游客前来观赏和参与。

民间艺术表演活动能够充分展示当地民间艺术的魅力。各种形式的表演如舞蹈、戏剧、音乐等都是民间艺术的重要组成部分,它们反映了当地的历史、文化、风俗等特色。通过举办民间艺术表演活动,可以让游客更加直观地感受到当地民间艺术的魅力,进一步了解和认识当地的文化传统。

民间艺术表演活动可以增加当地旅游的吸引力。在旅游过程中,游客往往希望能够感受到当地独特的文化氛围。举办民间艺术表演活动,为游客提供一种全新的文化体验方式,让游客在欣赏美丽风景的同时,还能够感受到民间艺术的魅力。

民间艺术表演活动还可以促进当地旅游业的发展。旅游业的发展需要多元化的旅游产品来满足游客的需求。举办民间艺术表演活动,可以为游客提供更多的旅游选择,丰富当地的旅游产品体系。同时,民间艺术表演活动还可以带动当地的餐饮、住宿、交通等相关产业的发展,为当地创造更多的经济收入。

为了更好地传承和发扬民间艺术,应该积极开发以黄河三角洲民间艺术为主题的旅游线路,建设以民间艺术为主题的博物馆、展览馆等,让游客在旅游过程中深入了解和体验当地民间艺术。这些举措不仅可以促进当地旅游业的发展,还可以为民间艺术提供更好的展示平台,进一步推动民间艺术产业的发展。

开发以黄河三角洲民间艺术为主题的旅游线路,可以让游客更加深入地了解和体验当地的民间艺术。这些旅游线路通常会将当地的民间艺术资源与自然风光、历史文化等元素相结合,为游客提供丰富多样的旅游体验。例如,游客可以在欣赏美丽自然风光的同时,参观当地的民间艺术博物馆、展览馆,了解民间艺术的发展历程和艺术特点。此外,还可以安排游客参与当地的民间艺术表演活动,亲身体验民间艺术的魅力。

建设以民间艺术为主题的博物馆、展览馆等,为民间艺术提供更好的展示平台。这些场馆内可以集中展示黄河三角洲的民间艺术精品,让游客在短时间内充分了解当地民间艺术的特色。同时,这些场馆还可以通过举办各种民间艺术展览、讲座等活动,提高民间艺术的知名度和影响力,推动民间艺术产业的发展。

以黄河三角洲民间艺术为主题的旅游线路和场馆的建设,还可以带动当地相关产业的发展,为当地创造丰厚的经济收入。旅游业的发展会带动餐饮、住宿、交通等产业的发展,从而提高当地居民的生活水平。同时,民间艺术产业的发展也会为当地提供更多的就业机会,促进当地经济的持续发展。

# 第十一节　黄河三角洲手工艺文化教育

富有特色的手工制作更是为黄河三角洲这片土地增添了无尽的魅力。

在黄河三角洲，草编是一项非常受欢迎的手工艺术。这里的人们利用各种草本植物，编制成了各种实用的家居用品，如篮子、垫子等。这些草编制品不但美观大方，而且非常实用，充分体现了当地人们的智慧和技艺。

木雕艺术在黄河三角洲也有着悠久的历史。这里的木雕师傅们以其精湛的技艺和独特的风格，创作出了一件又一件精美的艺术品。无论是人物、动物，还是植物，他们都雕刻得栩栩如生，极具艺术价值。

黑陶是黄河三角洲的又一特色手工艺品。这种陶器以其深邃的色泽和精美的纹饰而备受人们喜爱。在制作过程中，工匠们需经过多道工序，才能烧制出既实用又美观的陶器。

除此之外，黄河三角洲的齐笔制作、老粗布纺织、印花布、剪纸等手工制作也极具特色。这些手工艺品不仅代表了当地人们的智慧和技艺，还反映了黄河三角洲丰富的文化底蕴和独特的地方特色。

总的来说，黄河三角洲的手工制作是一门独特的艺术，它不仅展示了当地人的智慧和技艺，还传承了中华民族的传统文化。这些手工艺品不仅具有实用价值，还具有观赏价值和文化价值。它们是我们了解和认识黄河三角洲的重要窗口，也是我们感受和体验当地文化的重要载体。因此，希望更多的人能够关注和传承这些优秀的传统手工艺，让它们在新的时代里焕发出更加绚丽的光彩。

黄河三角洲手工艺文化教育的建议措施包括以下八个方面。

## 一、教育普及

为了不让富有特色的手工制作工艺消失在历史长河中，需要在学校、社区等场所开展黄河三角洲手工艺文化教育普及活动，让更多的人了解和接触这些宝贵的文化遗产。

为了进一步推广黄河三角洲手工艺文化，可以通过举办讲座的形式，让人们了解这一文化的历史背景、发展过程，以及其独特的艺术价值。在讲座中，邀请专业讲师分享他们的研究成果和经验，以帮助听众更好地理解和欣赏这些手工艺品。

在讲座中，详细介绍黄河三角洲手工艺文化的历史背景。黄河三角洲地区自古以来就是一个人文荟萃的地方，手工艺文化源远流长。通过了解历史背景，人们可以更好地理解这些手工艺品所承载的文化内涵和价值。

在讲座中,详细讲解黄河三角洲手工艺文化的发展过程。从古至今,这一地区的手工艺品经历了从传统民间工艺到现代创意手工的演变。通过展示各个时期的作品,人们可以更加直观地感受这一文化的发展脉络和时代特点。

在讲座中,重点强调黄河三角洲手工艺文化的艺术价值。这些手工艺品既具有实用性,又具有极高的艺术价值,是民间艺术的瑰宝。通过讲师的分享,人们可以更好地领略这些作品的美学特点和艺术魅力。

除了讲座之外,还可以进行一些实际操作的演示,让人们在观看的过程中,感受手工制作的魅力。例如,可以邀请手工艺传承人现场展示他们精湛的技艺,让人们亲眼目睹一件件精美的作品是如何诞生的。这样的演示活动可以让人们更加直观地了解手工艺品的制作过程,感受工匠们的心血与智慧。

为了推广黄河三角洲的手工艺文化,可以举办内容丰富、形式多样的展览活动。这场展览将展示黄河三角洲各种精美的手工艺品,让人们能够全面了解这一地区手工艺文化的多样性。

展览可以设置不同的主题,如传统民间工艺、现代创意手工等。在传统民间工艺展区,展示黄河三角洲世代相传的民间手工艺品,如剪纸、泥塑、草编、木雕等。这些作品反映了当地民间艺人的匠心独运和智慧,是黄河三角洲丰富的文化遗产。在现代创意手工展区,展示一些融合了传统工艺与现代创意的作品,如以黄河三角洲民间工艺为基础的现代家居用品、服饰等。这些作品不仅体现了传统与现代的完美结合,还展示了黄河三角洲手工艺文化的创新和发展。

在展览现场,设置互动环节,让参观者可以亲自动手体验制作过程,从而使他们可以深入地了解这些手工艺品的价值。例如,可以设立一个剪纸体验区,让参观者尝试剪纸制作,感受这一传统民间工艺的韵味;还可以设立一个泥塑体验区,让参观者亲自动手捏制泥塑作品,体验这一民间艺术的魅力。通过这些互动环节,参观者可以更加直观地了解手工艺品的制作过程,感受工匠们的心血与智慧。

在展览现场还可以安排一些讲座和表演活动,进一步丰富展览的内容。例如,可以邀请手工艺传承人现场讲述一些关于他们技艺传承的故事,分享他们的创作经验和心得;还可以安排一些表演节目,如民间舞蹈、戏剧等,让观众在欣赏表演的同时,更好地了解黄河三角洲的民间文化。

手工艺制作体验活动是一种非常有益的活动,可以让人亲自动手制作黄河三角洲手工艺品。这些活动通常在周末或节假日举行,为人们提供了一个在闲暇之余参与有趣手工制作过程的机会。通过亲自动手制作,人们不仅可以感受到手工艺术的独特魅力,还可以培养自己的动手能力和创新思维。

在黄河三角洲,手工艺品有着悠久的历史和丰富的文化内涵。通过参与手工艺制作体验活动,人们可以更好地了解这一地区的文化传统和民间技艺。例如,人们可以学习制作剪纸、泥塑、草编、木雕等传统民间工艺品,也可以尝试一些现代创意手工,如以黄河三角洲民间工艺为基础的现代家居用品、服饰等。

参与手工艺制作体验活动,不仅可以提高人们的动手能力,还可以培养他们的创新思维。在制作过程中,人们需要发挥自己的想象力和创造力,将一块块普通的材料变成一件件精美的工艺品。这种从无到有的创造过程可以让人们感受到手工艺术的独特魅力,也可以激发他们的创新思维和创造力。

手工艺制作体验活动还可以增进人与人之间的交流和互动。在制作过程中,参与者可以相互交流技巧和心得,分享创作经验和故事。这种相互学习和交流的过程可以让人们更好地了解彼此,增进友谊,也可以促进黄河三角洲手工艺文化的传承和发展。

## 二、课程设置

将黄河三角洲手工艺文化纳入课程设置是一项非常重要的举措,这有助于传承和发扬这一地区的优秀文化遗产,同时也可以培养青少年的兴趣和技能。在中小学、职业学校等相关教育机构,设计一系列与黄河三角洲手工艺文化相关的课程,让青少年从小接触并学习这些传统手工艺。

在课程设置上,需要充分考虑青少年的年龄和兴趣,设计出不同难度的课程,使得每个青少年都能够找到自己喜欢并且适合的课程。例如,在小学阶段,为了让青少年初步了解和体验黄河三角洲手工艺文化的魅力,开设一些简单易学的手工课程,如剪纸和泥塑。这些课程可以让青少年通过亲手实践,体验到手工艺术的乐趣,同时也能够激发他们的创造力和想象力。在中学阶段,青少年已经具备了一定的动手能力,进一步开设一些复杂度较大的手工课程,如木雕和草编。这些课程可以帮助青少年在掌握基本技巧的基础上,更深入地学习和理解黄河三角洲的手工艺文化。同时,这些课程也能锻炼青少年的耐心和毅力,培养他们的工匠精神。

在课程中加入一些理论知识的学习,比如黄河三角洲的历史文化背景,以及各种手工艺品的历史渊源和艺术价值。这样不仅可以增加青少年的知识储备,还能够使他们更好地理解和欣赏手工艺术。

在职业学校等高等教育机构中,将黄河三角洲手工艺文化与职业技能培训相结合,可以开设一些实用性强、针对性强的课程,以满足不同青少年的需求。例如,可以开设家居用品设计、服饰设计等课程,让青少年在学习和实践黄河三角洲手工艺文化的同时,也能掌握一定的职业技能,为将来的就业和发展打下基础。

家居用品设计课程可以帮助青少年了解和掌握家居用品的设计与制作技巧,同时结合黄河三角洲手工艺文化,让青少年学习到如何运用传统手工技艺为现代家居用品增添独特的艺术价值。在课程中,青少年可以学习家居用品的设计原理、材料选择、制作工艺等方面的知识,并通过实践操作,掌握家居用品的设计与制作技能。

服饰设计课程将黄河三角洲手工艺文化与时尚元素相结合,让青少年在学习和实践传统手工技艺的同时,也能够了解和掌握现代服饰设计的基本知识和技能。在课程中,青少年可以学习服饰设计的基本原理、款式设计、面料选择、色彩搭配等方面的知识,并通过实践操作,掌握服饰设计的基本技能。

开设一些与黄河三角洲手工艺文化相关的辅助课程,如民间艺术欣赏、传统手工艺品鉴等,让青少年能够更全面地了解和欣赏这一地区的文化遗产。这些课程可以帮助青少年提高审美能力,激发他们的创新思维,培养他们的文化素养。

为了提高教学质量,邀请一些手工艺传承人和专业讲师等担任教师,他们的丰富经验和生动故事将有助于青少年更好地理解和体验黄河三角洲的文化传统。在教学中,这些富有经验的教师可以采取以下方式来传授手工技艺。

手工艺传承人和专业讲师可以通过现场示范的方式,让青少年更加直观地了解和掌握各种手工技艺的步骤和技巧。这种教学方式可以让青少年在观察和实践的过程中,逐渐领悟到手工艺术的魅力和精髓。

教师可以结合自己的经验和故事,生动地讲解黄河三角洲手工艺文化的历史背景和发展过程,让青少年更好地了解这一地区的文化传统。此外,通过故事讲解,教师还可以传授一些传统工匠的精神和品质,如敬业、精益、专注等。

教师可以组织一些互动体验活动,让青少年亲自参与手工艺品的制作过程,从而提高青少年的动手能力和实践能力。在互动体验中,教师可以给予青少年适当的指导和帮助,让他们在实践中不断成长和进步。

教师可以结合现代审美和实用需求,对黄河三角洲手工艺文化进行创新拓展,让青少年了解传统手工技艺在现代社会的应用和发展。这种教学方式有助于激发青少年的创新思维,培养他们的创造力和想象力。

教师还可以设置合理的考核评价机制,对青少年的学习成果进行定期评估。通过考核评价,教师可以及时发现青少年的优点和不足,并有针对性地给予指导和帮助,从而增强青少年的学习效果。

## 三、传承人培养

传承人培养计划是我国文化传承工作的重要组成部分,旨在选拔有潜力的青少年,对他们进行系统的手工艺技艺培训,培养他们成为黄河三角洲手工艺的传承人,继承和发扬这些传统手工艺。

选拔有潜力的青少年作为黄河三角洲手工艺的传承人,是确保传统手工艺得以继承和发扬的关键一步。为了确保选拔工作的科学性和有效性,需要制定一套详细的选拔标准和方法。

兴趣是最好的老师。需要选拔出对黄河三角洲手工艺具有浓厚兴趣的青少年,他们热爱这一领域,乐于学习和研究手工技艺。这种兴趣和热情将是他们在学习过程中克服困难、不断进步的动力。因此,在选拔过程中,通过问卷调查、面试等方式,了解青少年对黄河三角洲手工艺的认识和感兴趣程度,从而初步筛选出具备一定兴趣的青少年。

动手能力和创新思维是传承手工艺不可或缺的能力。需要选拔出那些具备良好动手能力、善于实践操作的青少年,使得他们可以在实际操作中不断磨炼技艺,提高自己的技能水平。同时,创新思维也是传统手工艺得以发展的关键。具有创新思维的青少年能够将传统工艺与现代审美和需求相结合,为传统手工艺注入新的活力。因此,在选拔过程中,设置一些实践操作环节,观察青少年的动手能力。同时,通过设计一些创意性的题目,来了解青少年的创新思维能力。

为了确保选拔结果的公平性和公正性,需要制定一套合理的选拔标准。这些标准应该综合考虑青少年的兴趣、动手能力和创新思维能力,以及他们的学习态度、团队协作能力等因素。在选拔过程中,邀请相关领域的专家、教师和青少年代表等组成评审团,进行选拔工作,确保选拔结果的科学性和公正性。

系统的手工艺技艺培训是确保黄河三角洲手工艺得以传承和发扬的关键。为了达到这一目标,需要制订出一套科学、系统的培训计划,涵盖黄河三角洲手工艺的所有技艺,从基础技能到高级技巧,从理论知识到实践操作,全方位地对青少年进行培训。

（1）培训计划应根据青少年的实际需求和能力水平进行设计。将培训内容分为基础技能、中级技巧和高级技巧三个层次,使青少年能够循序渐进地掌握手工技艺。此外,培训计划还应充分考虑青少年的兴趣和特长,让他们在自己感兴趣的领域进行深入学习,发挥自己的优势。

（2）培训计划应注重理论知识与实践操作相结合。在培训过程中,教师可以通过讲解、演示、实践操作等方式,让青少年了解黄河三角洲手工艺的历史背景、文化内涵和制作技巧等方面的知识。同时,青少年应积极参与实践操作,通过动手实践来提高自己的技能水平,培养自己的实践能力和创新意识。

（3）培训计划应关注青少年的创新意识和实践能力的培养。教师可以在教学过程中,设置一些创新性课题,鼓励青少年将传统工艺与现代审美及需求相结合,进行创新实践。此外,教师还应指导青少年参加各类手工艺比赛和展览,让他们在实际操作中锻炼自己的创新能力和实践能力,为黄河三角洲的手工艺发展贡献自己的力量。

（4）为了确保培训计划的顺利实施,需要建立健全培训管理制度。例如,定期对青少年的学习情况进行考核,对青少年的技能水平进行评估;为青少年提供充足的实践机会,让他们在实际操作中不断成长;加强与相关企业和机构的合作,为青少年提供实习和就业的机会,使他们在毕业后能够顺利地投身于黄河三角洲手工艺的传承和发展事业当中去。

## 四、交流合作

在推动黄河三角洲手工艺发展过程中,交流合作是不可或缺的一环。为此,组织一系列黄河三角洲手工艺文化交流活动,邀请其他地区的手工艺人进行交流和合作,共同探讨传统手工艺的发展和创新。

（1）组织黄河三角洲手工艺文化交流活动。这些活动包括手工艺展览、讲座、技艺演示、创作分享等,旨在展示黄河三角洲手工艺的魅力,同时让参与者有机会了解其他地区的手工艺特色。通过这些活动,增强区域内手工艺人的互动和交流,激发他们的创新意识,提高创作水平。

（2）邀请其他地区的手工艺人进行交流和合作。与国内外手工艺发达的地区建立合作关系,互派青少年与手工艺人进行交流学习,共同探讨传统手工艺的发展和创新。这种交流不仅能够提高手工艺人的技艺水平,还有助于开拓他们视野,让他们了解不同地区、国家的文化背景和审美观念,为创作注入新的灵感。

（3）建立黄河三角洲手工艺创作联盟。联合区域内外的手工艺人、专家学者、相关企业和机构,共同成立一个黄河三角洲手工艺创作联盟。该联盟负责组织各类交流活动,推动手工艺的创新,为传统手工艺的发展提供智力支持。

（4）加强黄河三角洲手工艺的宣传推广。利用网络、传统媒体、展览等多种渠道,对外宣传和推广黄河三角洲手工艺。通过提高知名度,增加市场需求,为手工艺人提供更多的发展机会,推动黄河三角洲手工艺的繁荣发展。

（5）注重黄河三角洲手工艺的传承与创新。在组织交流活动、邀请其他地区手工艺人交流的同时,要关注区域内传统手工艺的传承。设立传承人培养项目,选拔有潜力的青少年进行专门培养,使传统技艺得以传承。同时,鼓励手工艺人在传承基础上进行创新,将传统工艺与现代审美和需求相结合,为黄河三角洲手工艺的发展注入新的活力。

（6）举办黄河三角洲手工艺文化交流活动,增强区域内手工艺人的互动和交流。通过这些活动,青少年可以结识来自不同地区的手工艺人,了解他们的技艺特点和创作理念,从而开阔自己的视野,提高自己的创作水平。同时,这些活动不仅能够激发青少年的创新意识,还能够鼓励他们将其他地区的优秀传统工艺元素融入自己的作品中,为黄河三角洲手工艺的发展注入新的活力。

举办这样的活动能够激发青少年的创新意识。在与其他地区的手工艺人交流的过程中,青少年可以深入了解各种传统工艺的独特魅力,以及它们的创作过程和理念。这有助于青少年跳出自己的思维定式,从其他人的创作中汲取灵感,提高自己的创作水平。

这些活动也能够鼓励青少年将其他地区的优秀传统工艺元素融入自己的作品中。通过了解其他地区的工艺特点,青少年可以更好地理解手工艺的多样性和丰富性,进而在自己的作品中融入这些元素,使作品更具特色。

举办黄河三角洲手工艺文化交流活动,有助于推动黄河三角洲手工艺的发展。通过这些活动,不仅可以提高青少年的创作水平,还可以让更多的人了解和关注手工艺,从而为手工艺的发展创造更好的环境。

交流和合作有助于提高手工艺人的技艺水平。在与其他地区的手工艺人交流的过程中,大家会分享各自在创作过程中产生的心得体会、使用的独特技巧以及所遇到的挑战。这种互动可以让手工艺人更好地理解自己的优势和不足,从而找到提升自己的方法。同时,通过观察其他手工艺人的创作过程,青少年还可以激发出新的创作灵感,为自己的作品增添新的元素。

跨界合作有助于结合不同地区的文化特色,创作出具有独特风格的作品。在交流与合作的过程中,手工艺人可以借鉴其他地区的传统工艺元素,将其与黄河三角洲的特色相互融合。这种融合不仅可以丰富作品的表现形式,还可以为传统手工艺的发展提供新的思路和方向。通过融入这些不同文化背景的元素,手工艺人可以创作出更具创意和独特风格的作品,为传统手工艺的繁荣发展贡献力量。

交流和合作还可以促进黄河三角洲地区的手工艺人与其他地区的手工艺人建立长期的合作关系。这种合作关系有助于双方共同成长,互相支持,共同推动手工艺的发展。通过建立这样的合作网络,黄河三角洲的手工艺人可以更好地与其他地区的同行交流,分享资源,扩大自己的影响力。

邀请其他地区的手工艺人进行交流和合作,提高黄河三角洲手工艺在整个行业的知名度。通过参加各种展览、讲座和手工艺比赛等活动,黄河三角洲的手工艺人可以向外界展示自己的才华和作品,吸引更多的关注和支持。这有助于为黄河三角洲手工艺的发展创造更好的外部环境,推动这一领域持续繁荣发展。

黄河三角洲手工艺文化交流活动能够提高社会对传统手工艺的重视和关注。通过举办各类展览、讲座和手工艺比赛等活动,向公众展示黄河三角洲手工艺的魅力和价值,可以增强公众对传统手工艺的认同感和保护意识。这有助于为传统手工艺的发展创造更好的社会环境,推动黄河三角洲手工艺的传承和发展。

加强与其他地区手工艺人的交流合作,促进黄河三角洲手工艺的对外传播和影响力。通过与其他地区的手工艺人共同举办展览和交流活动,将黄河三角洲手工艺推向更广泛的市场,吸引更多国内外消费者的关注和喜爱。这有助于提高黄河三角洲手工艺的知名度和市场份额,为传统手工艺的发展提供强大的动力。

## 五、举办赛事

为了推动黄河三角洲手工艺的发展,应当定期举办黄河三角洲手工艺比赛。这样的赛事不仅可以激发人们对手工艺创作的热情,还可以提供一个平台,让人们展示自己的手工艺作品,提升黄河三角洲手工艺的知名度和影响力。

通过比赛,人们可以更深入地了解和欣赏黄河三角洲丰富多样的手工艺文化。参赛者将有机会展示他们的技艺和创新成果,让更多人看到手工艺的魅力和价值。同时,比赛也能激发大众对手工艺的兴趣,吸引更多人积极参与手工艺创作中来。

比赛不仅仅是一场技艺的较量,更是一次文化的交流和传承。在比赛中,我们可以看到各种手工艺品,如传统的剪纸、刺绣、泥塑等,这些手工艺品既具有浓厚的地域特色,又展现了参赛者的个性和创意。这样的活动能够激发人们的创新精神,推动传统手工艺与现代设计的融合,创造出更多具有时代感和实用性的手工艺品。

比赛的结果并不重要,重要的是参与的过程。无论最终结果如何,参与比赛本身就是一次学习和提高的过程。通过比赛,参赛者可以锻炼自己的技艺,提升自己的创新思维,激发自己的潜力。同时,这也是一次向他人学习的机会,通过观摩他人的作品,参赛者可以从中汲取灵感,找到新的创作方向。

手工艺比赛是一个展示和肯定手工艺术家才华的绝佳平台。在这样的比赛中,每位参赛者都有机会将自己独特的作品展示给更多人,从而获得外界的认可和赞赏。此类比赛不仅有助于增强选手们的自信心,还能够激发他们在手工创作道路上的激情和动力,为黄河三角洲的手工艺发展注入新的活力。

手工艺比赛为参赛者提供了一个展示自己才华的平台。在这个平台上，每位参赛者都有机会向公众展示自己的手工艺术品。这些作品可能涉及各个领域，如陶艺、编织、木工、绘画等，每件作品都凝聚了创作者的心血和创意。通过参加比赛，参赛者能够得到一个公正的评价，这不仅是对他们才华的肯定，还是对他们努力的回报。

比赛能够提高选手们的自信心。当参赛者们的作品得到公众的认可和赞赏时，他们会产生强烈的成就感，这将极大地提升他们的自信心。这种自信心的提升将促使他们在以后的创作中更加大胆地尝试新的创意和技巧，从而创作出更加精美的作品。

比赛能够激励选手们在手工创作的道路上继续前进。当选手们看到自己的作品在比赛中获得了认可，他们会受到极大的鼓舞，希望能够继续创作出更好的作品。这种激励作用将促使他们在以后的创作中更加努力，不断追求更高的艺术境界。

对于黄河三角洲的手工艺发展来说，这样的比赛也有着重要的意义。通过比赛，更多的人将了解黄河三角洲丰富多样的手工艺文化。同时，比赛也能够吸引更多的人关注和参与手工艺创作中来，从而推动黄河三角洲手工艺的进一步发展。

此外，举办手工艺比赛还可以提升黄河三角洲手工艺的知名度和影响力。通过比赛，更多人会了解黄河三角洲丰富的手工艺传统和独特的创作风格，从而对这一领域产生兴趣。这有助于将黄河三角洲手工艺推向更广阔的市场，为传统手工艺的繁荣发展创造条件。

在比赛过程中，选手们可以充分利用这个难得的机会，积极与其他选手进行交流，分享彼此的经验和技巧。这种互动有助于大家相互学习，取长补短，提高自己的技艺水平。同时，通过了解其他地区的传统工艺和文化，选手们还可以为自己的创作注入新的元素，使作品更具特色和创意。

手工艺比赛还可以激发选手们对跨地区合作的好奇心和兴趣。在比赛中，来自不同地区的选手可以尝试将各自地区的特色元素融合在一起，创作出具有多元文化特色的作品。这种跨界合作不仅有助于推动手工艺的创新，还可以增进各地区手工艺人之间的友谊，为今后的合作奠定基础。

比赛结束后，选手们可以继续保持联系，形成一个长期的手工艺人交流的网络。这个网络将成为一个资源共享、信息传递的平台，为黄河三角洲手工艺的发展提供持续的支持。同时，这个网络还可以帮助黄河三角洲的手工艺人更好地了解市场需求，为自己的作品找到更广泛的应用场景，提高其市场价值。

## 六、网络推广

网络推广在当今时代具有举足轻重的地位，它能够迅速地将信息传播到世界的各个角落。对于黄河三角洲手工艺文化的推广，利用网络平台也是十分必要的。这不仅可以让更多的人了解这一传统技艺，还可以吸引更多的人参与其中，共同保护和传承这一宝贵的文化遗产。

在各大社交媒体平台如微博、微信公众号、抖音等，创办黄河三角洲手工艺文化的官方账号。通过发布相关的手工艺作品、制作过程、传承人故事等内容,向公众展示黄河三角洲手工艺文化的魅力。同时,保持与粉丝的互动,回应他们提出的疑问。

为了吸引更多的关注,需要在社交媒体发布高质量、有价值的内容。例如,发布手工艺术家的专访文章,介绍他们的创作理念和技艺传承;发布手工艺制作过程的短视频,让用户能够直观地了解手工艺品的制作过程。

社交媒体具有强大的传播力,可以利用这一特点,推广黄河三角洲手工艺文化。例如,通过发起话题挑战,邀请网友分享自己创作的手工艺品,或者模仿黄河三角洲手工艺品的制作过程;此外,还可以与相关的社交媒体的"大 V"(拥有众多粉丝的人)合作,让他们转发我们的内容,扩大传播范围。

在社交媒体上举办各种线上活动,如手工艺比赛、直播教学等,吸引用户参与。通过这些活动,用户可以更深入地了解黄河三角洲手工艺文化,同时也能提高他们对这一文化的兴趣和认同感。

邀请手工艺术家在社交媒体上进行直播,与网友互动交流,分享手工艺创作的心得和经验。通过这种直播的形式可以让用户更加直观地了解手工艺品的制作过程,同时也能够感受到手工艺术的独特魅力。

利用短视频平台进行推广,是当今时代非常有效的一种传播方式。短视频以其短小精悍、形象生动的特点,深受广大用户的喜爱。这对于推广黄河三角洲手工艺文化来说,无疑是一个极好的机会。

借助短视频平台,发布关于黄河三角洲手工艺的短片。这些短片可以展示手工艺品的制作过程和完成效果,让用户在短时间内就能领略到手工艺的魅力。例如,制作一段展示黄河三角洲剪纸艺术的短片,从剪纸艺术家拿起剪刀开始,到一张张普通的红纸变成栩栩如生的艺术品的整个过程,都可以通过短视频的形式,生动地呈现在用户面前。

邀请手工艺术家参与短视频的制作。通过他们的视角,更全面、更深入地展现黄河三角洲手工艺的丰富内涵和独特魅力。例如,邀请黄河三角洲的一位陶瓷艺术家,分享他制作陶瓷的过程,从泥土的筛选、成型、上釉,到烧制的整个过程,都可以通过短视频的形式,一一呈现在用户面前。

利用直播平台进行推广,是近年来非常流行且高效的一种传播方式。直播平台可以让用户实时观看和参与各种活动,具有很高的互动性和实时性。

通过直播平台,举办黄河三角洲手工艺品的现场展示和制作活动。这些活动可以让用户近距离地感受手工艺术的魅力。

邀请手工艺术家进行现场教学,传授手工艺技巧。这种方式可以让更多的人学习和体验这一传统技艺。

此外利用直播平台进行互动活动,让用户更深入地参与推广活动中来。例如,举办一场黄河三角洲手工艺的直播大赛,邀请用户上传他们自己的手工艺作品,然后由专家进行评选,选出优胜者。这种方式既可以吸引更多的用户参与,又能够让更多的人了解和接触到黄河三角洲手工艺文化。

## 七、政策支持

政策支持在推动黄河三角洲手工艺文化的传承和发展方面具有举足轻重的作用。政府部门出台相关政策,需对这一领域给予全方位的支持,不能仅仅只限于资金扶持、政策优惠等。

设立专项资金可以提供稳定的资金来源,为手工艺术家进行创作、传授技艺,以及进行相关研究和交流活动等方面提供有力支持。这些资金可以用于购买原材料、租赁场地、培训人才等方面,为手工艺术家创造更好的创作环境,降低他们的创作成本,使他们能够专注于艺术创作。

设立奖励制度是对手工艺术家的一种激励,可以鼓励他们在手工艺领域取得更加突出的成绩。这些奖励可以是物质奖励,如奖金、奖品等,也可以是精神鼓励,如荣誉称号、表彰证书等。通过奖励制度,可以激发手工艺术家的创作热情,使他们更加积极地投入黄河三角洲手工艺文化的传承和发展中。

资金扶持还可以通过贷款优惠、税收减免等政策手段来实现。例如,金融机构可以为手工艺术家提供优惠贷款,帮助他们解决资金问题,更好地投入手工艺的创作和传承中。政府部门也可以对从事手工艺的企业和个人给予税收减免,降低他们的经营成本,进一步鼓励他们为黄河三角洲手工艺文化的发展做出贡献。

政策优惠在推动黄河三角洲手工艺文化发展中的作用同样不容忽视。通过出台一系列优惠政策,政府可以为手工艺术家提供有力的支持,降低他们从事创作的成本,从而营造更好的创作环境。政策优惠包括减税、免费提供场地等,这些将为手工艺术家提供实质性的帮助。

减税政策可以使手工艺术家在创作过程中减轻负担,降低成本。对于从事手工艺创作的个人和企业来说,减税政策将降低他们的税收负担,使他们有更多的资金投入创作和传承手工艺中。这将有助于激发艺术家的创作热情,进一步推动黄河三角洲手工艺文化的传承和发展。

免费提供场地也是政策优惠的一种形式。对于手工艺术家来说,场地的租金是他们创作成本的重要组成部分。政府通过免费提供场地,可以帮助手工艺术家降低创作成本,使他们更专注于艺术创作。此外,免费提供场地还可以吸引更多的艺术家入驻,形成艺术创作的集聚效应,进一步推动黄河三角洲手工艺文化的繁荣发展。

鼓励金融机构为手工艺术家提供优惠贷款也是政策优惠的重要内容。对于手工艺术家来说,资金问题往往是他们进行创作时最大的障碍。通过鼓励金融机构提供优惠贷款,政府可以帮助手工艺术家解决资金问题,使他们能够更好地投入手工艺作品的创作中。同时,优惠贷款还可以帮助手工艺术家扩大生产规模,提高产品质量,从而进一步提升黄河三角洲手工艺文化的竞争力。

将黄河三角洲手工艺文化纳入中小学课程体系中。可以在相关学科中加入有关黄河三角洲手工艺文化的知识和内容,例如,加在美术、手工、地理等课程中,让孩子们从小接触并了解这一传统技艺。通过生动有趣的教学方式,激发孩子们对传统艺术的热爱,培养他们的审美能力和动手能力,使他们能够更好地领略黄河三角洲手工艺文化的魅力。

在高校设立相关课程,培养专门从事手工艺研究和创作的人才。可以开设黄河三角洲手工艺文化研究、传统手工技艺与现代创意设计等课程,系统性地传授手工艺知识和技能。此外,还可以组织实践活动,如参观黄河三角洲的手工艺品制作现场、邀请手工艺术家进行讲座等,让青少年更好地了解手工艺的实际操作过程,提高实践能力。

鼓励和支持民间团体、非营利组织等社会力量参与黄河三角洲手工艺文化的教育和培训工作当中来。这些社会力量可以组织各类手工艺术培训班、讲座等,为公众提供更多了解和参与手工艺品制作的机会。同时,还可以通过举办手工艺术比赛、展览等,激发公众对黄河三角洲手工艺文化的兴趣和热爱,进一步推动其传承和发展。

## 八、产业发展

黄河三角洲拥有丰富的手工艺文化资源,如何将这些宝贵的资源转化为产业优势,推动手工艺的产业化发展,是当前面临的重要课题。将黄河三角洲手工艺与当地旅游业、文化产业等相结合,形成产业链,是一个有效的解决方案。

旅游业对于黄河三角洲手工艺的发展具有巨大的推动作用。随着人们生活水平的不断提高,旅游消费需求也在不断升级,越来越多的游客开始关注和追求文化体验。黄河三角洲拥有丰富的手工艺资源,借此机会开发特色旅游产品和服务,满足游客对于文化体验的需求。

开设手工艺品制作体验馆,让游客亲身体验手工艺品的制作过程。这种体验式的旅游产品不仅能吸引游客前来参观,还能让游客更深入地了解和感受手工艺的魅力。在体验馆中,游客可以自己亲手制作手工艺品,亲身体验黄河三角洲手工艺的独特魅力,从而提高对手工艺的认可度和喜爱度。

组织手工艺品展览和现场制作表演也是吸引游客的好方法。通过展览,游客可以欣赏到精美的手工艺品,了解黄河三角洲手工艺的历史和传承。现场制作表演可以让游客亲眼看到手工艺品的制作过程,感受到手工艺术的独特魅力。这种旅游产品不仅能吸引游客,还能为手工艺术家提供一个展示和交流的平台,推动手工艺的发展。

开发以手工艺为主题的旅游线路,将手工艺品制作体验馆、手工艺品展览和现场制作表演等旅游产品有机地结合起来。通过这种旅游线路,游客可以全面地了解和体验黄河三角洲手工艺的魅力。

文化产业作为一项快速发展的产业,对于黄河三角洲手工艺的传承和发展具有重要的推动作用。在这个信息爆炸、创意横行的时代,文化产业以其独特的魅力和创造力吸引着越来越多的人去关注。黄河三角洲应充分利用文化产业的这一优势,为传统手工艺提供丰富的创意支持,推动手工艺与现代社会的融合。

借助文化产业的创意力量,将传统手工艺与现代设计理念相结合。在尊重和继承传统手工艺的基础上,结合现代设计理念和技术,创新推出具有市场竞争力的新产品。例如,将传统的手工艺品与现代家居、服饰等产品相结合,打造出具有黄河三角洲特色的手工艺品,满足现代消费者的审美和实用需求。

通过举办各类手工艺术展览、比赛等活动,提高黄河三角洲手工艺的知名度和影响力。这些活动可以吸引全国各地的手工艺人、设计师、艺术家等前来交流和展示,为黄河三角洲手工艺的发展提供更多元化的创意和思路。同时,这些活动还可以让更多的人了解和接触黄河三角洲手工艺,提高其知名度和影响力,进一步推动其产业化发展。

加大对文化产业的支持力度,鼓励文化产业与手工艺的跨界合作。例如,设立专项资金支持手工艺人进行创新研发,提供税收优惠、贷款支持等政策,降低手工艺产业发展的成本。同时,鼓励文化产业与手工艺的合作项目,如与现代设计公司、艺术家、设计师等进行合作,共同研发具有市场潜力的新产品。

政府对于黄河三角洲手工艺的支持至关重要,它可以出台相关政策,推动黄河三角洲手工艺与旅游业、文化产业的融合发展。这样的政策旨在通过多渠道、多层次的合作,将传统的手工艺带入现代社会,使其焕发出新的活力。

# 第十二节　黄河三角洲饮食文化教育

黄河三角洲的饮食文化独具特色,主要包括丰富的面食和海鲜。

黄河三角洲的饮食以面食为主,如馒头、面条、煎饼等。这些面食制作工艺独特,口感筋道,深受当地居民和游客的喜爱。此外,由于地处沿海,海鲜也是当地饮食的重要组成部分,为当地的饮食文化增添了丰富的口感和风味。

黄河三角洲的人们习惯用大锅烧火做饭,熬稀饭、蒸窝窝头、煮地瓜、炒菜等,这种饮食方式与当地注重大家族观念的风俗密切相关。在这里,人们以"大户人家""大家老宅"为自豪,认为只有这样,才能体现出家庭的团结、和睦,人丁的兴旺,以及社区的凝聚力。

黄河三角洲的饮食习俗也非常丰富,不同的节日有与之相适应的饮食习俗。比如年夜饭吃饺子,元宵节吃"灯窝窝",二月二吃蝎豆、爆米花、烤地瓜片,清明扫墓吃红皮鸡蛋,端午节吃新麦,等等。这些习俗充分体现了"食随节变"的传统饮食习惯,不仅满足了人们的口腹之欲,还丰富了人们的生活,传承了当地的饮食文化。

黄河三角洲还有自己独特的糕点和小吃,如黄河三角洲花饽饽、北岭丸子、利津水煎包、广饶肴驴肉、石村麻辣鱼、花官食用菌、史口烧鸡、梨丸、蛋黄明虾等。这些美食制作工艺独特,口感鲜美,具有浓厚的地域特色,深受食客的喜爱。

黄河三角洲的饮食文化教育是一项具有重要意义的事业,旨在传承和发扬这一地区的饮食文化,培养人们对地方特色美食的认知和热爱。通过饮食文化教育,人们可以更好地了解黄河三角洲的饮食传统、风俗习惯以及地域特色。

## 一、饮食文化教育的内容

黄河三角洲,这片充满生机与活力的土地,不仅拥有丰富的自然资源,还孕育了深厚的饮食文化。其中,面食和海鲜就是这里饮食文化的两大特色。

黄河三角洲的面食文化源远流长。其中,馒头是黄河三角洲最具代表性的面食之一,其制作工艺已有千年的历史。馒头以麦面为主要原料,经过和面、发酵、揉面、成型、蒸制等多道工序,最终成为白白胖胖、松软可口的美食。而面条则以其独特的口感和丰富的种类丰富着人们的味蕾,如粗如指头、爽滑筋道的面条,细如发丝、美味可口的面条,等等。

由于黄河三角洲地处沿海,海鲜资源丰富,因此海鲜也成为当地饮食文化的重要组成部分。黄河三角洲的海鲜种类繁多,有大闸蟹、对虾、海螺、海参、鲍鱼等,它们为当地的饮食文化增添了丰富的口感和风味。其中,黄河三角洲大闸蟹尤为著名,其味道鲜美可口、肉质饱满,被誉为蟹中极品。黄河三角洲大闸蟹的烹饪方法非常讲究,大厨们会根据蟹子的新鲜程度和大小来选择最适合的烹饪方法,如清蒸、红烧、炖煮等,每一种烹饪方式都能展现出蟹子的不同口感和独特风味。

黄河三角洲花馍馍是黄河三角洲最具代表性的糕点之一。这种美食的制作工艺独特,以麦面为主要原料,通过和面、发酵、揉面、成型等多道工序,最终制成色彩鲜艳、形状各异的花馍馍。花馍馍寓意着美好的生活,深受当地居民喜爱。

北岭丸子是黄河三角洲的另一道美食。它以猪肉、豆腐、蔬菜等为原料,加入独特的调料,经过精心调制,制成口感滑嫩、营养丰富的丸子。北岭丸子的制作工艺独特,需要经过选料、剁馅、搅拌、捏制、蒸煮等多道工序,每一步都讲究火候和技巧。

利津水煎包是黄河三角洲的传统小吃,以小麦粉和面制成皮,以猪肉、蔬菜、豆腐等为馅,包成包子后,用平底锅煎至两面金黄酥脆。利津水煎包的特点是皮薄馅嫩,香气扑鼻。

广饶肴驴肉是一道具有浓厚地域特色的美食。它选用当地特有的驴肉为原料,加入独特的调料进行烹饪,就能制成肉质鲜美、口感鲜嫩的肴驴肉。这道菜色香味俱佳,是黄河三角洲人们餐桌上的佳肴。

石村麻辣鱼是黄河三角洲的特色小吃,选用当地鲜活的鱼为原料,加入辣椒、花椒等独特的调料,烹饪而成。这道菜麻辣鲜香,口感鲜美,具有浓厚的地域特色。

花官食用菌是黄河三角洲的另一道美食,以当地盛产的食用菌为原料,通过炒、炖、蒸等多种烹饪方法,制成口感鲜美、营养丰富的美食。花官食用菌的特点是口感嫩滑,营养丰富,也是食客们喜爱的美食之一。

史口烧鸡是黄河三角洲的传统名菜,选用当地优质的鸡肉为原料,加入独特的调料进行烹饪,便可制成肉质鲜美、口感鲜嫩的烧鸡。史口烧鸡的特点是色泽金黄,香气扑鼻,口感鲜美。

梨丸、蛋黄明虾等美食也是黄河三角洲的特色小吃,它们制作工艺独特,口感细腻,具有浓厚的地域特色,深受食客们的喜爱。

黄河三角洲的独特糕点和小吃种类繁多,各具特色,为食客们提供了无尽的美食体验。这些美食不仅满足了人们的口腹之欲,还展示了黄河三角洲丰富的饮食文化,吸引了无数食客前来品尝。

## 二、饮食文化教育的形式

饮食文化教育作为素质教育的重要组成部分,对于培养青少年对饮食文化的认识和理解具有重要意义。黄河三角洲饮食文化教育可以通过多种形式进行,旨在让青少年更好地了解和传承地域饮食文化。

课堂教学作为传播饮食文化知识的主要途径,具有许多优势。课堂教学可以通过系统的课程设置,让青少年对饮食文化有一个全面而深入的了解。例如,在学校的课程设置中加入饮食文化的相关内容,如饮食文化的历史、地理背景、制作工艺、风味特点等,让青少年对黄河三角洲的饮食文化有系统的了解。这种系统化的教学方式有助于青少年建立完整的知识体系,为进一步学习和实践打下坚实的基础。

课堂教学可以借助多媒体展示、讲座、案例分析等方式,让青少年更加直观地感受饮食文化的魅力。例如,在讲解饮食文化历史时,可以通过播放纪录片、幻灯片等形式,展示饮食文化的发展历程和相关图片;在讲解地理背景时,可以借助地图、地球仪等教具,让青少年更直观地了解黄河三角洲的地理位置和自然环境;在讲解制作工艺时,可以通过现场演示、视频教学等方式,让青少年直观地了解各种美食的制作过程。

课堂教学还可以组织青少年进行互动讨论、实地考察等活动,提高青少年对饮食文化的兴趣和参与度。例如,在讲解风味特点时,可以让青少年分享自己品尝过的地方特色美食,交流各自的口感体验;在实地考察活动中,可以组织青少年参观当地的农田、渔场、食品加工厂等,让他们亲身体验食材的生长、采摘、加工等过程,了解地方特色美食背后的辛勤劳动和独特工艺。

实地参观是增强青少年对地方特色美食认知的重要手段。组织青少年参观当地的农田、渔场、食品加工厂等,让他们亲身体验食材的生长、采摘、加工等过程,了解地方特色美食背后的辛勤劳动和独特工艺。实地参观可以使青少年在实践中感受饮食文化的魅力,提高他们对地域饮食文化的认同感。

实地参观农田可以让青少年了解食材的生长过程,认识到粮食的来之不易。在农田中,青少年可以亲眼目睹作物从播种、生长到收获的全过程,体验农民的辛勤劳动。通过与农民的交流,他们还可以了解当地的耕作习惯、种植技术以及作物种植与饮食文化的紧密联系。

参观渔场可以让青少年了解海鲜、河鲜等水产品的捕捞和养殖过程。他们可以亲眼目睹各种鱼、虾、蟹等水生物的生长环境,了解不同水产品的捕捞时间和养殖技术。通过与渔民交流,青少年可以更加深入地了解当地的渔业文化和水产美食的特点。

食品加工厂的参观是让青少年了解地方特色美食制作工艺的重要环节。在食品加工厂,青少年可以亲眼目睹各种地方特色美食的制作过程,了解各种食材是经过怎样的加工、烹饪才变成美味佳肴的。此外,他们还可以学习到食品卫生、安全等方面的知识,提高食品安全意识。

实践活动是培养青少年动手能力和实践经验的有效途径。通过举办烹饪培训班、美食制作比赛等活动,让青少年亲自参与美食的创作过程,提高他们的动手能力和实践经验。实践活动还可以培养青少年的团队协作精神和创新意识,使他们在学习饮食文化的过程中得到全面的素质提升。

通过举办烹饪培训班,让青少年系统地学习烹饪技巧和方法,亲自参与饮食文化的创作过程。在烹饪培训班中,青少年可以学习各种菜系的烹饪技巧,了解地方特色美食的制作方法,提高自己的动手能力。此外,烹饪培训班还可以培养青少年的耐心、细心和专注力,使他们在学习过程中养成良好的学习习惯。

美食制作比赛是激发青少年实践兴趣和创新意识的有效手段。通过组织美食制作比赛,让青少年在规定的时间内完成一道地方特色美食,考验他们的动手能力和实践经验。

在比赛过程中,青少年需要充分发挥自己的想象力和创造力,对传统美食进行创新改良,展现自己独特的见解。美食制作比赛不仅能够提高青少年的动手能力,还可以培养他们的团队协作精神和竞争意识。

实践活动还可以通过组织青少年参与饮食文化展览、美食节等大型活动,让他们在更广泛的领域内展示自己的才华。在这些活动中,青少年可以亲身体验饮食文化的魅力,感受不同地域饮食文化的差异,提高自己的审美能力和文化素养。同时,这些活动也为青少年提供了与不同地区青少年交流的机会,拓宽了他们的视野,培养了他们跨文化交际的能力。

## 三、饮食文化教育的意义

饮食文化教育在黄河三角洲具有重要的意义。这不仅有助于传承和发扬当地的饮食文化,使人们更加了解和热爱地方特色美食,还有助于培养青少年的实践能力、创新意识和团队协作精神。此外,饮食文化教育对于推动地方经济发展,提高当地农产品的知名度和美誉度也具有积极影响。

饮食文化教育有助于传承和发扬当地的饮食文化。黄河三角洲拥有丰富的饮食文化资源,包括多种多样的地方特色美食、传统的烹饪技艺和食材搭配方法等。通过饮食文化教育,人们可以更好地了解这些丰富的饮食文化资源,从而在传承中发扬光大。

饮食文化教育可以提高人们对地方特色美食的认识和热爱。在饮食文化教育的过程中,人们可以学习到各种地方特色美食的来历、特点和制作方法等,从而提高对地方特色美食的认知。同时,通过品尝和体验地方特色美食,人们可以培养对地方美食的热爱,进而促进地方特色美食的传播和推广。

饮食文化教育有助于培养青少年的实践能力、创新意识和团队协作精神。在饮食文化教育活动中,青少年可以亲自参与烹饪、食材搭配、菜品展示等环节,从而提高自己的实践能力。同时,在创新菜品和烹饪方法的过程中,青少年可以培养自己的创新意识。此外,在团队合作的饮食文化体验活动中,青少年可以锻炼自己的团队协作精神。

饮食文化教育对于推动地方经济发展具有重要意义。通过饮食文化教育,人们可以更加了解和关注当地的农产品和特色食材,从而提高对这些产品的认知度和美誉度。这有助于推动地方农产品的销售,带动农业产业的发展,促进地方经济的增长。

## 四、饮食文化教育的推广

为了更好地推广黄河三角洲的饮食文化教育,政府和相关部门可以采取一系列有效措施,包括制订饮食文化教育发展规划、加大资金投入、建设饮食文化教育示范基地、开展饮食文化教育宣传和培训等。

制订饮食文化教育发展规划,是推广的基础和关键。政府和相关部门应当结合地方的实际情况,明确饮食文化教育的发展目标、重点领域和实施路径,为饮食文化教育的发展提供科学指导。

在制订饮食文化教育发展规划时,需要充分考虑地方的饮食文化特色和优势,以及人们对饮食文化的需求和期望。规划应当明确饮食文化教育的目标和愿景,即希望通过饮食文化教育达到什么样的目的,以及期望形成怎样的饮食文化教育体系和发展格局。

规划也需要明确饮食文化教育的重点领域。这包括地方特色美食、传统烹饪技艺、饮食文化传承与创新、饮食健康与营养等方面。针对这些领域,规划应当制订相应的措施和项目,以确保饮食文化教育的全面深入发展。

规划还需要明确饮食文化教育的实施路径。这包括加强饮食文化教育基础设施建设、培育专业师资队伍、开展丰富多样的饮食文化教育活动、加强饮食文化教育研究等方面。通过这些路径,规划应当确保饮食文化教育能够有效的实施,并最终实现其目标和愿景。

饮食文化教育的发展离不开资金的支持,因此,加大资金投入是推动饮食文化教育发展的重要保障。政府和相关部门应当合理安排资金,为饮食文化教育提供有力的支持。

支持饮食文化教育示范基地的建设。这些示范基地可以成为饮食文化教育的重要场所,通过现场参观、体验等方式,让人们更好地了解和传承黄河三角洲的饮食文化。资金投入可以用于示范基地的基础设施建设、设备购置、活动组织等方面,以保证示范基地能够有效地开展饮食文化教育工作。

(1)支持饮食文化教育宣传活动的开展。这些活动可以包括美食节、烹饪比赛、讲座、展览等多种形式,旨在提高人们对地方饮食文化的认知度和热爱程度。资金投入可以用于活动的策划、组织、宣传等方面,以保证活动能够顺利进行,并吸引更多的人参与。

(2)支持师资培训。培训专业师资力量是提高饮食文化教育质量的关键。资金投入可以用于邀请专家、学者进行授课,提供教师培训课程、教材和教学资源等方面,以保证教师具备丰富的饮食文化知识和教学技能,能够有效地传授饮食文化。

(3)支持饮食文化教育研究。通过研究,可以深入挖掘黄河三角洲饮食文化的内涵,为饮食文化教育提供更多的理论支持和实践指导。资金投入可以用于项目研究、学术交流、成果出版等方面,以推动饮食文化教育研究的深入发展。

(4)建设饮食文化教育示范基地是推广饮食文化教育的重要手段。政府和相关部门可以依托地方特色美食、传统烹饪技艺等资源,建设一批饮食文化教育示范基地,通过现场参观、体验等方式,让更多的人了解和传承黄河三角洲的饮食文化。

饮食文化教育示范基地的建设可以丰富饮食文化教育的形式和内容。人们可以通过现场参观,了解地方特色美食和传统烹饪技艺的历史、特点和制作过程,亲身体验饮食文化的魅力。这不仅可以提高人们对饮食文化的兴趣,还能够增强他们的文化认同感和自豪感。

饮食文化教育示范基地可以作为饮食文化教育的重要场所。在这里,可以举办各类饮食文化教育活动,如美食节、烹饪比赛、讲座、展览等,吸引更多的人参与,进一步推广饮食文化教育。同时,示范基地还可以为学校、社区和企业提供饮食文化教育课程和培训,满足不同群体的需求。

通过展示和推广地方特色美食,示范基地可以提高地方美食的知名度和美誉度,吸引更多的游客前来品尝,带动旅游产业的发展。同时,饮食文化教育示范基地还可以带动相关产业链的发展,如餐饮、旅游、农产品等,为地方经济注入新的活力。

在示范基地,可以对地方特色美食和传统烹饪技艺进行系统的整理、保护和传承,防止这些宝贵的文化遗产流失。同时,示范基地还可以开展饮食文化教育研究,深入挖掘地方饮食文化的内涵,为饮食文化教育的发展提供理论支持。

开展饮食文化教育宣传和培训是提高人们饮食文化素养的重要途径。政府和相关部门可以组织举办各类饮食文化宣传活动,如美食节、烹饪比赛等,让更多的人了解地方特色美食和饮食文化。同时,开展饮食文化教育培训,提高人们的烹饪技能和饮食文化素养,为饮食文化教育的发展奠定基础。

举办各类饮食文化宣传活动可以提高人们对地方饮食文化的认知度和热爱程度。美食节等活动可以让人们品尝到各个地方的特色美食,亲身感受地方饮食文化的魅力。烹饪比赛则可以激发人们的烹饪兴趣,提高他们的烹饪技能,同时也有助于挖掘和传承地方传统烹饪技艺。此外,通过举办讲座、展览等形式,还可以传播饮食文化知识,提高人们的饮食文化素养。

开展饮食文化教育培训是提高人们烹饪技能和饮食文化素养的关键。政府和相关机构可以设立专门的饮食文化教育机构,提供烹饪技能培训、饮食文化讲座、食材知识课程等。这些培训课程可以帮助人们掌握地方特色美食的制作技巧,了解饮食文化的历史和内涵,提高他们的饮食文化素养。同时,培训专业师资力量也是提高饮食文化教育质量的关键,有助于培养一代又一代具有专业烹饪技能和丰富饮食文化知识的传承人。

饮食文化教育培训还可以与企业、学校等地方合作,开展定制化的饮食文化课程,让更多的人了解和传承地方饮食文化。例如,企业可以组织员工参加饮食文化培训,提高员工的团队凝聚力,同时增加员工对企业的归属感;学校则可以将饮食文化教育融入课程体系,培养学生的饮食文化素养,为他们的未来发展奠定基础。

# 第十三节 黄河三角洲习俗文化教育

黄河三角洲的礼仪习俗颇具特色,涉及婚嫁、丧葬、生育、寿庆等多个方面。这些习俗展现了当地尊重传统、讲究孝道、重视家庭伦理的文化传统。

婚嫁习俗是黄河三角洲的一项重要传统。在这里,订婚、过大礼、迎娶等环节都充满了浓厚的地域特色。例如,男方在向女方提亲时,需要准备一定的礼品,包括金银首饰、衣物、糕点等。在迎娶当天,新娘和新郎需要进行一系列的仪式,如跨火盆、拜堂、喝交杯酒等。这些婚嫁习俗体现了当地人对婚姻的重视,以及对新人的美好祝愿。

丧葬习俗也是黄河三角洲的一大特色。在这里,丧葬被视为人生的一件大事,因此葬礼的举行非常隆重。在葬礼过程中,家人需要为逝者安排沐浴、更衣、设灵、出殡等环节。此外,丧葬期间还有一些特殊的习俗,如佩戴孝饰、守夜、哭丧等。这些丧葬习俗表现了当地人对于逝者的哀思,以及对生命的尊重。当然,现在由于《殡葬管理条例》的实施丧葬习俗有所变化。

生育习俗在黄河三角洲同样具有很高的地位。当地人在孩子出生后,会举行一系列的庆祝活动,如洗三、满月、百日等。在这些活动中,亲朋好友会为孩子送上祝福,同时也会为孩子的父母提供帮助。这些生育习俗体现了当地人对生育的重视,以及对新生命的祝福。

寿庆习俗是黄河三角洲尊重长者的表现。在这里,寿庆被视为家族中的一件大事,通常在长者生日当天举行庆祝活动。在庆祝活动中,晚辈需要向长者敬茶、拜寿、送红包等。这些寿庆习俗表现了当地人对长者的尊敬,以及对家庭伦理的重视。

对黄河三角洲习俗文化的教育建议实施以下三大措施。

## 一、建立黄河三角洲习俗文化教育示范基地

依托地方特色民俗、传统技艺等资源,建立一批具有代表性的习俗文化教育示范基地。这些基地可以通过现场参观、体验等方式,让更多的人了解和传承黄河三角洲的习俗文化。此外,示范基地还可以举办各类习俗文化活动,如民俗大集、民间艺术表演等,增强人们对地方文化的认识和热爱。

黄河三角洲的习俗文化资源丰富,包括各类民俗、传统技艺等,这些都是我们祖先留下的宝贵的文化遗产。建立习俗文化教育示范基地,可以让更多的人了解和接触到这些文化资源,从而提高人们对地方文化的认知度和热爱程度。

建立习俗文化教育示范基地可以提升人们对地方文化的认知度。通过现场参观、体验等方式,更多的人可以了解和接触到这些文化资源,更加深入地认识到黄河三角洲习俗文化的独特性和价值。这对于增强人们的文化自信、提高人们对地方文化的热爱程度具有重要作用。

示范基地可以成为传承和保护黄河三角洲非物质文化遗产的重要载体。黄河三角洲的习俗文化资源丰富,包括民间艺术、传统技艺、节庆活动等。这些非物质文化遗产是民族精神和文化传承的重要体现,建立习俗文化教育示范基地有助于传承和保护这些宝贵的文化遗产,防止其流失和消失。

示范基地可以促进地方文化创意产业的发展。通过对黄河三角洲习俗文化的深入挖掘和研究,可以开发出具有地方特色的文化创意产品,如工艺品、表演艺术、节庆活动等。这些产品和服务可以满足人们日益增长的文化需求,提升文化产业的发展水平。

建立黄河三角洲习俗文化教育示范基地有助于推动地方文化旅游业的发展。丰富的习俗文化资源可以吸引大量的游客前来参观、体验和交流,从而带动地方旅游交通、餐饮住宿、休闲娱乐等相关产业的发展,促进地方经济的繁荣。

示范基地还可以举办各类习俗文化活动,如民俗大集、民间艺术表演等,这些活动可以吸引更多的人关注和参与,从而增强人们对地方文化的认识和热爱。同时,这些活动也可以为地方经济发展提供新的动力,带动当地的旅游业和文化产业的发展。

举办民俗大集活动可以在示范基地内展示黄河三角洲的各类民俗物品,如传统手工艺品、民间服饰、地方特色食品等。这些物品都是地方文化的载体,通过展示,人们可以更加直观了解和感受到黄河三角洲的习俗文化。此外,民俗大集活动还可以邀请当地的民间艺人和非遗传承人进行现场表演,让人们能够更好地体验和欣赏地方艺术。

民间艺术表演也是示范基地的一项重要活动。黄河三角洲拥有丰富的民间艺术资源,如山东吕剧、河南豫剧、河北梆子等。通过举办民间艺术表演活动,人们可以更加深入地了解这些传统艺术形式,感受地方文化的魅力。同时,这些表演活动还可以吸引游客,提高示范基地的知名度和影响力。

示范基地还可以举办各类讲座、论坛等活动,邀请专家学者对黄河三角洲的习俗文化进行深入研究和探讨。这些活动可以提高人们对地方文化的认识和理解,培养人们的文化素养,同时也有助于挖掘和保护黄河三角洲的非物质文化遗产。

## 二、加强黄河三角洲习俗文化教育培训

设立专门的习俗文化教育机构,为人们提供民间艺术、传统技艺等培训课程。这些培训课程可以帮助人们掌握地方特色民俗的制作技巧,了解习俗文化的历史和内涵,提高他们的习俗文化素养。同时,培训专业师资力量也是提高习俗文化教育质量的关键,有助于培养一代又一代具有专业知识和丰富实践经验的传承人。

设立专门的习俗文化教育机构,为人们提供民间艺术、传统技艺等培训课程,不仅可以推广地方文化,传承非物质文化遗产,还可以提高人们的素质,促进地方经济的发展。

因此,政府和相关部门应该积极行动起来,推动这一工作的开展。

教育机构可以开设传统艺术课程,让人们了解并掌握这些传统技艺的制作过程和技巧。这些传统艺术都是黄河三角洲的地方特色民俗,通过学习这些课程,人们可以更好地理解和欣赏地方文化的独特魅力,提高自己的审美能力和艺术修养。

教育机构还可以开设一些地方特色民俗文化课程,如拜师礼、拜寿礼等。这些课程可以让人们了解并掌握这些传统习俗的由来、形式和意义,从而更好地传承和发扬地方文化。同时,这些课程也可以提升人们的社交技巧,增进人际关系,使人们在日常生活中能够和谐相处。

在培训过程中,教育机构还应注重培养师资力量,只有具有专业知识和丰富实践经验的教师,才能更好地传授地方文化知识和技能,培养一代又一代具有专业知识和丰富实践经验的传承人。因此,政府和相关部门应该加大对师资培训的投入,提高教师的教学水平和实践能力。

加强习俗文化教育培训对于提高人们的审美水平和艺术素养具有重要作用。在现代社会,审美能力和艺术修养已经成为衡量人们综合素质的重要指标。通过民间艺术、传统技艺等课程的学习,人们可以更好地理解和欣赏地方文化的独特魅力,从而提高自己的审美能力和艺术修养。

民间艺术和传统技艺的学习有助于培养人们的审美情趣和艺术修养。在现代社会,人们面临着各种各样的文化诱惑,审美观念和艺术修养的培养变得越来越重要。通过学习民间艺术和传统技艺,人们可以提高自己的审美能力和艺术鉴赏能力,从而更好地欣赏和评价各种艺术作品。

加强习俗文化教育培训还可以提高人们的文化自信和民族自豪感。在学习和传承民间艺术和传统技艺的过程中,人们可以更加深刻地认识到自己民族文化的独特价值和优秀传统,从而增强对地方文化的自信和自豪感。这种文化自信和民族自豪感对于提高人们的综合素质和社会责任感具有重要意义。

培训专业师资力量对于提高习俗文化教育质量具有举足轻重的地位。在传承和发扬地方文化的过程中,教师才是关键的推动者。

对于教师来说,专业知识是传授地方文化的基础。教师只有具备扎实的专业知识,才能准确地解读和传授地方文化的内涵和特点。因此,政府和相关部门应该定期组织师资培训,邀请专家学者对教师进行专业知识的培训和辅导,以提高教师的专业素养。

实践经验对于教师来说同样重要。丰富的实践经验可以帮助教师更好地理解地方文化的实际应用,从而更好地传授地方文化。因此,政府和相关部门应该为教师提供实践操作的机会,如组织教师参观地方文化遗址、参加地方文化活动等,让教师在实际操作中提高自己的实践能力。

提高教师的教学水平和实践能力还需要建立激励机制。政府和相关部门可以设立专项资金,用于支持教师参加培训和实践活动。同时,还可以通过评选优秀教师的办法,鼓励教师提高自己的教学水平。

政府和相关部门应该注重教师的职业发展,为教师提供晋升和发展的机会。只有让教师看到自己的职业前景,才能激发他们不断提高自己的教学水平和实践能力的积极性。

加强黄河三角洲习俗文化教育培训,还可以促进地方文化创意产业的发展。通过对地方文化的深入挖掘和研究,可以开发出具有地方特色的文化创意产品,如表演艺术、节庆活动等。这些产品和服务可以满足人们日益增长的文化需求,提升地方文化产业的发展水平。

加强黄河三角洲习俗文化教育培训可以培养一批具有专业知识和技能的地方文化传承者。这些人可以成为开发地方特色文化创意产品的重要力量。他们不仅熟悉地方文化的内涵和特点,还具备将地方文化融入现代创意设计的能力,可以创作出既具有地方特色又符合现代审美需求的文化创意产品。

加强黄河三角洲习俗文化教育培训可以推动地方文化资源的整合和优化。在教育培训的过程中,可以对地方文化资源进行系统的梳理和整合,挖掘出具有开发潜力的地方文化元素。这些文化元素可以成为文化创意产品的素材,为地方文化产业的发展提供丰富的资源。

加强黄河三角洲习俗文化教育培训还可以提升地方文化品牌的知名度和影响力。通过培训,可以培养出更多的文化传承者和推广者,他们将地方文化带出黄河三角洲,让更多的人了解和认识这一地方文化。这有助于提升地方文化品牌的知名度和影响力,为地方文化创意产业的发展创造良好的外部环境。

## 三、将黄河三角洲习俗文化教育纳入学校教育体系

学校应将习俗文化教育融入课程体系,培养学生的习俗文化素养,为他们的未来发展奠定基础。此外,学校还可以与企业、社区等合作,开展定制化的习俗文化教育课程,让更多的人了解和传承地方习俗文化。

### (一)将习俗文化教育融入课程体系

学校应将习俗文化教育融入课程体系,作为学生全面发展的重要组成部分。在学科设置上,可以开设黄河三角洲习俗文化相关的选修课程,如民间艺术、传统技艺、地方历史等,让学生系统地了解和掌握黄河三角洲的习俗文化。此外,还可以通过举办讲座、展览等活动,让学生更加直观地感受地方习俗文化的魅力。

在教学过程中,教师可以通过生动的案例和实践活动,让学生深入了解地方习俗文化的内涵和价值,从而激发他们对地方文化的热爱和自豪感。例如,组织学生参观黄河三角洲的文化遗址、传统村落等,让他们更好地感受地方文化的魅力。同时,可以邀请当地民间艺术家、传统技艺传承人等来校进行现场演示和教学,让学生亲身体验地方习俗文化的魅力。

学校可以结合黄河三角洲的特色,开发一系列校本课程,使习俗文化教育更加贴近学生的生活。例如,可以开发"黄河三角洲民间艺术""传统黄河三角洲技艺"等课程,系统地介绍黄河三角洲的民间艺术和传统技艺,让学生深入了解地方文化的特色。同时,还

第二章 黄河三角洲文化教育具体实施

可以将习俗文化教育与学科教育相结合,如在语文、美术等课程中融入地方习俗文化的元素,使学生在学习过程中自然而然地接受习俗文化的熏陶。

为了提高习俗文化教育的教学质量,学校应加强教师队伍建设,对教师进行专业培训,提高他们的地方习俗文化素养和教育教学能力。此外,还可以鼓励教师参与地方习俗文化的研究,将学术研究与教育教学相结合,为教学提供更多丰富的素材。

## (二)培养学生的习俗文化素养

黄河三角洲的习俗文化,作为中华传统文化的重要组成部分,具有鲜明的地域特色和深厚的历史底蕴。因此,将习俗文化教育融入课程体系,对于培养学生的地方习俗文化的认同感和传承地方习俗文化具有重要意义。

## (三)开展定制化的习俗文化教育课程

除了在课程体系中融入习俗文化教育外,学校还可以与企业、社区等合作,开展定制化的习俗文化教育课程,让更多的人了解和传承地方习俗文化。例如,学校可以与社区联合举办地方文化节活动,邀请居民参与民间艺术表演、传统技艺展示等,增强居民对地方习俗文化的了解和认同。此外,学校还可以与企业合作,共同开发地方文化创意产品,将地方习俗文化融入现代生活,为地方习俗文化传承和发展创造更多价值。

学校与社区联合举办地方文化节活动。为了更好地推广和传承地方习俗文化,学校可以与社区联合举办地方习俗文化节活动。这类活动可以包括民间艺术表演、传统技艺展示、地方特色美食展销等,让居民在参与过程中深入了解和感受地方习俗文化的魅力。此外,学校还可以组织学生参与这些活动,让他们在实际操作中学习和传承地方习俗文化。这些活动的开展,可以增强居民对地方习俗文化的认同感,提高他们对地方习俗文化的重视程度。

与企业合作开发地方文化创意产品。学校还可以与企业合作,共同开发地方习俗文化创意产品。这些产品可以将地方文化融入现代生活,为地方习俗文化的传承和发展创造更多价值。例如,学校可以与企业合作开发具有地方特色的工艺品、纪念品、家居用品等,让人们在日常生活中感受到地方习俗文化的魅力。同时,这些创意产品的开发和销售也可以为当地创造经济效益,促进地方经济发展。